マンガでわかる 日本の近現代史

河合 敦 監修
サイドランチ マンガ

はじめに

本書があつかう時代は、幕末から現代までのおよそ150年間です。日本史では近現代史と呼ばれます。

近代は、1853年のペリーの来航によって幕が開きます。ペリーの強硬な態度をこばみきれず、翌年、江戸幕府は国を開きます。それからたった15年で、260年も続いた幕府政権は崩壊してしまいます。かわって明治政府という近代的統一国家が誕生しました。

明治政府のリーダーたちは、列強諸国の植民地に転落しないよう、できるだけ短期間に日本を欧米同様の国家にしようと努力しました。このため、積極的に欧米の諸制度を移植して国家の体裁をととのえ、経済面では産業革命を成し遂げました。1895年には日清戦争に勝利して植民地を手にし、その後、日露戦争、第一次世界大戦に勝って、世界の強国へと成り上がっていきました。

大正時代に入ると、国内では民衆のパワーが炸裂します。護憲運動や米騒動によって内閣が倒され、男子の普通選挙も実現します。もはや国民の支持なくして政治が運営できない社会になったのです。しかし、1920年代に経済が低迷すると、国民は政党から離れて軍部を支持し、軍国主義が台頭、やがて日中戦争、太平洋戦争へ突入してしまいます。
戦争は日本の敗北に終わり、国民生活は完全に破綻しました。けれど戦後、日本は見事に民主主義国家として再生を果たし、1955年から約20年間、年平均10%程度の驚異的な経済成長を実現、80年代には安定成長を続けて経済大国になりました。

近現代史は直接いまの日本社会とつながっているので、この150年の歩みを学ぶことは、みなさんの将来にとってたいへん有意義なことですし、近現代史を知らないのは、人生の大きな損失だといえます。

ただ、近現代史は、複雑で登場人物も多く、似たような事件がたくさん起こるので、「流れがわかりづらくて嫌いだ」という読者も少なくないでしょう。

そこで本書は、象徴的なマンガでイメージをつかみ、わかりやすい解説で内容を把握し、図説や年表で時代の流れが理解できるように工夫しました。意外なエピソードが書かれたコラムも満載です。きっと本書を読めば、おのずから近現代史がすんなり頭に入ってくると確信しています。

河合　敦

目次

はじめに……2

プロローグ 今の日本を読み解く10のキーワード

日本を知るKEYWORD1 経済
日本ってずっと不景気なの？……10

日本を知るKEYWORD2 社会問題
日本の人口は減り続けている？……14

日本を知るKEYWORD3 政治
首相が変わりやすいのはなぜ？……18

日本を知るKEYWORD4 憲法
どうして憲法は改正されないの？……22

日本を知るKEYWORD5 対米関係
日本はアメリカにノーと言えないの？……26

日本を知るKEYWORD6 東アジア外交
領土問題を知るための歴史……30

日本を知るKEYWORD7 世界情勢
急変した世界とのつながり……34

日本を知るKEYWORD8 災害
災害に悩まされ続ける日本……38

日本を知るKEYWORD9 科学技術
日本で生まれた最先端技術……42

日本を知るKEYWORD10 文化
世界に誇る、メイドインジャパン……44

コラム 日本生まれのカルチャー&テクノロジー……46

第1章 日本の近代の幕開け

黒船来航と開国
苦しむ庶民、広がる開国反対論……50

明治政府誕生
劇的に変わった日本の政治システム……52

図解でわかる！ 中央官制の組織図……55

文明開化
国民に近代化の波が押し寄せる……56

征韓論・台湾出兵
明治時代の複雑な東アジア情勢……58

佐賀の乱・神風連の乱・西南戦争
新政府に不満を持つ士族の反乱……60

自由民権運動
激しい弾圧を受けた民主的改革……62

年表でわかる！ 民権運動と政府の動き……65

大日本帝国憲法
「神聖不可侵」な天皇中心の国家体制……66

不平等条約改正
日本が欧米諸国と対等の地位に……70

図解でスッキリ 1章まとめ……72

史料でもっとわかる 明治時代（前期）……74

第2章 列強の仲間入り

日清戦争・三国干渉
日本が初めて外国に勝った戦争……78

MAPでわかる！ 日清戦争の流れ……81

中国分割
弱体化した清に群がる欧米各国……82

日英同盟
対ロシアを想定。明治の安保条約……84

世界情勢と日本
絶望的な資金難でも行われた戦争……86

韓国併合
東アジア進出のための強力な足場……90

年表でわかる！ 韓国併合の流れ……93

満州支配
日本が独占した満州の強大な利権……94

産業革命
日本に会社設立ブームが起きる……96

図解でスッキリ 2章まとめ……98

史料でもっとわかる 明治時代（後期）……100

第3章 デモクラシーと恐慌の時代

大正政変
野党と市民がついに政府を打倒……104

第一次世界大戦 日本の不況脱出の大きなチャンス 106
二十一カ条の要求 莫大な利権獲得と帝国主義の始まり 108
政党内閣 政党政治の時代がついに到来 110
国際連盟への加盟 史上初の国際平和機構が誕生した 112
民族運動 中国と朝鮮で対日独立運動が激化 114
大正デモクラシー 自由主義・民主主義の大きな潮流 116
図解でわかる! **選挙制度の変遷** 119
関東大震災 首都圏を壊滅状態にした自然災害 120
恐慌 4つの大恐慌が日本を襲った! 122
社会主義運動 特高警察に弾圧された労働者運動 126
図解でスッキリ **3章まとめ** 128
史料でもっとわかる **大正時代** 130

第4章 軍部の台頭・戦争の時代へ

満州事変 軍部の謀略で樹立された満州国 134
MAPでわかる! 関東軍侵攻図 137
国際連盟脱退 世界からの孤立を選択した日本 138
政党政治の崩壊 政治家、財界人が次々殺害された 140
クーデターとテロの勃発 軍部による大規模クーデターの勃発 142
恐慌解消 日本を恐慌から救った軍需景気 144
日中戦争 果てない領土欲による戦争の泥沼化 146
MAPでわかる! **日中戦争の侵攻図** 149
新体制運動 ナチスをまねて作られた大政翼賛会 150

第二次世界大戦勃発 日本が戦争に加わった本当の理由 152
三国同盟 日米対決を決定づけた日独伊の同盟 154
図解でわかる! 日独伊三国同盟と国際関係 157
大東亜共栄圏 アジアの解放という壮大な構想 158
太平洋戦争開始 日本の奇襲で始まった無謀な戦争 160
戦局の推移① 連合国に連戦連勝だった日本海軍 164
戦局の推移② 戦況が一変したミッドウェー海戦 166
戦時中の文化 切符があっても物がない戦時下 168
終戦 枢軸国の中で最後まで戦った日本 170
MAPでわかる! 太平洋戦争の侵攻図 173
図解でスッキリ 4章まとめ 174
史料でもっとわかる 戦争の時代 176

第5章 戦後と復興

占領 日本の根幹を揺るがすGHQの政策 180
民主化政策 日本政府に出された五大改革指令 182
政党の結成や復活 GHQが認めた中道内閣 184
日本国憲法 たった1週間で作られた憲法 186
ハイパーインフレ 物の値段が何倍にも上がっていった 190
食糧難・大衆運動 人口増大で起きた深刻な社会問題 192
冷戦体制の形成 アメリカによるソ連封じ込め作戦 194
戦後のアジア 米ソの戦いで引き裂かれたアジア 196
占領政策の転換 経済復興をアメリカが支援した理由 198
朝鮮戦争 景気回復のきっかけになった戦争 200

MAPでわかる！ 朝鮮戦争の交戦の経緯……203
サンフランシスコ平和条約 日本が独立国として主権を回復……204
60年安保 安全保障条約は対等ではなかった……206
独立回復後の日本 アメリカの強い要求で自衛隊が発足……208
55年体制 自由民主党による安定政権の時代……210
高度経済成長 毎年10％の成長を達成した日本経済……212
グラフでわかる！ 高度経済成長期の経済成長率……215
安全保障条約の自動継続 国民から嫌われた70年安保闘争……216
沖縄の復帰 基地問題を抱えたままの沖縄返還……218
戦後の文化 技術革新で国民の生活が一変した……220
消費税の導入 莫大な借金対策で導入された間接税……222
図解でスッキリ 5章まとめ……224
史料でもっとわかる 戦後の日本……226

第6章 停滞と発展の現代日本

バブル景気の崩壊 新しい門出を迎えた平成時代……230
震災、技術発達 重なる不安と進化するＩＴ機器……232
技術革新と増税 生活環境に変化が訪れた世紀末……234
揺れる世界情勢と日本 日本の動向と外交に注目が集まる……236
経済不振とITの一般化 再来する世界恐慌と技術成長……238
領土問題と原発問題 政権交代から始まった激動期……240
第二次安倍内閣の発足 絶対安定多数政権による新政策……242
索引……244
近現代史年表（江戸末期〜平成）……250

プロローグ 今の日本を読み解く 10 のキーワード

時代によって抱えている問題は違えど、いつの時代もわれわれ日本人はさまざまな困難を乗り越えようと努力してきた。ここでは「今の日本を読み解く10のキーワード」と題して、経済や社会問題、外交など、150年前から現代までの重要なポイントを解説していく。日本の近現代史における歩みを知り、日本が抱えている課題や、日本という国そのものを理解していこう。

①経済
②社会問題
③政治
④憲法
⑤対米関係
⑥東アジア外交
⑦世界情勢
⑧災害
⑨科学技術
⑩文化

※上記のキーワードは、本文右下の関連トピックと対応しています。気になるテーマごとに読み進めてみると新たな発見があるかもしれません。

「日本は不景気だ」とよく言われます
この不況はいつから続いているのでしょう
社会
パッ
「バブル景気」という言葉はご存知ですよね
学校の教科書にも出てくる言葉です
バブル景気と
日本が史上空前の好景気だった時代です
ときは1980年代後半
皆が好景気に浮かれていました
金ならいくらでもあるぞ!
日経平均株価は1989年に3万8915円と
史上最高値を記録したほどです
ほっとけほっとけ
そのため、この好景気が危ういものだという警告に耳を傾ける人は多くはいませんでした
ポイ
超低金利政策によって人々は土地や株に資金を投入
地価や株価は暴騰し これが崩壊すると不良債権まみれに…
未来へ投資するなどの選択肢もありながらそれを選ばず舵取りを誤った結果です
その後「失われた10年」とよばれる経済低迷期に突入します

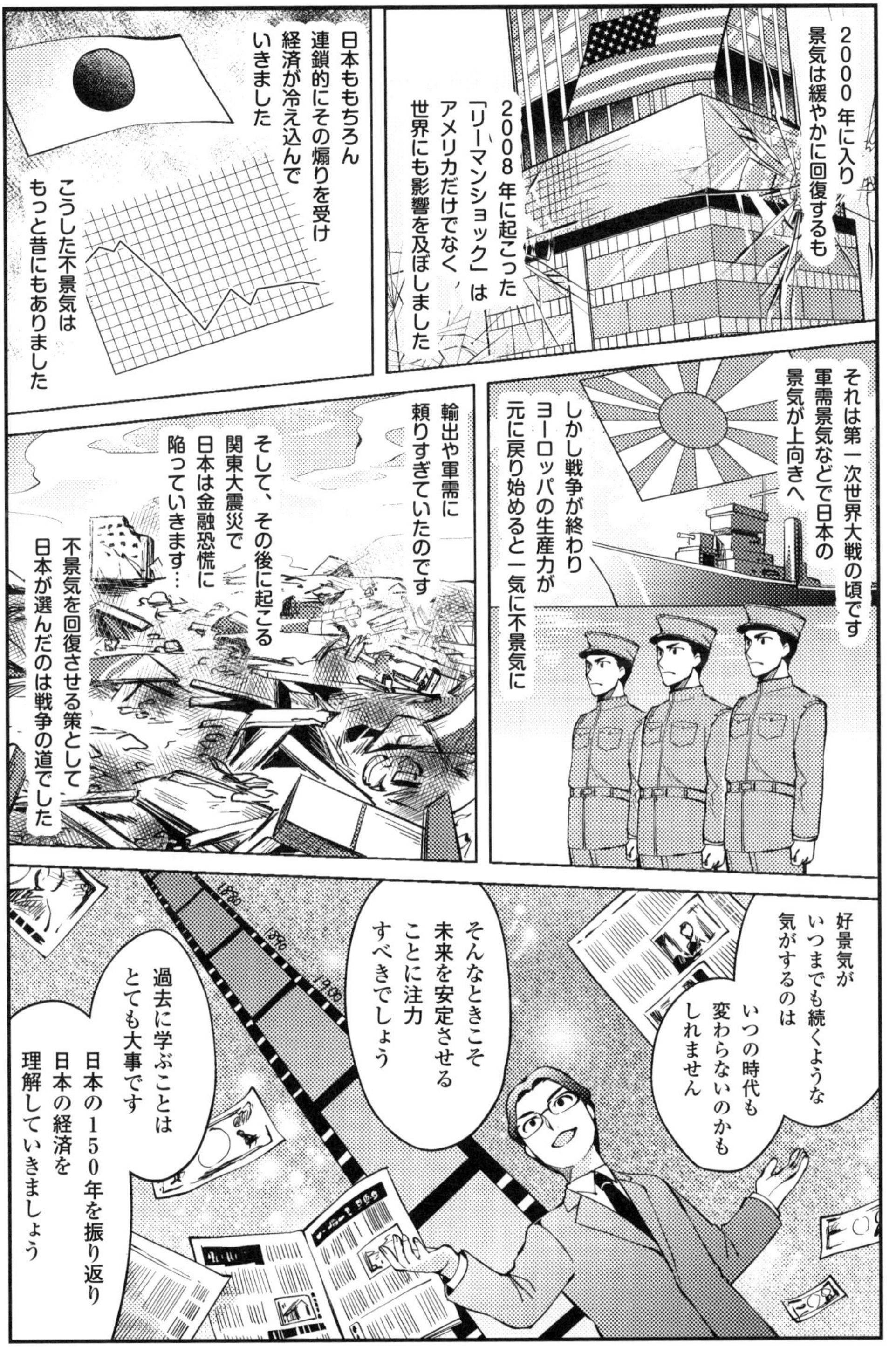
2000年に入り
景気は緩やかに回復するも
2008年に起こった
「リーマンショック」は
アメリカだけでなく
世界にも影響を及ぼしました
日本ももちろん
連鎖的にその煽りを受け
経済が冷え込んで
いきました
こうした不景気は
もっと昔にもありました
それは第一次世界大戦の頃です
軍需景気などで日本の
景気が上向きへ
しかし戦争が終わり
ヨーロッパの生産力が
元に戻り始めると一気に不景気に
輸出や軍需に
頼りすぎていたのです
そして、その後に起こる
関東大震災で
日本は金融恐慌に
陥っていきます…
不景気を回復させる策として
日本が選んだのは戦争の道でした
好景気が
いつまでも続くような
気がするのは
いつの時代も
変わらないのかも
しれません
そんなときこそ
未来を安定させる
ことに注力
すべきでしょう
過去に学ぶことは
とても大事です
日本の150年を振り返り
日本の経済を
理解していきましょう

日本は戦争で何度も好景気を作り出した

バブル崩壊で不景気が続いた「失われた10年」。そしてその後発生したリーマンショックにより、日本は20年以上も経済不振の状況に置かれている。しかし、過去日本はずっと不景気だったわけではない。好景気で物が飛ぶように売れたり、株価が右肩上がりに上昇する時代もあったのだ。

その**代表的な例が第一次世界大戦時の軍需景気①だ。それまで日本には欧米から格安の製品が入ってきて、いわゆる輸入超過の状態が続いていた。**しかし大戦が始まるとヨーロッパへの軍需品の輸出が拡大。**また、アメリカの好景気によりアメリカ市場向けの輸出も増加。**その上列強が撤退したアジア市場へも大量に製品を輸出できるようになったため、空前の好景気がやってきたのだ。これにより日本は債務国から債権国へと見事に発展を遂げた。

しかしながらこの状態は長く続かなかった。戦争が終わりヨーロッパが復興すると、1919年から再び輸入超過となり、海外への輸出が激減。さらに関東大震災が追い打ちをかけ、日本は再び不景気へ。軍部は植民地拡大に活路を求め、満州へと出兵する。さらに華北、東南アジアへ侵略を始め、**大東亜共栄圏**②という巨大な経済圏を作ろうとしたのだ。だがこの政策は欧米の利害とぶつかり、最終的に太平洋戦争を引き起こしてしまう。**この戦争で敗れた日本は、**

関連①

「第一次世界大戦時の軍需景気」▼P106

アメリカの好景気

大戦中の貿易で莫大な利益をあげたアメリカは、戦後「黄金の20年代」と呼ばれる経済繁栄期を迎え、世界最大の債権国となった。

関連②

「大東亜共栄圏」▼P158

アメリカの占領下に置かれ、経済的にもどん底の状況に落ちたのだ。

それが一転するのが、冷戦によるアメリカの対日占領政策の転換だ。西側における日本の重要性を認識したアメリカは、経済の自立化のため、さまざまな経済支援を行った。しかしなかなか経済は上を向かなかった。ところが**1950年の朝鮮戦争の軍需景気で一気に回復。数年後、日本は高度経済成長期・安定成長期を経て、バブル期③に入っていく。**

景気回復は国民の犠牲の下に成り立ってきた

全盛期は東京の山手線内の土地の値段でアメリカが買えたというほどの**バブル期**。しかし行き過ぎた経済に政府がストップをかけ、土地取引の「総量規制」を行ったことでバブルは一挙に崩壊。現在の日本はこのバブルの再来を求めて「総量規制」とは逆の「無制限の量的緩和」を行っている。しかしバブル崩壊やリーマンショックの傷跡は深く、十分な成果が出ていない。**また消費税増税④や年金減額など、国民を犠牲にして財政再建を図ろうとするところは、明治期の政策によく似ている。**特に松方正義蔵相は不換紙幣を大量に処分したため財政は立ち直るが、逆に**農村部は大幅な収入減となり貧困⑤に苦しむ**ようになった。このように、国民の犠牲によって成り立つ景気回復を、実は幾度も繰り返していたのだ。

朝鮮戦争による軍需景気

朝鮮戦争時に、在日、在朝アメリカ軍から日本に大量の物資やサービスが発注されたため、日本に好景気が訪れた。その額は1950年から52年までで約10億ドルにも上る。

関連③「バブル期」▼P230

関連④「消費税増税」▼P222

関連⑤「農村部の貧困」▼P58

社会問題はさまざまですが
近年は人口問題が大きな課題です
現在日本の人口は減り続けています
出生率Down しつづけています…
少子高齢化という言葉のとおり
若い世代の人口が減り相対的に高齢者の割合が増えています
お 重い…!
グラフをご覧ください
人口推移を示していますが２００８年をピークに人口は減少傾向です
２０５０年には１億人を切るとか
明治のはじめ頃の３５００万人から増加した人口が少子化によって減っているのです
経済面では人口減少に伴い消費が落ち込み
さらに働く若者の人数が減ることで経済成長率は低下
人口減少は社会保障にも影響を与えます
消費
成長
社会保障
全部Down
はぁ…

例えば年金を受け取る人口が増えるのに対して
社会保障給付費を負担する世代の人口が減少していくならば
やがて社会保障給付費は現状のままではまかなえなくなってくるでしょう
年金
保障
雇用
ボロ
ボロッ
はぁ…
不安の多い未来で、やる気が起きません…
元気を出して
そう思うのもしょうがないでしょう…
しかし、だからこそ考えてみましょう
ぽんっ
「政治的無関心」という言葉がありますが先の見えない将来の不安感から無気力になって政治に無関心でいては何も変わりません
大正デモクラシーや安保闘争など、市民の活動が大きな影響力を持った時代もあったのですから
第二次大戦後、日本は帝国主義国家から民主主義国家になりました
民主主義
現在、私たちは一人ひとりが政治に参加できます
自分たちの力で問題を解決していきましょう
！
ハイ！
より良い未来のために落ち込んでいられない！
その調子！

少子高齢化、そして地方の消滅という深刻な事態

日本の総人口は終戦の1945年には7000万人ほどだったが、1970年には1億人を超え、今では1億2000万人にのぼり、世界でも11番目※に人口の多い国となっている。しかし、いま日本では人口問題が深刻化している。少子高齢化だ。急速に生まれてくる子どもの数が減り、高齢者の数が増えているのだ。国税庁の調査・試算によれば、2000年の時点では20～64歳の人口は7888万人で、65歳以上は2204万人。それが2050年になると20～64歳が4643万人、65歳以上が3768万人になると予想されている。これは2000年の時点では3.6人（20～64歳）で1人の高齢者（65歳以上）を支えているのに対し、**2050年には1.2人で1人の高齢者を支えることになり、若い世代にとってはかなりの重荷になる。**

この少子高齢化は高齢者の年金問題にも波及し、政府は**年金の減額**や支給時期の変更などを検討せざるを得なくなってきている。

さらに人口減少は地方の過疎化・消滅という問題も生み出している。高度経済成長期から**バブル期**①にかけては、田舎から都会に出ていく若い人が多かったため、地方では若年層が減り高齢者の数が増えていくという現象が起きていた。ただこの段階では、まだ高齢者が年金を地元でつかっていたため、なんと

※2015年現在

年金の減額

現在、厚生年金では60歳以降も会社勤めをして給料・賞与などをもらう場合、賃金月額と年金月額の合計に応じて、年金が減額される。

関連①

「バブル期」▼P230

※2015年現在

か経済が回っていた。しかしながら、最近の地方では、その高齢者自体が減っているのだ。それでは地方の商業施設はもちろん、病院や介護施設も経営が成り立たない。**税収も全く見込めず、今後消滅してしまう可能性がある自治体が896もあるという。**

また、若年女性が地方から都市部へ流出することも、出生率の低下につながり、人口減少の大きな原因になっている。

人口増の都会でも深刻な問題が起きている

一方、人口の流入で出生数増加が期待されるのが都市部だが、たとえば東京の場合20～30代の未婚率が日本一であり、出生率も1.09と全国最下位。これでは少子化の改善はまったく期待ができない。

過去を振り返ると、**高度経済成長期**②に都市部は人口の急激な増加で深刻な住宅不足に見舞われた。**「ウサギ小屋」**③という言葉が生まれたのもこの頃で、人々は狭い住居で肩を寄せ合いながら生きていたのだ。今後地方からの人口流入が激化すれば、同じような問題が起きるかもしれない。

さらに近年都市部では、貧富の差が拡大している。これは**小泉内閣時代**④の労働者派遣法改正などが一因になっているが、都会に人が集中すれば失業率も高まり、さらに格差が広がることも予想される。

消滅してしまう可能性がある自治体

民間の有識者が集まったシンクタンク「日本創生会議」が発表したレポートによれば、2040年までに、全国896の自治体が消滅してしまう可能性があると報告。各界に衝撃を与えた。

関連②
「高度経済成長期」
▼P213

関連③
「ウサギ小屋」
▼P214

関連④
「小泉内閣時代」
▼P236

これまで日本の政治の中心は江戸時代ならば「幕府」明治維新後は「明治政府」大戦時は「軍部」でした
幕府
新政府
軍部
国民
現在は国民が中心の民主主義の時代です
日本では政権をとった党の代表が首相を務めますが
中には任期が一年に満たない歴代首相もいるなど「首相が変わりやすい」と言われています
辞任
任期
どうして変わりやすいのですか?
それはですね…
病気やスキャンダルなど辞任の原因はさまざまありました
また、国民からの支持を得られず早々に辞任した首相もいました
そう見ると、日本は首相が変わりやすい国だと捉えられがちですが
一方で任期の長かった首相もいました
支持率
ここで任期の長かった首相を紹介します
主な政策内容を時代背景とともに振り返ってみましょう!

※任期中の交代を含む期間を表記

55年体制では15人もの首相が誕生した

日本は明治時代以降、政治の中心となる主体が次々と変わってきた。開国後は幕藩体制が揺らぎ、やがて幕府が消滅して天皇を中心とする新政府が政権を担った。**立憲制**が成立すると、内閣総理大臣と内閣を構成する大臣が政治の中心となった（先の大戦では軍部が政治を掌握していた）。**現在の政治の中心は国民**であり、国民に選挙で選ばれた政党・政治家によって政治が行われているが、その始まりは大正時代といってよい。いわゆる大正デモクラシー①だ。

日本は終戦後の1955年に自由民主党が結成され、**55年体制**と呼ばれる保守一党優位の政治体制が1993年まで続いた。**その間、初代総裁・鳩山一郎から1992年の宮澤喜一までなんと14回首相が交代している（計15人）**。中には1964年から72年まで7年8カ月間首相を務めた佐藤栄作のような例もあるが、単純計算で1人あたり2.5年の任期ということになる。アメリカの大統領の任期は1期4年で、過去に途中で辞任したのは1人しかいない。日本は首相が変わりやすい国だということが言えるだろう。

また1993年には自民党以外の内閣が誕生したが、2回の首相交代を経て1996年に再度自民党が政権に復期。2009年に民主党を中心とした連立政権②が誕生するまで自民党が政権の中心を担った。国民は自民・民主の二大

立憲制

憲法に基づいて政治を行う制度のこと。国民の権利と自由を尊重し、権力分立、基本的人権の保障などを原理とする。

関連①

「大正デモクラシー」
▼P116

55年体制

55年体制とは自由民主党が与党第一党となり、日本社会党が野党第一党となった構図を指す。この体制は1993年に細川内閣が成立するまで続いた。

関連②

「民主党を中心とした連立政権」
▼P240

政党制に期待したが、民主党政権は２０１２年にあっけなく崩壊。再び政権は自民・公明党に戻り、安倍内閣は安定政権となった。

政権が安定するメリットとしては、長期的な視野に立った政策を実行できるということがある。いまの日本は少子化問題や年金問題など解決しなければいけない課題が山積みとなっている。また**日米の安全保障**問題など、じっくりと腰を据えて取り組まなければならない問題も多いのだ。

一党優位は腐敗や汚職を生み出す

一方、**一党優位が長続きするデメリットとしては、自浄作用が効かなくなるということが挙げられる。**たとえば１９７６年に発覚した**ロッキード事件**③はその一例だ。これは旅客機の受注をめぐる大規模な汚職事件で、元内閣総理大臣の田中角栄や運輸政務次官の佐藤孝行などが逮捕された。また１９８８年には大規模収賄のリクルート事件が明るみに出る。リクルート社が関連会社の未公開株を、複数の大物政治家に店頭公開前に譲渡していた事件で、政財界を揺るがす大スキャンダルに発展。江副浩正リクルート社元会長、藤波孝生元官房長官らが起訴された。後に当時の竹下内閣は総辞職した。このような政治の腐敗は二大政党制によって互いをチェックすることで阻止できる場合がある。与党に匹敵する野党の存在は、ときに重要な役割を果たすのだ。

日米の安全保障

日米安全保障条約は１９５１年に調印され、現在も継続している。条約はアメリカ合衆国が日本を防衛する義務を負い、日本はアメリカ側に基地を提供する義務を負う内容だ。

関連③

「ロッキード事件」▼Ｐ２１６

※GHQ（連合国軍最高司令官総司令部）→P180

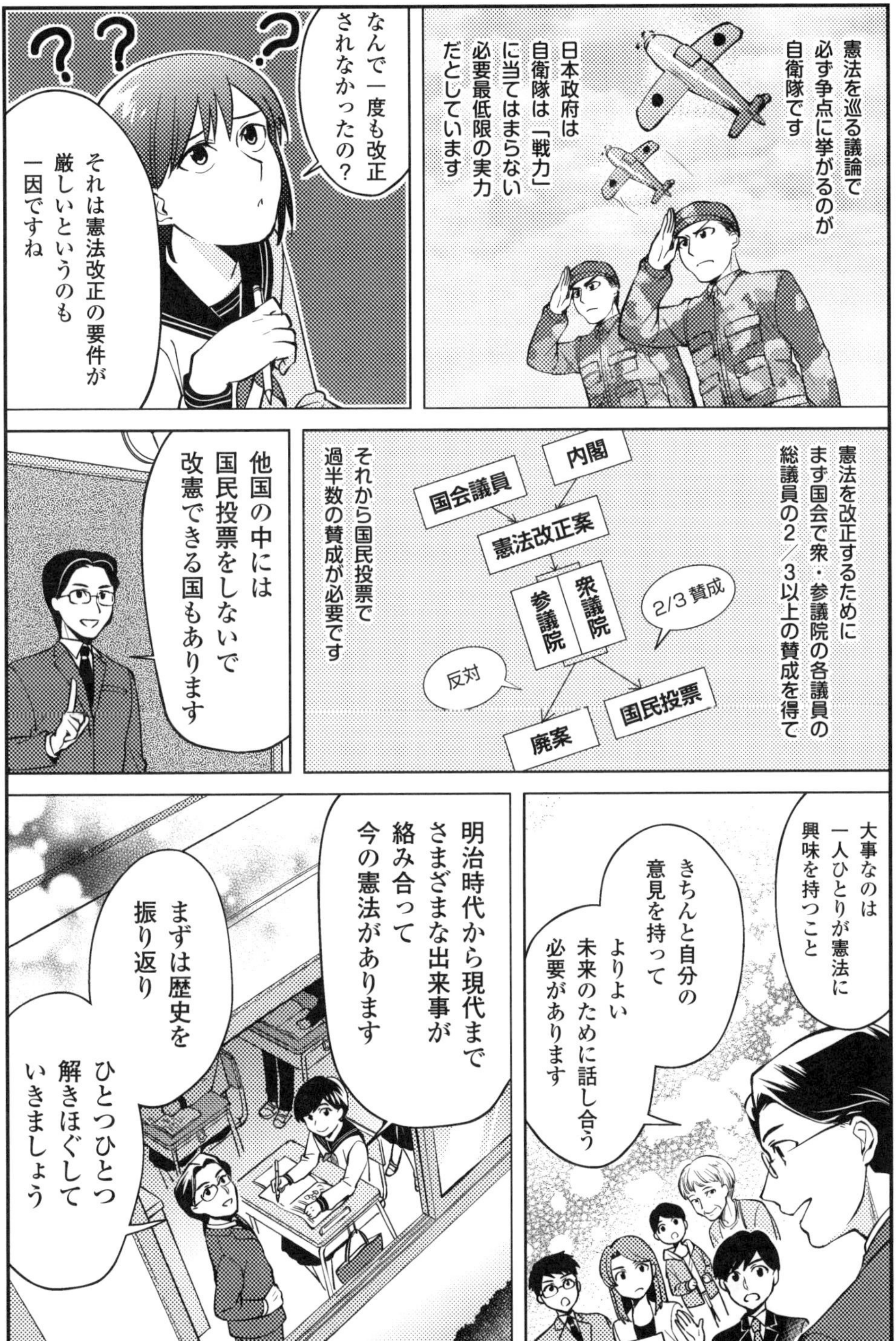
憲法を巡る議論で
必ず争点に挙がるのが
自衛隊です
日本政府は
自衛隊は「戦力」
に当てはまらない
必要最低限の実力
だとしています
なんで一度も改正
されなかったの？
それは憲法改正の要件が
厳しいというのも
一因ですね
憲法を改正するために
まず国会で衆・参議院の各議員の
総議員の2／3以上の賛成を得て
内閣
国会議員
憲法改正案
衆議院
参議院
2/3 賛成
反対
国民投票
廃案
それから国民投票で
過半数の賛成が必要です
他国の中には
国民投票をしないで
改憲できる国もあります
大事なのは
一人ひとりが憲法に
興味を持つこと
きちんと自分の
意見を持って
よりよい
未来のために話し合う
必要があります
明治時代から現代まで
さまざまな出来事が
絡み合って
今の憲法があります
まずは歴史を
振り返り
ひとつひとつ
解きほぐして
いきましょう

戦後一度も改正されたことがない日本国憲法

現在の**日本国憲法**①は、**大日本帝国憲法**②が改正されたもので、1945年**アメリカの占領下**③に作られたものだ。当初は幣原《しではら》内閣が憲法草案を作ったが、内容が天皇の統治権を盛り込んだものだったためGHQが拒否。代わりにマッカーサーがGHQに草案を作らせ、政府が少し手を加え議会で承認されたのだ。

日本が主権を回復して独立した後、**たびたび憲法を改正すべきと主張されてもきたが、正式に改憲まで至ったことは一度もない。これは世界でも比較的珍しいケースと言える。**ちなみにフランスは20回以上、ドイツは50回以上も戦後に**憲法改正**を行っている。

ではなぜ憲法は一度も改正されないのか？　その一つには改正の手続き上の問題がある。大まかに言えば憲法改正に至るには、まず両議院においてそれぞれ総議員の3分の2以上による賛成、そして最終的に国民投票で過半数以上の賛成が必要となり、現実にはなかなか容易ではないのだ。この国民投票も、まだ一度も行われていない状況だ。

ただ、憲法の解釈変更ということが以前からたびたびなされているという指摘がある。憲法第9条では「戦争放棄」、「戦力を保持しない」、「交戦権を認めない」ということを明示しているが、これが世界情勢の変化やアメリカとの関

関連①
「日本国憲法」▼P186

関連②
「大日本帝国憲法」▼P66

関連③
「アメリカの占領下」▼P180

憲法改正

憲法の条文を修正、追加、削除することで、簡単に変更ができないように、参議院と衆議院の総議員の3分の2以上の賛成による国会の発議と、国民投票において過半数の賛成が必要とされている。改憲ともいう。

係で解釈変更を余儀なくされてきた。この条項に関し、最初に解釈変更がなされたのは**自衛隊**④の前身に当たる警察予備隊に関するものだった。

当時警察予備隊は「戦力を保持しない」という第9条に抵触するのではないか、という議論が起こったが、時の吉田内閣は「治安維持の目的で軍隊ではない」という解釈を発表した。

閣議決定で集団的自衛権の行使が可能に

またその後「個別的自衛権」と「集団的自衛権」をめぐって激しい議論が交わされてきた。個別的自衛権とは自分の国が他国から武力攻撃を受けた場合、防衛のために武力を行使する国際法上の権利。一方の集団的自衛権は自国と密接な関係を持つ国が武力攻撃された場合、自国が攻撃されていなくとも武力を行使する権利のことだ。これまで個別的自衛権は憲法の下で行使できるという解釈がなされてきたが、集団的自衛権の行使に関しては歴代の内閣は憲法上認められないとしてきた。しかしながら2014年**安倍内閣**⑤は憲法解釈の変更を閣議決定した。それは集団的自衛権の行使を、一定の条件を満たした場合に限ってできるようにするという内容だった。

このように、憲法の解釈変更や改正をめぐる議論が活発になってきた。どのような経緯で今の憲法があるのかを学び、自分の意見をもてるようにしよう。

憲法の解釈変更

憲法改正の手続きを経ることなく、政府が憲法の条項に対する解釈を変更し、その内容・意味を変えていくこと。とくに日本では主に憲法第9条に対する解釈変更がいままで大きな議論になってきた。

関連④
「自衛隊設立」▼P208

関連⑤
「安倍内閣」▼P242

「日本はアメリカの言いなりだ」
と言われることがあります
歴史を振り返ると
日本を開国させたのも
ペリー率いるアメリカの海軍です
どうして日本はアメリカに
ノーと言えないのでしょうか
約70年前
第二次世界大戦で敗れた日本は
アメリカに占領され
GHQの支配下に置かれます
そしてGHQ先導で
戦争放棄を記した
日本国憲法が作られました
後に日本は独立しますが…
日米安全保障条約をめぐってさまざまな問題が発生します
第一条
締約国は、国際連合憲章に定める
のある国際紛争を平和的手段によっ
うくしないように解決し、並びにそれ
嚇又は武力の行使を、いかなる国
も、また、国際連合の
を約束する。
締約国は、
際連合の
努力する。
締約国は、
なす原則の
することによ
。締約国は、その
両国の間の経済的協力
第三条
締約国は、個別的
1951年に調印された日米安全保障条約（安保）ではアメリカ軍の日本駐留を認め
1960年に調印された新しい日米安全保障条約では日本の防衛力増強を義務づけられました

安保条約が自動延長される
1970年の前には
全国の主要な大学で
学生たちによるデモが
行われました
人々は
アメリカの戦争に
巻き込まれるのを
恐れたのです
反対!!
2015年にも反対を
押し切って安保法案が採決
国民の反対意見にノーと言って
アメリカに従う形に…
強行採決反対!!
強行採決反対!!
強行採決反対!!
強行採決反対!!
なぜ強引な採決となったのか
意見は分かれますが
憲法上、軍を持てない
日本では安保法が諸外国への
抑止力になるという考えも…
日米の関係は
どうして現在のように
なったのか
150年の歴史を
振り返ってみましょう
150年と聞くと
遠い昔のように感じます
しかし
そのときの出来事の影響は
現在まで続いています
平成
昭和
大正
「歴史は他人事ではなく
自分のこと」なのです

開国以来、日本はアメリカとの関係で発展してきた

日本は**ペリーの来航**①以来、アメリカと密接な関係を築いてきた。**まずアメリカに強制された開国が明治維新を招き、**結果として**日本を近代化させた。**戦費のめどが立たないまま始めた日露戦争で、最終的に外債の半分を引き受け、日本の危機を救ったのはアメリカの富豪ヤコブ・シフだった。しかし、日本が日露戦争に勝利し満州への進出を果たした頃から、日米関係の雲行きが怪しくなる。アメリカは満州の門戸開放を訴えたが、日本は英露と結んでアメリカに対抗。それでも経済面では結びつきが強まり、第一次世界大戦中の日本は、アメリカに生糸などを大量に輸出し債務国から債権国に変わることができた。

日中戦争以降は一転、日米関係は悪化の一途をたどる。**日独伊三国同盟**を結びアジアに日本を中心とする経済圏を作ろうとすると、アメリカは経済制裁で日本を徹底的に締め付けてきた。これが太平洋戦争の要因の一つになるが、結局日本は戦争に敗れ、アメリカの占領下に置かれることになる。

戦後の冷戦は日本の復興に味方した。ソ連と対立する**アメリカは、極東地域の防壁としての日本の重要性を認識し占領政策を転換。経済安定九原則の実行を指令し、日本の経済復興を強く支援した**のだ。1951年には**日米安全保障条約**②（安保条約）を調印。これにより日米はいわゆる「運命共同体」となった。

関連①
「ペリーの来航」▼P50

日独伊三国同盟
アメリカを仮想敵国とした、日本、ドイツ、イタリアの三国による軍事同盟。アメリカが第二次世界大戦に参戦することを防ごうという意図があった。

関連②
「日米安全保障条約」▼P206、216

この安保条約は改定されながら現在も続いているが、一方で条約に反対する運動もたびたび起こっている。中でも1959〜60年と1970年に起きた**安保闘争**[3]は空前の規模の反対運動となった。運動には労働者や学生、左翼勢力などが参加。1960年の条約改正では国会で強行採決が行われたが、その結果デモ隊が連日**国会議事堂を包囲**し、機動隊と衝突する事態にまで至った。

アメリカ外交で日本に求められる交渉力

近年、アメリカと日本の関係はさらに密接になっている。集団的自衛権の行使に関してはアメリカからの要請も強く、2015年には与党自民・公明党により**安全保障関連法**[4]が国会で賛成多数で可決された。これで集団的自衛権の行使が可能になり、自衛隊の活動範囲が広がった。米艦の護衛もできるようになったが、同時にさまざまな国際紛争に巻き込まれる可能性も高まったと、懸念の声も広がっている。

これまでの**日本のアメリカに対する外交は「ノーと言えない日本」と評されることがある**。安保条約は、成立時には基地提供を含む一種の不平等条約だったが、岸信介首相は1960年の**安保改定**[5]時に、より対等な関係を結ぶべく尽力した。今後のアメリカとの関係では、同じような努力と交渉力が日本政府には求められていると言えるだろう。

関連③
「安保闘争」▼P216

国会議事堂の包囲
1960年の、国会前でのデモ参加者は主催者発表で33万人にまで膨れ上がった。負傷者（死者含む）・逮捕者も多数出たため、岸内閣は総辞職に追い込まれた。

関連④
「安全保障関連法」▼P243

関連⑤
「安保改定」▼P206

日本は中国、韓国、北朝鮮、ロシアなど
近くの国々と交流をしてきました
露
中
朝
韓
弥生時代には中国や朝鮮半島の文化を取り入れ
多大な影響を受けてきました
たとえば遣隋使や遣唐使など
1000年以上前から大陸との関係を築いてきているのです
それでは近現代ではどうだったでしょうか
周辺諸国との歴史を振り返ってみましょう
明治
大正
昭和
平成
開国後、日本では征韓論が高まっていきます
当時鎖国をしていた朝鮮を武力を使ってでも開国させようというもので
結果、「日朝修好条規」が結ばれます
1875年にロシアと「樺太・千島交換条約」を結び
樺太の代わりに千島列島を領有
1894年には当時の中国との戦争（日清戦争）に勝利したことで
台湾や遼東《りょうとう》半島などの割譲を約束させます
樺太
千島列島
下関条約
しかしこの遼東半島はロシア・ドイツ・フランスの要求により返還
以後、日本はロシアを敵視することになりやがて日露戦争に至ります

日露戦争に勝利した日本は
満州の租借権や
樺太の一部を獲得
1910年には
韓国を併合して
植民地化します
しかし
1919年には
朝鮮による対日独立運動
（三・一独立運動）が
起こりました
朝鮮
1919年
三・一独立運動
1931年には満州を
武力によって勢力下に
置こうとする満州事変が勃発
日本は国際社会から不信感を
抱かれるようになります
1931年
満州事変
それでも日本の
野望は終わることなく
ついには中国と
日中戦争が勃発
国際的な非難を浴びます
GHQ
第二次大戦では東アジア
東南アジアを勢力下におく
大東亜共栄圏を目指しますが
この大戦に敗れ
アメリカに占領統治されました
「サンフランシスコ平和条約」
で日本は独立し主権を回復
この条約で日本の領土が
改められましたが
周辺諸国との
領土問題はなくなりません
竹島
北方領土
尖閣諸島
2010年の
尖閣諸島沖での中国漁船の
衝突映像は衝撃的なものでした
周辺諸国との領土問題は
今なお続いているのです

日本は近隣諸国との間に数々の領土問題を抱えている

古くは遣隋使・遣唐使など、日本は1000年以上も前から中国や朝鮮と文化交流を行ってきた。一方、豊臣秀吉の朝鮮出兵など、大陸進出を目指し衝突を起こすこともあった。明治維新以降、日本は大陸進出を始め、1870年代には武力によって朝鮮を開国させようという**征韓論**①が高まり、1876年に日朝修好条規を結んで朝鮮を開国させた。1894年には日清戦争に勝ち、翌年の講和条約で台湾を割譲させた。1904年には朝鮮の指導権をめぐり**日露戦争**が始まったが、日本はこの戦いにも勝利し、やがて朝鮮を植民地とし、満州にも進出した。

1937年に始まった日中戦争が泥沼化すると、資源を求め東南アジアに進出、**大東亜共栄圏**②の建設を図るも、それが原因となり太平洋戦争が勃発。戦いに敗れた日本は植民地を失った。このように日本は大陸でさまざまな戦争を繰り広げてきたのだ。

近年、中国の南シナ海進出や北朝鮮の核開発問題など、東アジアの情勢は緊迫している。**日本も韓国との竹島問題、中国との尖閣諸島問題、ロシアとの北方領土問題などを抱え、いまだ解決の糸口すら見えていない。**

竹島は1905年に漁業を営む中井養三郎の「島を日本領にして欲しい」と

関連①

「征韓論」▼P58

日露戦争

満州を支配し、朝鮮に影響を与えるロシアに対し、日本は1904年宣戦布告。翌年の旅順占領、日本海海戦でのバルチック艦隊撃破などにより、日本はどうにか勝利を収めた。

関連②

「大東亜共栄圏」▼P158

いう願書により日本領に組み入れられた。それ以前の竹島は無人の岩礁だった。太平洋戦争終結後の**サンフランシスコ平和条約**③でアメリカは竹島を日本領としたが、1952年に韓国が**「李承晩《りしょうばん》ライン」**という境界線を引いて自国の領土だと主張。日本は海上保安庁の船を派遣したが、韓国側は銃撃で応戦。いまだに韓国の実効支配が続いている。

早期解決が望まれるロシア(旧ソビエト連邦)との北方領土問題

中国との**尖閣諸島問題**④だが、尖閣諸島が日本固有の領土であることは歴史的にも国際法上も明らかである。しかし中国はその領有権を主張し、しばしば同海域への侵犯を繰り返している。2010年には退去を求められた中国漁船が海上保安庁の巡視船に故意に衝突する事件も発生した。

日本政府は「尖閣諸島をめぐって解決しなければならない領有権の問題はそもそも存在しない」としている。また、尖閣諸島に関しては台湾も領有権を主張している。北方領土に関しては、旧ソビエト連邦（以下ソ連）が1945年に日ソ中立条約に違反し**対日参戦**⑤。北方四島のすべてを占領した。**当時四島には先住民のアイヌおよび日本人約1万7千人が住んでおり、ロシア人の移住は行われていなかったのだが、ソ連は一方的に自国編入し、今日も実効支配が続いている。**

関連③
「サンフランシスコ平和条約」
▼P204

李承晩ライン
1952年に韓国初代大統領・李承晩が海洋主権宣言を行い、日本海・東シナ海に一方的に設定した軍事境界線。そのライン内に竹島（P241）を取り込んだ。

関連④
「尖閣諸島」
▼P241

関連⑤
「ソ連の対日参戦」
▼P172

アメリカや周辺諸国以外のほかの国とはどう関わってきたのですか？
現代では世界中の国と関わりがあります
しかし戦前となるとひと言で説明するのは難しいですね
世界との関わりが広がっていくのは開国からでしょう
開国後は近代化を実現
列強と肩を並べるまでになりました
しかし近代化は日本を戦争の道へと導いていきます
日清・日露戦争を皮切りに
1914年の第一次世界大戦ではドイツ領南洋諸島や中国山東省に進出
やがて日中戦争へ突入大東亜共栄圏を掲げ次々と東南アジアを占領
太平洋戦争に突入してしまいます
戦後は日本国憲法を制定して戦争を放棄しましたが
間接的には戦争と関わりを持ってきました
大日本帝国憲法
日本国憲法
さっ
近年の戦争には次のようなものがありますが…
やはり日本にも関係があります
朝鮮戦争
ベトナム戦争
湾岸戦争
イラク戦争

※PKO協力法（国際連合平和維持活動等に対する協力に関する法律）

変わりゆく日本と世界のつながり方

開国後、近代化を果たした日本はその領土を拡大していったが、その過程で対抗しなくてはならないのが欧米諸国であった。欧米諸国もアジア全域にわたってその影響力を拡大しており、日本の行動に干渉してきたからだ。

下関条約で遼東《りょうとう》半島を清に割譲させた日本だが、ロシア、フランス、ドイツから遼東半島を返還するよう勧告された。いわゆる**「三国干渉」**①だ。その後も日露戦争、そしてその戦争でカギとなった**日英同盟**②、第一次、第二次世界大戦など、欧米諸国と戦争や外交を続けてきた。その一方で中国や東南アジアに勢力を広げ**「大東亜共栄圏」**③の確立を目指した。

しかし太平洋戦争に敗れ、GHQの占領下で新しい憲法が生まれた。この憲法によって戦争をしない国となった日本だが、世界で勃発する戦争に無関係というわけではない。例えば**ベトナム戦争ではアメリカの前線基地としての役割を果たしたり**、1991年の**湾岸戦争では初めて自衛隊を海外に派遣したり**するなど、世界情勢によって日本の立場も変わってきている。2003年のイラク戦争でも人道復興支援活動、安全確保支援活動の目的で自衛隊が派遣されている。

現代では**政府開発援助（ODA）**などといった新しい形で、より積極的に国

関連①
「三国干渉」▼P78

関連②
「日英同盟」▼P84

関連③
「大東亜共栄圏」▼P158

政府開発援助

発展途上地域の開発を目的とした政府や政府関係機関による国際協力活動を「開発協力」と呼び、そのための公的資金を政府開発援助（ODA）と呼ぶ。発展途上国や国際機関に対して資金や技術の提供を行う。

際社会に関わるようになった。こうした外交は資源に乏しい国・日本にとって不可欠なものだ。外国との衝突は日本経済に大きな影響を与えるため、政府にはきめ細やかで先々を見通した外交というものが求められている。イスラム世界との外交も重要で、石油の供給地だからというのはもちろん、企業の進出や製品の輸出先にもなっているからだ。

枠組みに縛られない外交は日本のお家芸だ

日本は**PKO活動**などで中東などにたびたび文民や自衛隊を派遣しているが、外交ではどうしても**アメリカ追従型**④になってしまいがちである。2015年には集団的自衛権や、自衛隊の活動範囲、使用できる武器の拡大を認めた安全保障関連法が成立したが、これによりいっそう日本が中東での紛争に巻き込まれる可能性が高くなったと言える。

日本は1979年のホメイニ師によるイラン・イスラム革命時、国交断絶等を行った欧米諸国とは異なり、革命に理解を示すなど独自の外交路線を取ったため、イランと独自のパイプラインを築くことができた。こうしたアメリカ外交の枠組みに縛られない**独自の外交**⑤は、今後日本が発展するためにぜひとも必要なものであろう。今後も科学技術やインフラなどさまざまな分野で外国を支援していくことが期待される。

PKO活動

PKO活動とは国連平和維持活動のこと。紛争当事者の間に立ち、停戦や軍の撤退の監視、そして紛争解決の支援などを行う。近年、国内紛争や国際紛争の対応などPKOの任務も多様化している。

関連④

「アメリカ追従型の外交」▼P208

関連⑤

「独自の外交」▼P242

日本は昔から地震に悩まされてきました
1年間で震度1以上の地震が発生する回数はなんと1000回以上
それでは近現代ではどうだったのでしょう
もっとも規模が大きかったのは1923年の関東大震災です
関東大震災はマグニチュード7・9の大地震で
地震に伴って火災が各地で発生火災による被害も甚大なものでした
死者・行方不明者は10万人以上被害総額は60億円を超えていますこの地震が経済をさらに悪化させやがて金融恐慌へと突入していきます
震災は経済面にも大きな影響を与えました
記憶に新しい東日本大震災ですが同じ地域で過去にも大きな地震が発生しています
それが1896年に発生した「明治三陸地震」。マグニチュードは8・2で2万人以上の死者を出しました
1933年にも同地域でマグニチュード8・1の「昭和三陸地震」が発生しています
震源地
パ
ほかにもまだ大きな地震が過去に起きています

※1900年以降で発生した地震で4番目

大地震は都市だけでなく経済も破壊する

日本は地震大国だと言われている。明治以降、被害の大きかった巨大地震をピックアップすると以下のようなものがある。

・**明治時代**…1891年濃尾地震（死者・行方不明者7273人）
1896年**明治三陸地震**（死者・行方不明者2万1959人）
・**大正時代**…1923年**関東大震災**①（死者・行方不明者10万5385人）
・**昭和時代**…1933年昭和三陸地震（死者・行方不明者3064人）
1944年昭和東南海地震（死者・行方不明者1223人）
・**平成時代**…1995年**阪神・淡路大震災**②（死者・行方不明者6437人）
2011年東日本大震災（死者・行方不明者約2万2000人）

そして2016年には熊本地震が起き18万人以上の避難者を出した。しかも地震はこれだけではない。明治以降毎年のようにマグニチュード6〜7クラスの地震が何度も起きている。

問題なのはこれらの大地震は直接的な人的被害以外に、経済にも大きな影響を与えるということだ。たとえば関東大震災では膨大な不良手形が発生し、**震災恐慌**③が起き日本経済に大打撃を与えた。また東日本大震災は2008年のリーマンショックによる経済低迷に追い打ちをかけた。さらにこの地震では**福**

三陸地震

三陸地方には明治、昭和、そして平成と3度にわたり巨大地震が発生している。どの地震でも揺れによるものよりも、地震で発生した津波による被害が大きかった。

関連①
「関東大震災」
▼P120

関連②
「阪神・淡路大震災」
▼P232

島原発事故が発生、大勢の避難者を出し、日本のエネルギー政策に深刻な問題を投げかけたのだ。

このように日本経済は災害に対して非常に脆弱《せいじゃく》な側面がある。政府には今後も起きるであろう大地震に対して、できる限りの対策を事前に講じ、被害を最小限に抑えることが求められている。

台風、洪水……。地震だけではない日本を襲う災害

日本の災害は地震だけではない。1959年には伊勢湾台風が紀伊半島、伊勢湾沿岸に上陸。死者4697人、行方不明者401人、負傷者3万8921人という大きな被害を出した。また記憶に新しいところでは2014年に広島市で集中豪雨による大規模土砂災害が発生。翌2015年には同じく集中豪雨により茨城県常総市大水害が起き、ともに甚大な被害を出した。しかしながら**日本では災害が起きるたびに防災技術が向上していっている**。

たとえば**阪神・淡路大震災**後では倒壊した建物の95%が1981年の新耐震基準以前のものであり、その後も耐震技術開発研究はさらに推進されている。他の災害についても同様だが、防災に関しては技術だけではなく、マニュアルの改善、そして何よりも各自治体が「災害に強い街づくり」を行うようになってきた。そうした意味では**日本は「災害に強い国」とも言えるのだ。**

関連③

「震災恐慌」▼P122

福島原発事故

2011年3月11日の東日本大震災の地震と津波の影響により、東京電力の福島第一原子力発電所で炉心溶融（メルトダウン）が発生。多数の避難者を出している。

明治時代半ば、欧米の技術を取り入れ、日本の産業革命が始まります
これは先進国と比べ1世紀も遅れたものでした
しかし、戦後の高度経済成長期になると日本製品は世界で高く評価されます
昔から「ものづくり」が得意だった日本人の技術や精神性が認められたのでしょう
また、1949年の湯川秀樹博士の受賞にはじまり
日本は理系分野で多くのノーベル賞受賞者を輩出しています
社会を豊かにしたり医療技術を発展させる重要な発明によって世界中から注目を集めています
2012年 山中伸弥 博士
iPS細胞の作製で受賞
2014年 赤﨑勇・天野浩・中村修二 博士
青色発光ダイオードの発明で受賞
資源に乏しい日本が世界と対等に渡り合うことができるのは
こうした最先端技術立国としての実績があるからと言えるでしょう

世界で存在感を示す日本の「ものづくり」

開国後、欧米の技術を取り入れていくことで、日本は明治時代半ばに**産業革命**を迎えることになった。これはイギリスなどの資本主義先進国に比べ1世紀近く出遅れたものだったが、以降、日本は急速に発展していく。

高度経済成長の時代には、自動車や電化製品などの日本の製品いわゆる**「メイドインジャパン」は世界中で高く評価された**。きっかけは欧米の技術を取り入れて製造業が発展してきたことにあるとはいえ、伝統工芸品や建築物などに見られるように、古来からの日本の「ものづくり」の技術や精神性が結実したことで評価を得られたのだろう。

21世紀に入って日本人のノーベル賞受賞者が相次いでいる。最近では2012年に**山中伸弥博士**①が**「iPS細胞（人工多能性幹細胞）の作製」**で、ノーベル生理学賞・医学賞を受賞。2014年には赤﨑勇・天野浩・中村修二博士が「青色発光ダイオードの発明と実用化」で、2015年には梶田隆章博士が「ニュートリノ振動の発見と実用化」で物理学賞を受賞した。なかでもiPS細胞は再生医療を実現するために重要な役割を果たすとして、世界中から大きな期待を集めている。

資源が乏しい日本の活路は、こうした最先端技術を生み出し、世界での存在感を示していくことにあるだろう。

産業革命

18～19世紀にかけて起こった、綿織物の生産における技術革新や製鉄業の成長など、工業化が進んだ産業の変革のこと。

関連①

「山中伸弥博士」▼P239

iPS細胞

皮膚細胞に特定の4つの遺伝子を導入することにより、さまざまな細胞への分化を行う万能細胞。臓器の製造や新薬開発など再生医療への応用が大いに期待され、世界から注目を集めている。

※九州を中心とした8県に点在する史跡などが登録。小菅修船場跡は長崎県にある船の建造・修理を行う施設跡

クールジャパンが海外で空前の広がりを見せている

1800年代に活躍した西洋の印象派の画家の多くが、喜多川歌麿《きたがわうたまろ》や葛飾北斎《かつしかほくさい》などの浮世絵に大きな影響を受けた。また、海外では浮世絵が高値で取引きされたように、西洋で日本趣味が高まった。これを**ジャポニスム**という。

21世紀に入り、日本の文化は**「クールジャパン」**として空前の広がりを見せている。アメリカでは盆栽を趣味とする人が急増、フランスでは日本の地下足袋が若者を中心に人気を集めているが、顕著なのはマンガやアニメなどの**ポップカルチャー**の分野。**2013年の日本の放送コンテンツの海外輸出はなんと約138億円**で、うちアニメが62％以上を占めている。また忍者マンガ『NARUTO《ナルト》』のゲームが世界累計1000万本の販売数を記録するなど、アニメの海外進出は破竹の勢いを見せる。

もちろんポップカルチャーにとどまらず、あらゆる日本の文化が世界で注目されている。**2013年には「和食」がユネスコ無形文化遺産に登録**され、日本の食文化にも注目が集まり、1872年に建設された富岡製糸場が2014年に世界文化遺産に登録されるなど、日本の近現代の文化が高く評価された。

文明開化を機に、西洋の文化を多く取り入れてきた日本。しかし、メイドインジャパンの文化が今も、世界で高く評価されるようになっているのだ。

ジャポニスム

19世紀にフランスを中心としたヨーロッパで起こった日本趣味ブーム。

クールジャパン

直訳すると「かっこいい日本」として、日本の近代文化が国際的に高く評価される現象、またはそのコンテンツのこと。

ポップカルチャー

大衆向けに大量生産される文化。たとえばアニメ、ゲーム、映画などがこれに該当する。日本では外務省なども積極的に日本のポップカルチャーを世界に発信する戦略を推進している。

カルチャー&テクノロジー

生まれの文化や科学技術が世界中に普及・浸透した。その一例を見てみよう。

カルチャー

海外旅行に行くと、目に見える形で日本の文化が浸透していることがよくわかる。書店のマンガコーナーでは自国のマンガよりも、翻訳された日本のマンガがより多く並んでいる国もある。日本のアニメを見て育った海外の青年も多い。日本の文化は、大衆から大衆へ広がり世界中で受け入れられているのだ。

マンガ

日本のマンガが海外で注目され始めたのは、80年代頃から。『AKIRA』がアメリカで人気になったことがきっかけだった。日本で発行部数歴代一位の『ONE PIECE』はアジアでも売上が高いが、欧米などでは忍者マンガ『NARUTO』が圧倒的な人気を博している。

アニメ

最初に日本のアニメが海外で放送されたのは1963年の『鉄腕アトム』。アメリカをはじめとして世界中で放送され、アニメだけでなく映画界全体に影響を与えたといわれる。その後『千と千尋の神隠し』がアカデミー賞、ベルリン国際映画祭で受賞するなどその芸術性の高さが評価された。『ドラえもん』『ドラゴンボール』など日本でも根強い人気の作品が、アジアを中心に今でも大人気を博している。

コスプレ

ゲームやアニメ、マンガの登場人物の衣装、ヘアメイクを施してそのキャラクターになりきること。日本では1980年代ごろから同人誌即売会で広がりを見せ、当初はガンダム、エヴァンゲリオン、少年ジャンプ系の作品が人気だった。アメリカなどではもともとSF映画のキャラクターに扮してパーティなどに参加するという文化はあったが、現在のように多種多様のメディア作品をモチーフにして楽しむという意味では、現在のコスプレ文化は日本発のものといってよいだろう。

カワイイ

日本人女性が口にする「かわいい」ということばは、cuteなものからbeautifulなもの、時にはcoolなものまで、広義に使用されている。日本の“かわいい”雑貨やファッションは、外国人女性にも受け入れられ、積極的に取り入れられているケースもある。日本人が当たり前と思っているものも、外国人にとっては魅力的に映る良い例だ。

MADE IN JAPAN! 日本生まれの

終戦後、短期間に高度経済成長を成し遂げた日本。それと並行するように、多くの日本

科学技術

日本のノーベル賞受賞者は20名を超え、その大半は物理、化学、生理・医学部門。日本人の地道で真摯な研究への姿勢が成した偉業だといえる。このような日本人の姿勢は職人たちが集まる町工場も同様で、小さな企業の製品が実は世界シェアを占めている、ということも少なくないのだ。

カップ麺

日清食品が開発・発売した「カップヌードル」が世界で最初の商品。1971 年に発売。翌年のあさま山荘事件で警察機動隊がこれを食べている姿がテレビで放映されたことで日本中に広く知られた。現在では主に北米大陸、東アジアなどで人気を博している。ちなみにレトルトカレーも日本発の商品。

新幹線

速度、安全性、乗り心地などの観点で世界的に見ても高水準である新幹線は、他国の高速列車開発への刺激となっているほか、技術やシステムが他国・他地域にも輸出されている（台湾、イギリスなど）。また新幹線に使用されているネジや金属板などの部品は世界一の精度であるものも。

世界一細い注射針

世界水準の外径 0.4 ～ 0.3mm を超えた、外径 0.2mm、内径 0.08mm という世界でもっとも細く、痛みのない注射針「ナノパス」を開発したのは日本の企業。針の先端の形状も、痛みを感じさせない工夫がされている。テルモと東京の墨田区にある岡野工業がタッグを組んで開発。これにより、日常的に注射をしなくてはいけない糖尿病患者や、インシュリン注射が必要な患者の生活に、劇的な変化をもたらした。

ニホニウム

原子番号 113 号の新元素に「ニホニウム」という名前がついたのは、日本の研究チームがこの新元素の生成に成功したから。すでに自然界に存在する元素はすべて発見されているというから、現代は元素は人工的に生成するものとなっている。寿命は 0.002 秒と今のところ安定しない元素だが、こうして新元素の生成・命名が話題になることで、子供たちや一般社会からの科学技術への興味関心が高まるだろう。

第1章 日本の近代の幕開け

1853年　神奈川県浦賀にペリー来航

1858年　日米修好通商条約調印

1862年　生麦事件。薩摩藩従士がイギリス人を殺傷

1863年　薩英戦争が勃発

新しいシステムや思想が日本に流入

日本にとって大きなターニングポイントになった幕末から明治時代。それまでの経済・政治・文化などはここから一変していくことになる。

265年にわたる江戸時代に

1867年　大政奉還、王政復古の大号令。新政府が誕生

1868年　戊辰戦争が開始される

1869年　戊辰戦争終結。新政府が国内統一

1871年　廃藩置県が行われる

1872年　富岡製糸場開業

1874年　日本最初の政党、愛国公党が結成される

1873年　徴兵令、地租改正条例公布

1875年　ロシアとの間に樺太・千島交換条約を結ぶ

1876年　日朝修好条規締結

1877年　西南戦争勃発。西郷隆盛が自害する

1881年　板垣退助の下、自由党が結成される

1882年　大隈重信の下、立憲改進党が結成される

1889年　大日本帝国憲法が発布される

1894年　日英通商航海条約調印

終止符を打つきっかけとなったのは、アメリカ東インド艦隊のペリー来航だった。それによって日本は今でいう「グローバル化」を余儀なくされる。

開国後、日本は列強から不平等条約を押しつけられるが、同時に欧米の進んだ技術や思想が輸入され、文明開化の波が押し寄せるようになった。これにより日本の社会は劇的に変わり、政治では立憲政治が行われるようになった。

政府は列強の植民地に転落しないよう殖産興業に励んだ。また、経済の発展と軍事力の強化を目指して、富国強兵策に取り組み、近代国家への転身を目指したのだった。

短期間で国力をつけた日本は、日清戦争に勝利し、不平等条約の一部撤廃に成功し、産業革命が起こった。このように明治時代は、「強い日本」が成立した非常に重要な時期だったのだ。

黒船来航と開国
苦しむ庶民、広がる開国反対論

※1 関税の税率を自ら決められる権利

関連トピック

- 経済
- 政治
- 対米関係

※2 例えば日本に住む外国人が犯罪を犯しても日本の法律では裁かれず、本籍のある国の法律で裁かれる権利。

無理やり押し付けられた不平等条約

1853年、アメリカ東インド艦隊の司令長官ペリーが4隻の「黒船」を率いて、現在の神奈川県の浦賀に来港、強硬に開国を迫った。ペリーは翌年に再来日、幕府はしぶしぶ「日米和親条約」を結ぶこととなり、イギリス、オランダなどとも同様の条約を締結した。その後初代総領事ハリスが来日し「日米修好通商条約」の調印を要求。幕府の大老井伊《いい》直弼《なおすけ》は勅許《ちょっきょ》（天皇の許可）が得られないまま承認し、開国を好まない孝明《こうめい》天皇の怒りを招いた。幕府は列強に対抗するため軍備拡大を図り、井伊は開国反対派の多くを処罰（安政《あんせい》の大獄《たいごく》）。反対派の間で急速に尊王攘夷《そんのうじょうい》論が高まる。「攘夷」とは、外国人を武力で国内から打ち払うべきとする考え方だ。

一方庶民の間ではこの不平等条約による影響が大きくなっていった。**生糸や茶が大量に輸出されたため品薄となり、それと連動して米などの物価が高騰、庶民の生活が苦しくなったのである。**さらに外国から綿など格安な商品が入ってきて、農家や問屋などで廃業するところが相次ぎ、攘夷論が広がった。

キーパーソン

ペリー（1794〜1858）
アメリカの東インド艦隊司令長官。サスケハナ号に乗り1853年《ねん》初来日。後に『日本遠征記』を残す。

ハリス（1804〜1878）
アジア貿易に従事したアメリカの外交官。初代駐日総領事として下田に着任。『日本滞在記』を残す。

井伊直弼（1815〜1860）
彦根《ひこね》藩主。1858年に大老に就任。反対派を弾圧する安政の大獄を行い、その後暗殺された。

図でわかる!

二つの不平等条約

条約名	日米和親条約	日米修好通商条約
調印者	(日)林䪼 (米)ペリー	(日)岩瀬忠震ら (米)ハリス
他に締結締結した国	英・露・蘭	英・露・蘭・仏
内容	・燃料や食料の補給 ・難破船の救助 ・下田、箱館の開港 ・領事駐在の認可 ・アメリカに最恵国待遇（日本が他国とより有利な条件の条約を結んだ時にはアメリカにも自動的に同様の権利を認めること）を与える	・領事裁判権の容認 ・関税自主権の欠如 ・新潟・神奈川・兵庫・長崎の開港 （下田港は閉鎖） ・開港地に居留地を設置

1852年の世界情勢
フランス第二帝政スタート：ルイ=ナポレオン（ナポレオン3世）が国民投票により皇帝に即位。1870年普仏戦争で捕虜に。これを契機に第三共和制に変わった。

明治政府誕生
劇的に変わった日本の政治システム

※1 薩長、長州、土佐、肥後。江戸時代末期に雄藩と呼ばれ倒幕運動で手柄を立てた。

※2「富国強兵」は産業・軍備を強化すること。「殖産興業」は産業を盛んにすること。

関連トピック

- 政治
- 憲法

尊王派が「攘夷」から「開国」に転換

尊王攘夷《そんのうじょうい》運動の高まり以降、外国人の殺傷事件が相次いだ。生麦《なまむぎ》事件ではイギリスが報復のため薩摩《さつま》藩の城下鹿児島を攻撃。また1863年には長州《ちょうしゅう》藩が外国船に対して無勧告砲撃を行ったため、イギリス、フランス、アメリカ、オランダは連合艦隊を編成し、翌年下関を攻撃、砲台を占領した。

外国の強さを知った尊王攘夷派は「攘夷」が不可能であることを悟り、次第に朝廷を中心とした近代国家づくりへと傾いていった。一方、幕府は第二次長州征討を宣言。しかしこのとき薩長《さっちょう》同盟が成立しており、戦況は薩摩の支援を得た長州軍に圧倒的に有利で、幕府は撤退を余儀なくされた。その後、将軍慶喜《よしのぶ》は政権を朝廷に返し、徳川主導で有力諸藩を入れた連合政権（公議政体《こうぎせいたい》）を作ろうとするものの、1867年には薩長両藩が政変（クーデターによる政権の交替）を決行。**「王政復古《おうせいふっこ》の大号令」を発し、天皇を中心とした新政府を樹立した。**新政権には薩摩藩から西郷隆盛《さいごうたかもり》や大久保利通《おおくぼとしみち》、土佐《とさ》藩からは後藤《ごとう》象二郎《しょうじろう》、長州藩からは木戸孝允《きどたかよし》などが参加した。

キーパーソン

西郷隆盛（1827～1877）
薩摩藩士。戊辰《ぼしん》戦争の参謀で、新政府に入ってからは廃藩置県《はいはんちけん》に尽力。しかし西南《せいなん》戦争に敗れ自害。

大久保利通（1830～1878）
薩摩藩士。新政府に参加し殖産興《しょくさんこう》業《ぎょう》に尽力。新政府の中心として権力をふるうが、暗殺される。

木戸孝允（1833～1877）
長州藩士。吉田松陰《よしだしょういん》の盟友で、倒幕運動で活躍。新政府では参議として五箇条の誓文の作成に尽力。

風俗と習慣

「ええじゃないか」は倒幕派の陰謀？

幕末には社会不安が大きくなり、貧農を中心とした「世直し一揆《いっき》」が多発。これは世直しを求めて豪農や高利貸しなどの家を打ち壊すもので、全国に広がった。

1867年には東海・畿内一帯で、民衆が「ええじゃないか」と連呼し、乱舞しながら、地主などの家に入り込み物品や酒食を強要する騒動が頻発した。倒幕派が混乱を引き起こすために仕組んだという説がある。

1869年の世界情勢　**スエズ運河開通**：エジプト北部のスエズ地峡に建設された運河。地中海と紅海を結び、アフリカ喜望峰回りに比較してアジアとヨーロッパとの距離を約半分に短縮した。

廃・「士農工商」で平民の権利が増えた

王政復古後、新政府が「戊辰《ぼしん》戦争」を始めたが、1869年に終結し、国内を統一した。新政府は終結前から諸改革を推し進めており、まず1868年、政体書を制定、政府組織を整えた。それはアメリカ合衆国憲法を模倣したもので、太政官《だじょうかん》と呼ばれる中央政府に権力を集め、三権分立を建て前とした。これは後に正院、左院、右院の三院制になった。

また、**政府は全国の藩に「版籍奉還《はんせきほうかん》」を命じ、土地と人民を国に返上させた。**旧大名には俸禄《ほうろく》（給与）を与え、知藩事に任命。そのまま藩政にあたらせたが**1871年に藩を全廃し、県を設置する廃藩置県を断行。**旧大名は知藩事を罷免《ひめん》され、東京居住を命じられ、代わりに府知事や県令と呼ばれる中央政府の行政長官が赴任。これによって新政府の政治的統一が実現する。

新政府は「士農工商」という身分制度を撤廃し、華族、士族、平民の3族籍に再編。平民には華・士族との結婚や苗字の名乗り、職業移転の自由を認めたが（四民平等《しみんびょうどう》）、加えて徴兵制を施行したため、特権を奪われた士族は不満を募らせていた。

近現代史裏話

差別をなくそうと出された解放令

1871年には解放令が（賤称廃止令）発布された。これはえた・非人などの名称を廃止し、身分も平民と同じにするというものだった。しかしこれが発布されても社会的差別はなくならず、解放令反対一揆などが起こった。

年表でわかる!

士族や農民の不満を招いた明治政府の改革

明治政府は、軍人・警官以外の帯刀を禁止する「廃刀令」や、土地売買を認める「田畑永代売買解禁」など、さまざまな改革を行った。しかし政府の改革は急激に行われたためさまざまな矛盾も含み、士族や農民の大きな不満を招いた。

1869	東京遷都、版籍奉還
1871	新貨条例、廃藩置県
1872	田畑永代売買解禁 国立銀行条例
1873	徴兵令、地租改正条例
1875	元老院・大審院設置
1876	廃刀令
1878	地方三新法制定
1879	琉球藩廃止、沖縄県設置

＼ 図解でわかる! ／

中央官制の組織図

下の図は廃藩置県後の明治政府の組織図だ。
正院、左院、右院の三院制だが、
とくに政治の最高機関である正院の下にさまざまな省が集まっている。

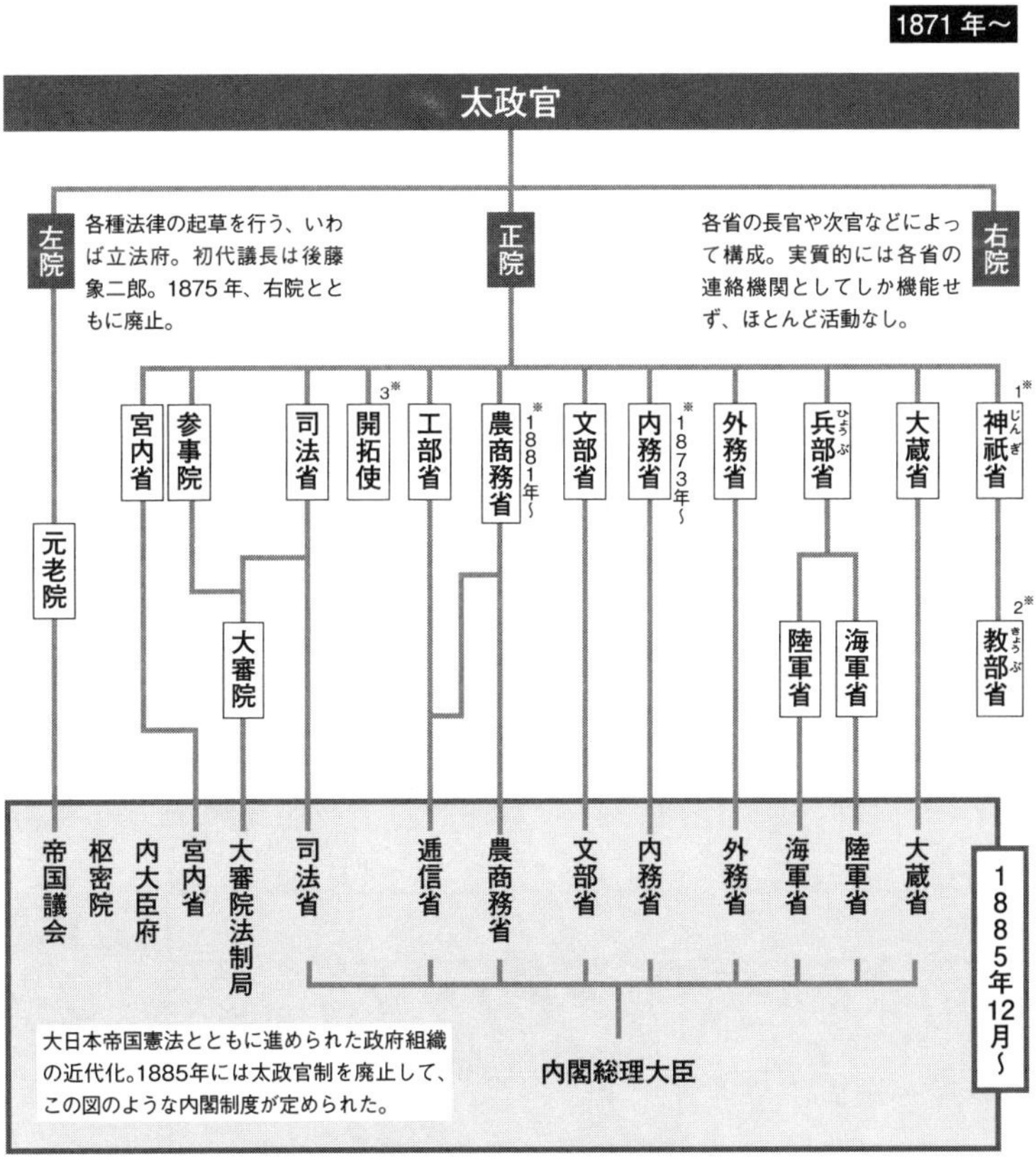

※1 神祇、祭祀をつかさどった省庁。もともと明治政府は神道国教化を目指して、太政官と同等の官庁として神祇官を設置。その後1871年に神祇省として格下げしたが、数か月後、廃止された。

※2 神祇省に代わっておかれた官庁。社寺の廃立、神官や僧侶の任命などを行う。1877年に廃止された後は内務省に引き継がれた。

※3 北方開拓のために置かれた官庁の名称。

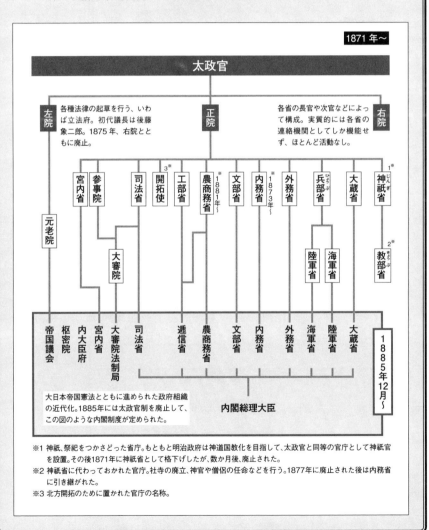

文明開化
国民に近代化の波が押し寄せる

関連トピック
- 政治
- 文化

※1 煉瓦で造られた街並み。関東大震災で壊滅。　※2 明治政府は1872年に太陽暦を採用した(P64)。

1850 明治 1900 1910 大正 1920 昭和 1930 1940 1950 1960 1970 1980 平成 1990 2000 2010

日本に初めて自由・人権思想が登場

富国強兵《ふこくきょうへい》を目指す明治政府は、国民の近代化が必要だと考え、西洋の技術思想を導入するようになった。これにより欧米化の風潮が起こるが、それを「文明開化《ぶんめいかいか》」という。最初は大都市圏に限られ「日本橋近辺の文明開化」と呼ばれた。

その動きの一つが「日刊新聞や雑誌の創刊」だ。江戸幕府の通詞《つうじ》（通訳）を務めていた本木昌造《もときしょうぞう》が鉛製活字の大量製造に成功。これによりさまざまな出版物が発刊されるようになる。とくに書籍では福沢諭吉《ふくざわゆきち》の『学問のすゝめ』やミルの著書を訳した『自由之理《じゆうのことわり》』などが盛んに読まれ、**個人主義や自由主義などの啓蒙《けいもう》思想が若者を中心に広がっていった。**

教育では新設された文部省により学制《がくせい》が公布された。学制により全国に多数の小学校が作られ、男女平等の教育制度が実現。1877年には東京大学も設立された。

宗教の分野では「神仏分離令《しんぶつぶんり》」が出され、神道と仏教を融合した、一つの信仰体系とする神仏習合《しんぶつしゅうごう》を禁じ、神道を国教とする方針を打ち出した。

キーパーソン

本木昌造（1824〜1875）
江戸幕府の通詞、教育者。日本での活版印刷の先駆者。1869年に長崎、72年には東京に活版所を開設。

福沢諭吉（1834〜1901）
元豊前中津《ぶぜんなかつ》藩士。啓蒙思想家で欧米へ3回渡航。慶應義塾の設立者。著書を通し国民に影響を与える。

ミル（1806〜1873）
イギリスの哲学者。著書『自由論（＝自由之理）』が、1872年に中村正直によって翻訳された。

風俗と習慣

日本初の「洋服」は軍用だった

国民が洋服を身につけはじめたのは明治維新以降。洋服は利便性が高いため、幕末から明治維新にかけては軍服に採用されることも多かった。明治時代に入り、警官や教員を中心に着られるようになった。また1871年の散髪脱刀令により、いわゆる「ざんぎり頭」が流行した。

このように、次第に西洋の文化が生活にも浸透し始めていった。

1869年の世界情勢
米国で最初のプロ野球リーグ開催：アメリカ各地では1860年代後半から野球が普及。1869年に報酬をもらってプレーするプロのチームが生まれた。

征韓論・台湾出兵
明治時代の複雑な東アジア情勢

関連トピック

東アジア外交
世界情勢

琉球併合がきっかけで、清と争うことに

新政府は1871年に岩倉具視《いわくらともみ》を大使とする使節団を欧米に送り込んだ。その間、**日本では三条《さんじょう》実美《さねとみ》、西郷隆盛《さいごうたかもり》や板垣退《いたがきたい》助《すけ》などの留守政府の間で「征韓《せいかん》論」が高まった。当時鎖国排外政策を取っていた朝鮮を武力で開国させようというのだ。**しかし使節団の帰国後、岩倉や大久保利通《おおくぼとしみち》など、内治の整備が優先とする人々の反対に遭い計画は頓挫。西郷、板垣は一斉に辞職した（明治六年の政変）。その後1875年に日本の軍艦が朝鮮の江華島《こうかとう》で挑発行為を行い、砲撃を受けると、日本はこれを機に朝鮮に強く開国を迫り、1876年日朝修好条規を結ばせた。

一方清とは、日本にとって初めての「平等」条約である日清修好条規を1871年に結んだ。しかし翌年、**政府は当時清と日本の両属関係にあった琉球を直轄地とし、清はこれに猛反発。**1871年には台湾で琉球漂流民が殺害される事件も起きており、日本は台湾出兵を行った。日本と清との対立が深刻化したが、イギリスの調停などもあり事態は沈静化。清は日本に賠償金を払うこととなり、日本は琉球藩を廃して沖縄県を設置した。

MAPでわかる!

日本の北方の領土の変化

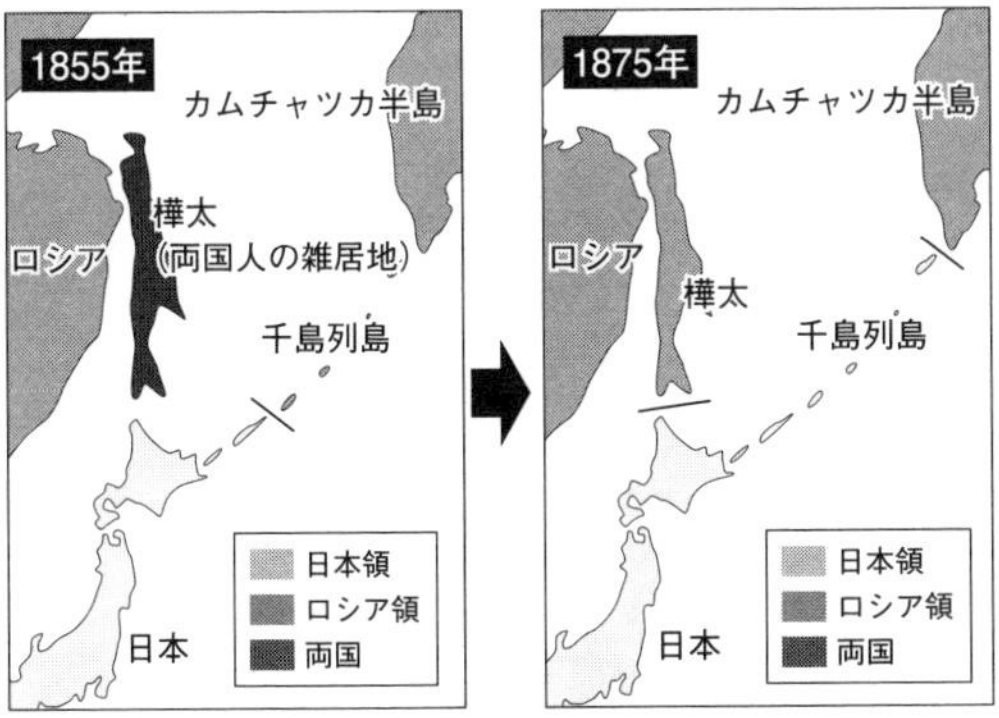
1855年
カムチャツカ半島
樺太
(両国人の雑居地)
ロシア
千島列島
日本
日本領
ロシア領
両国
1875年
カムチャツカ半島
ロシア
樺太
千島列島
日本
日本領
ロシア領
両国

日露和親条約（1854年）で樺太は日露両国人の居留地として境界を定めずにおいたが、樺太・千島交換条約（1875年）によって樺太の全権はロシアに千島列島は日本が領有することに。

キーパーソン

岩倉具視（1825〜1883）
公家、政治家。薩長と手を組み王《おう》政復古《せいふっこ》に尽力。新政府では右大臣に就く。征韓論には反対の立場。

三条実美（1837〜1891）
京都出身。攘夷派の指導者として徴収と提携。新政府では太政大臣、内大臣などを務めた。

1871年の世界情勢
ドイツ帝国成立：プロイセン国王をドイツ皇帝に戴く連邦国家。帝政ドイツとも呼ばれる。この帝国は第一次世界大戦に敗北する1918年まで続いた。

佐賀の乱・神風連の乱・西南戦争
新政府に不満を持つ士族の反乱

関連トピック

- 社会問題
- 政治

1850 明治 1900 1910 大正 1920 昭和 1930 1940 1950 1960 1970 1980 平成 1990 2000 2010

西郷隆盛が自害した西南戦争

西郷ら留守政府の征韓《せいかん》方針は、士族の不満を海外に向けようとするねらいがあったとされる。当時、士族は農民や町人と同じ立場になり（四民平等《しみんびょうどう》）、かつての特権を奪われていた。そうした士族の不満は、「明治六年の政変」で征韓派参議が下野《げや》したことがきっかけとなり爆発。士族たちによる反政府運動が各地で活発化した。1874年、佐賀の江藤新平《えとうしんぺい》を首領とする征韓党が反乱を起こした（佐賀の乱）。1万2000人が佐賀県庁を襲撃したが、政府軍により鎮圧。続いて熊本の「神風連《じんぷうれん》の乱」や福岡の「秋月《あきづき》の乱」、山口の「萩の乱」など次々と士族が蜂起したが、そのすべてが農民兵により制圧された。

そして、1877年、**今度は最大規模の反乱である「西南《せいなん》戦争」が起きた。鹿児島の私学校生を中心とした士族による反乱で、西郷隆盛《さいごうたかもり》を首領として蜂起**。政府はこれを鎮圧するのに半年かかったが、最終的に反乱軍は敗退し、西郷は自害。これ以降武力で政府を倒すことは不可能となった。なお、政府は伊藤《いとう》博文《ひろぶみ》や大隈重信《おおくましげのぶ》らによって運営されるようになった。

キーパーソン

江藤新平（1834〜1874）
佐賀藩出身の政治家で、司法卿として法の整備に尽力。征韓論に敗れ下野し、佐賀の乱で敗退し刑死。

伊藤博文（1841〜1909）
長州藩出身。大久保利通の死後、政府の最高指導者となる。内閣制度を創設し、初代首相に就任。

大隈重信（1838〜1922）
佐賀藩出身。参議、大蔵卿を歴任。2度の首相を勤めた。東京専門学校（現早稲田大学）を開設。

近現代史裏話

朝鮮派遣を止めたのは大臣代理の岩倉具視

1873年8月には閣議で朝鮮への西郷隆盛の派遣が決まっており、天皇も承認していた。しかし岩倉具視《いわくらともみ》と大久保利通《おおくぼとしみち》が時期尚早だと反対、大激論になった。10月には再度派遣が決定されたが、岩倉と大久保は辞表を出し対抗。その直後当時の太政大臣の三条実美《さんじょうさねとみ》が病で倒れ、大臣代理になったのが、次に地位の高かった岩倉だった。岩倉は即座に派遣中止を決定。天皇もこれを認め、西郷らは反発し下野した。

1877年の世界情勢

露土戦争（1877〜1878）：オスマン帝国領下のバルカン半島のスラヴ系諸民族がトルコの支配に対して反乱。ロシア帝国が介入して戦争が勃発。

自由民権運動
厳しい弾圧を受けた民主的改革

関連トピック
- 社会問題
- 政治
- 憲法

※金・銀などと交換できず、政府の信用を基礎として発行される紙幣。現代日本の紙幣も不換紙幣といえる。

政府は運動を恐れ、法律で弾圧した

自由民権《じゆうみんけん》運動とはひと言で言えば、政府に対して「民主的改革」を求めた運動だ。征韓《せいかん》論争で敗れ下野《げや》した板垣退助《いたがきたいすけ》、後藤《ごとう》象二郎《しょうじろう》、江藤新平《えとうしんぺい》らは1874年に「民撰議院《みんせんぎいん》設立建白書」を太政官《だじょうかん》の左院に提出。これが自由民権運動が広がるきっかけとなった。建白書は、大久保利通らの有司専制《ゆうしせんせい》（政府における少数有力者による専制政治のこと）を非難し、「国会を開設して人民を政治に参加させよ」と求めたものだった。

この建白書は新聞に掲載され、不平士族《ふへいしぞく》を中心に大反響を呼んだ。板垣らはその後、政治結社である「立志社《りっししゃ》」を創設、民権運動を進めた。翌1875年に立志社を中心に全国的な政治結社「愛国社」を結成。主に憲法の制定と国会の開設を要求したが、**政府は二つの弾圧立法で対抗した。そのひとつは「讒謗《ざんぼう》律《りつ》」で、著作物を通じて官僚に対する名誉毀損や批判を行うことを禁止・罰することを定めた**法律。もうひとつは「新聞紙条例」で、政府を攻撃する新聞・雑誌に対し発行停止などを科す法律だった。

キーパーソン

板垣退助（1873〜1919）
土佐《とさ》藩出身。新政府では参議。征韓論での敗北後、立志社、愛国社を設立し、自由民権運動を推進。

後藤象二郎（1838〜1897）
土佐藩出身。明治政府の参議で、征韓論に敗れ下野。自由党の党首で、1889年に黒田《くろだ》内閣で入閣。

近現代史裏話

緊縮財政政策の犠牲になった少女たち

1880年代後半の農村は多くの若い労働力を近隣の工場や都市部へと送り出していたが、その大半が未成年の少女だった。じつは国策により農家が壊滅的状況に陥り、少女たちは親から身売り同然に働きに出されたのである。国策とは大蔵大臣・松方正義のデフレーション政策。1870年代から殖産興業《しょくさんこうぎょう》のため不換紙幣（金・銀との交換が不可）が大量に発行され続け、これにより日本国内では激しいインフレが起きていた。松方はこれを抑えようと国策で強引に物価を引き下げたが、その結果農産物の価格暴落が起きたのだった。

1884年の世界情勢
清仏戦争：1884年8月〜1885年4月にかけて起きた戦争。ベトナムの領有を巡ってフランスと清との間の戦いが行われ、最終的にフランスが勝利。

最終的に民権派が憲法発布を勝ち取った

一方で政府は懐柔策も用い、大久保が下野《げや》した板垣、木戸に対し「近いうちに憲法を制定し国会を開く」などと約束したため、2人は政府に復帰した。その後、西南《せいなん》戦争（→P60）が終わり、政府を武力で倒せなくなった。逆にそのため、民権運動は豪農や一般農民たちを巻き込み一層大きなものとなった。これに対し、政府は集会条例などで取り締まりを行ったが、民権派は自ら憲法草案を作成するなどして、運動はますます高まった。

そこで政府は、1881年国会開設の勅諭《ちょくゆ》を出し、1890年までに開設すると民権派の気勢を削いだ。**民権派は板垣を総理とする日本初の政党「自由党」を創設した。また同年政府から追放された大隈重信《おおくましげのぶ》が、1882年立憲改進党《りっけんかいしんとう》を創設。**

しかし松方デフレで農産物の価格が暴落し、破産した農民らが地方の自由党員と高利貸しを襲撃する事件が多発し、自由党は解党。自由民権運動は衰退したが、1886年ごろから国会に備えて民権派は再結集し、激しく政府を攻撃した。政府はこれを弾圧する一方、**1889年2月大日本帝国憲法を発布した。**

風俗と習慣

太陽暦への転換

1872年、政府は旧暦である太陰太陽暦を廃止にして、太陽暦を採用した。これにより1日24時間、週7日制になった。しかしながら農村部では農業や生活行事との関わりから旧暦を用い続け、新暦へ移るまで時間がかかった。

MAPでわかる!

自由党民などによる騒擾《そうじょう》事件

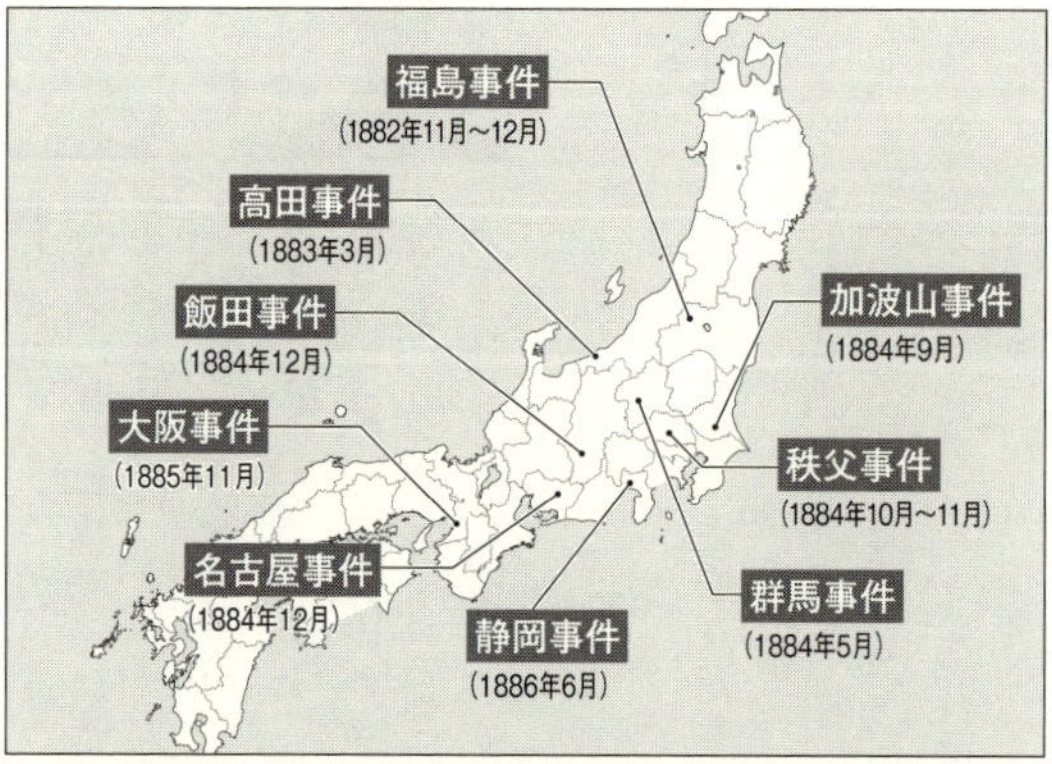

福島事件
(1882年11月～12月)
高田事件
(1883年3月)
飯田事件
(1884年12月)
大阪事件
(1885年11月)
名古屋事件
(1884年12月)
静岡事件
(1886年6月)
群馬事件
(1884年5月)
秩父事件
(1884年10月～11月)
加波山事件
(1884年9月)

1880 年代前半には破産した農民たちが自由党員などを指導者として、高利貸しなどを襲撃する事件が多発。全国に広がった。

＼年表でわかる!／

民権運動と政府の動き

1874年の民撰議院設立建白書から
1889年の大日本帝国憲法発布までの動きを、
民権運動と政府の動きの両面から年表で追ってみた。

年	民権運動の動向	政府の動向
明治7年 (1874)	愛国公党の結成、 民撰議院設立建白書（左院へ提出）	
明治8年 (1875)	愛国社結成	・大阪会議→ 漸次立憲政体樹立の詔《みことのり》 ・元老院、大審院の設立 ・讒謗律《ざんぼうりつ》、新聞紙条例の公布
明治11年 (1878)	愛国社の再興	地方三新法の公布
明治13年 (1880)	国会期成同盟結成（国会の開設請願書が出されるも不受理）	集会条例の公布
明治14年 (1881)	開拓使官有物払下げ事件が問題に、 自由党結成	明治十四年の政変 （大隈重信が罷免される）
明治15年 (1882)	大隈重信立憲改進党結成、板垣遭難事件、福島事件	伊藤博文が憲法調査のために欧州へ
明治16年 (1883) ～ 明治19年 (1886)	自由民権運動の騒擾が相次ぐ 高田事件（1883）、 群馬事件、加波山事件、秩父事件、 名古屋事件、飯田事件（1884）、 大阪事件（1885）、 静岡事件（1886）	内閣制度の発足（1885）
明治20年 (1887)	三大事件建白運動（地租軽減、対等条約の締結、言論集会の自由を元老院などに提出）	保安条例の公布
明治21年 (1888)		枢密院設置
明治22年 (1889)		大日本帝国憲法の公布
明治23年 (1890)	立憲自由党結成	第1回総選挙

大日本帝国憲法
「神聖不可侵」な天皇中心の国家体制

関連トピック

- 政治
- 憲法

1888年
枢密院で審議
伊藤博文は枢密院議長となり憲法の草案を枢密院で審議して承認され
1889年
大日本帝国憲法発布
かくして本格的な憲法「大日本帝国憲法」は発布され、日本は立憲君主国としての一歩を歩み始めた
どんちゃん
めでてぇ！
天皇陛下から絹布《けんぷ》の法被《はっぴ》がもらえるんだとよぉ
憲法《けんぽう》の発布《はっぷ》だよ！スゲェ法律ができたんだ！
どんどんちゃん
憲法を理解している者は多くない…
たしかに日本で立憲は民衆の理想と言えよう
しかし民衆が自立しなければ西洋諸国には敵わない
福沢諭吉

一気に強化された天皇と政府の権力

憲法制定と国会開設を約束した政府は、1882年、伊藤《いとう》博《ひろ》文《ぶみ》らをヨーロッパに派遣した。目的は憲法調査であり、伊藤はドイツ流憲法理論を学んで翌年帰国した。そして1886年頃から本格的に憲法制定の準備に入った。

起草にはドイツ人の顧問・ロエスレルの助言の下、井上毅《いのうえこわし》、伊東巳代治《いとうみよじ》、金子堅太郎《かねこけんたろう》が担当した。また憲法の審議機関として1888年に枢密《すうみつ》院が設置された。初代議長には伊藤が就任。草案ができると天皇同席のもと枢密院で審議が重ねられた。そして1889年2月11日、大日本帝国憲法（明治憲法）が発布される。**この憲法の大きな特徴は、天皇の権限が極めて強い欽定《きんてい》憲法（君主によって制定された憲法）であったということだ**。憲法には、天皇が「神聖不可侵」な国家の元首であり、統治権をすべて握っており、「天皇大権」として陸海軍統帥権、宣戦、講和や条約の締結を行う権利が明記された。なお、統帥権に関しては内閣から独立して、直属の参謀本部が補佐することとなった。

キーパーソン

ロエスレル（1834〜1894）
ドイツの法学者。1878年に来日し政府顧問となる。明治憲法制定に大きな役割を果たした。

伊藤博文（1841〜1909）
1905年韓国統監府初代統監に就任。1909年に自ら辞職。その直後、ハルビン駅で暗殺される。

図解でわかる!

大日本帝国憲法発布後の国家体制

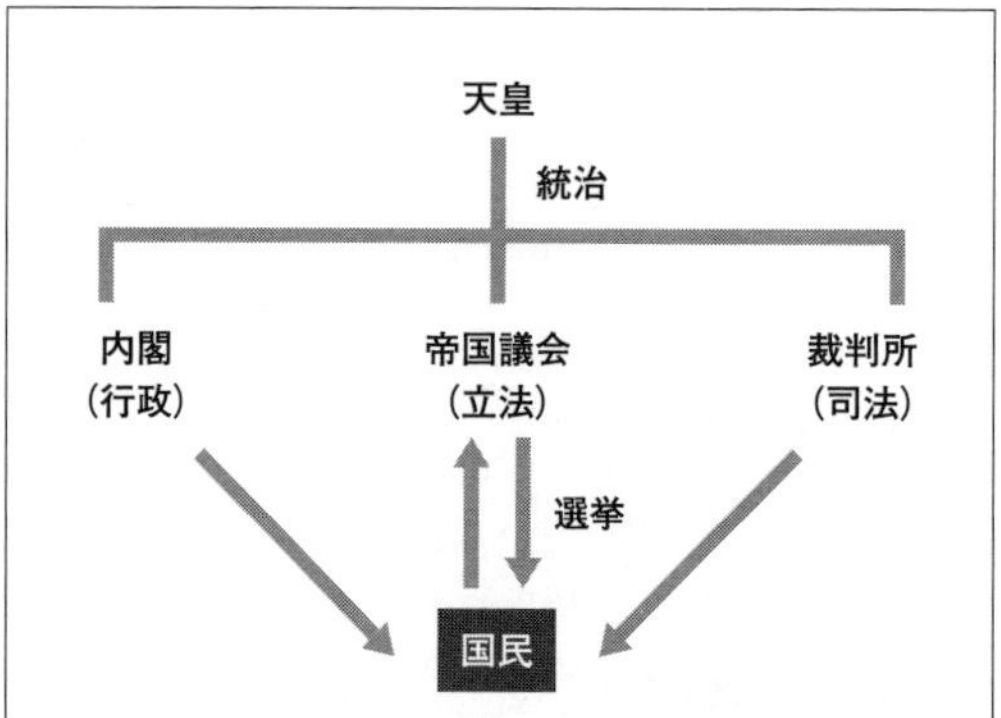

統帥権を持つ天皇の下、帝国議会、内閣、裁判所が組織されている。司法権は行政権から独立。三権分立の体制となった。

明治 1850 1889 1900 1910 大正 1920 昭和 1930 1940 1950 1960 1970 1980 平成 1990 2000 2010

政治に参加できた国民はごく少数

憲法は帝国議会についても規定している。議会は衆議院と貴族院の二院からなるとし、対等の権限を持つものとした。衆議院は選挙で選ばれた国民の代表からなる。貴族院は皇族・華族の世襲議員や天皇が任命する勅任《ちょくにん》議員（国家に勲功のある勅選議員）、各府県の多額納税議員などによって構成された。二院の権限は対等とされた。貴族院は政党に批判的で、政党内閣を制限することが多かった。

国民は、憲法上「臣民《しんみん》」と規定され、信教の自由、言論・集会・出版・結社の自由、所有権の不可侵などが認められた。

憲法と同時に衆議院議員選挙法も公布され、国民は国政に参加する権利も有することに。選挙人の資格は「満25歳以上の男性で、直接国税15円以上を納入する者」とされた。直接国税とは所得税と地租（土地に課される税）、営業税などだ。この制限のため、**有権者は都市の上層民か中程度以上の規模の田畑を所有する地主・豪農に限られ、当初は全人口の1.1％程度**で、その後幾度かの選挙法の改正で有権者が次第に増えていった。

近現代史裏話

政界工作はこの時代から一般的だった

衆議院は予算先議権を持っていたが、政府は予算が議会で不成立になった場合、前年度のものを執行できる権利を持っていた。しかし、予算増額や税制改正は両院の同意が必要だったため、多数派政党と妥協して意見を取り入れたり、政党員を大臣に任命して、交渉をしやすくするなどの政界工作が頻繁に行われた。こうした流れの中で、政党は次第にその影響力を増していった。

風俗と習慣

制限された女性の権利

男女平等の教育政策を打ち出した政府だったが、その後大きく方向転換をする。法的にも女性の権利は大きく制限される。たとえば、1882年に施行された刑法では、妻の姦通を罰する姦通罪、堕胎を罰する堕胎罪などを含んでいた。また民法でも男性の戸主を重視し、封建的家制度を守ろうとしたものだった。妻は「法律上無能力」とされ、女性の社会的地位を脅かしていた。なお堕胎罪の規定は現在もある。

1889年の世界情勢　**パリ万国博覧会開催：**バスティーユ襲撃100周年となる年に開催。博覧会にあわせてエッフェル塔も建設された。パリ開催の国際博覧会は4回目。

不平等条約改正
日本が欧米諸国と対等の地位に

関連トピック
世界情勢

明治 1850 / 1900 / 1910 大正 1911 / 1920 / 昭和 / 1930 / 1940 / 1950 / 1960 / 1970 / 1980 / 平成 1990 / 2000 / 2010

溺死事件で条約改正の世論が高まった

1886年、イギリス汽船ノルマントン号が難破した際、船員が助かり、日本人乗客全員が溺死する事件が起きた（ノルマントン号事件）。**船長は領事裁判で無罪。これに対し条約改正を求める国民世論が高まった。**当時から領事裁判権の撤廃と輸入関税の引き上げ案を出し、条約改正交渉に当たっていた井上《いのうえ》馨《かおる》外務卿は、この事件の影響もあって交渉を中止、辞任した。

1890年代に入ってロシアの東アジア進出を警戒したイギリスは、条約改正反対の姿勢を大きく転換。一方、帝国議会では、改正に伴う内地雑居《ないちざっきょ》（内地を外国人に開放すること）の容認による外国人の自由な商業活動を恐れ、改正に反対する声も多かった。しかし第二次伊藤博文内閣の陸奥宗光《むつむねみつ》外相は自由党の支持を得て**1894年日英通商航海条約の調印に成功。領事裁判権を撤廃し、税権の一部を回復した。**その後、他国との改正条約が調印されたが、1911年、第二次桂太郎《かつらたろう》内閣の小《こ》村寿太郎《むらじゅたろう》外相が、ようやく**関税自主権の完全回復に成功**した。これにより日本は列強と対等の地位についたのである。

キーパーソン

陸奥宗光（1844〜1897）
駐米公使から第二次伊藤内閣の外相に就任。日清戦争（→P78）の講和条約の締結に尽力した。

小村寿太郎（1855〜1911）
日向飫肥《おび》藩出身。第二次桂内閣の外相。日英同盟協約締結、日露戦争講和会議などで活躍する。

年表でわかる!

条約改正の歴史

何度も暗礁に乗り上げた条約改正交渉。その主な動きを年表で追ってみた。

1878
税権回復を交渉するも英、独の反対で失敗

1882〜87
井上馨が主に法権の回復を狙うも、国内の反対で失敗

1888〜89
大隈重信が各国と個別交渉するも外国人判事の大審院任用問題で断念

1894
陸奥宗光が法権の回復、税権の一部回復に成功

1911
小村寿太郎が関税自主権の完全回復に成功

1911年の世界情勢
辛亥革命（1911〜1912）：中国で起きた民主主義革命。この革命の結果、アジアにおける初めての共和制国家・中華民国が誕生。

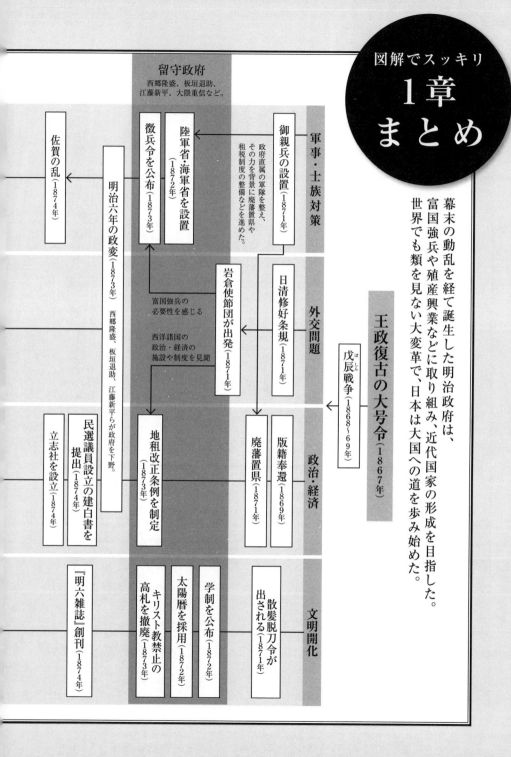

図解でスッキリ 1章 まとめ

幕末の動乱を経て誕生した明治政府は、富国強兵や殖産興業などに取り組み、近代国家の形成を目指した。世界でも類を見ない大変革で、日本は大国への道を歩み始めた。

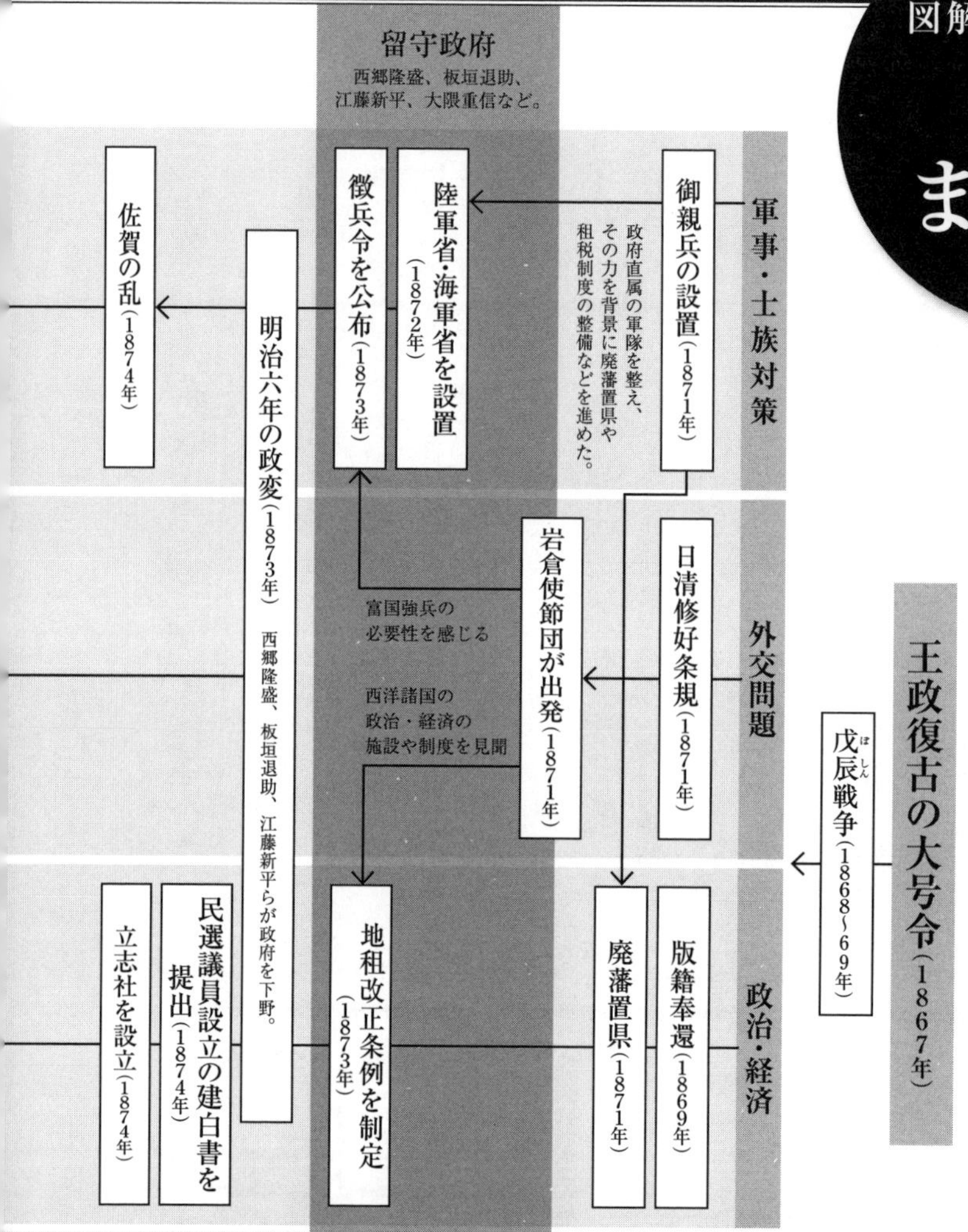

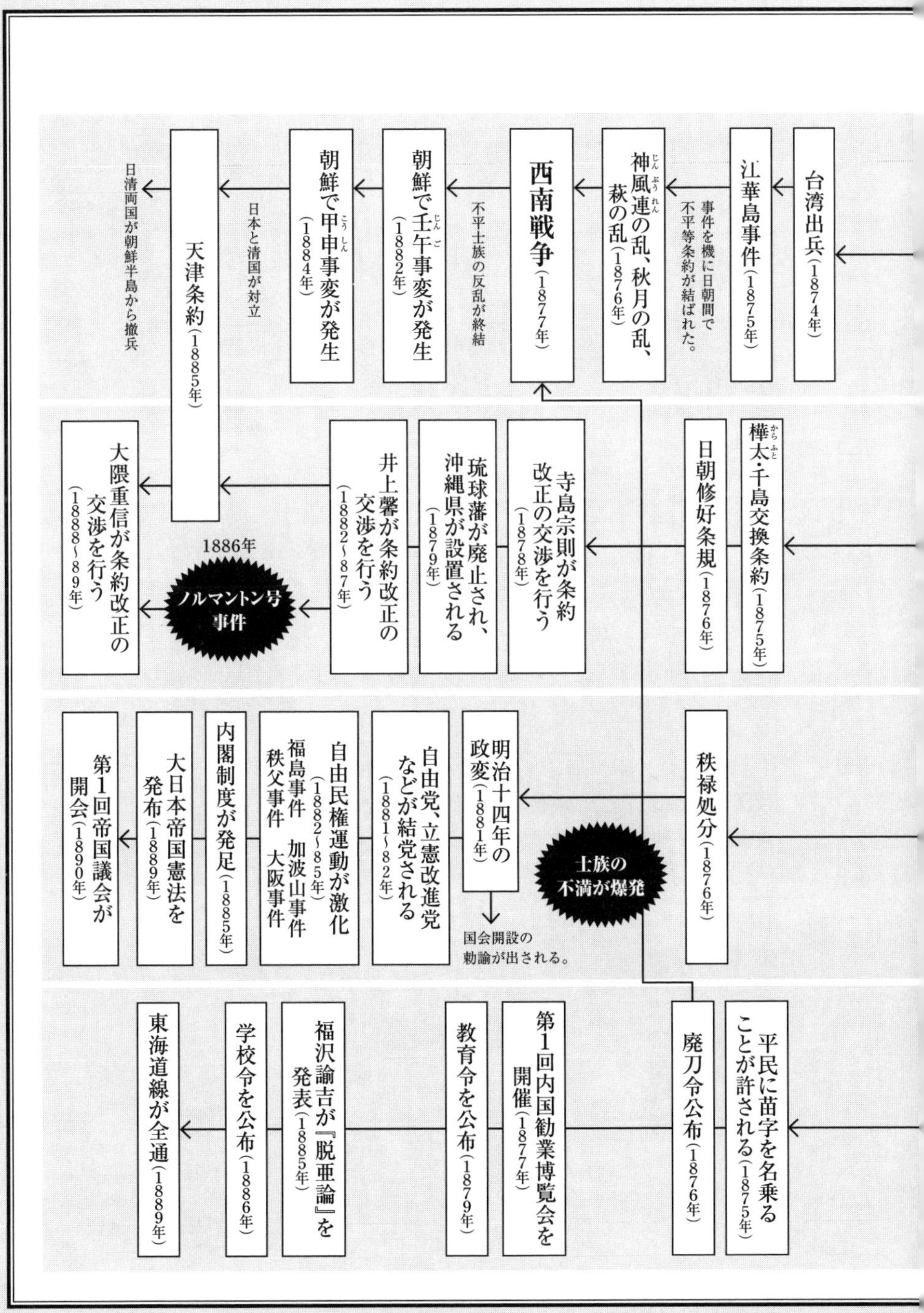

台湾出兵（1874年）
江華島事件（1875年）
事件を機に日朝間で不平等条約が結ばれた。
神風連《じんぷうれん》の乱、秋月の乱、萩の乱（1876年）
西南戦争（1877年）
不平士族の反乱が終結
朝鮮で壬午《じんご》事変が発生（1882年）
朝鮮で甲申《こうしん》事変が発生（1884年）
日本と清国が対立
天津条約（1885年）
日清両国が朝鮮半島から撤兵
樺太《からふと》・千島交換条約（1875年）
日朝修好条規（1876年）
寺島宗則が条約改正の交渉を行う（1878年）
琉球藩が廃止され、沖縄県が設置される（1879年）
井上馨が条約改正の交渉を行う（1882〜87年）
1886年
ノルマントン号事件
大隈重信が条約改正の交渉を行う（1888〜89年）
秩禄処分（1876年）
士族の不満が爆発
明治十四年の政変（1881年）
国会開設の勅諭が出される。
自由党、立憲改進党などが結党される（1881〜82年）
自由民権運動が激化（1882〜85年）
福島事件　加波山事件
秩父事件　大阪事件
内閣制度が発足（1885年）
大日本帝国憲法を発布（1889年）
第1回帝国議会が開会（1890年）
平民に苗字を名乗ることが許される（1875年）
廃刀令公布（1876年）
第1回内国勧業博覧会を開催（1877年）
教育令を公布（1879年）
福沢諭吉が『脱亜論』を発表（1885年）
学校令を公布（1886年）
東海道線が全通（1889年）

史料でもっとわかる

明治時代（前期）

天皇を奉じた新政府が誕生し
近代国家への道を歩み始めた時代。
岩倉使節団を欧米に派遣するなど
不平等条約改正にも力を注いだ。

明治政府首脳の変遷

明治時代には、幕末に活躍した志士たちが政権の中枢を担った。
薩長土肥の出身者が大半を占めたことから、「藩閥政府」と呼ばれた。

1868

維新の三傑

1870

西郷隆盛（薩摩）
留守政府を預かり、徴兵令や学制などを実施した。

大久保利通（薩摩）
初代内務卿として殖産興業政策を推進した。

木戸孝允《たかよし》（長州）
版籍奉還の意見書を提出し、官制改革を実行した。

1880

内閣制度の発足

伊藤博文（長州）
４度にわたって首相を務める。大日本帝国憲法起草の中心者。

黒田清隆（薩摩）
西郷と大久保の死後、薩摩閥の重鎮として首相などを歴任。

山県有朋《やまがたありとも》（長州）
日本陸軍の重鎮。元老として大正期まで影響力を保った。

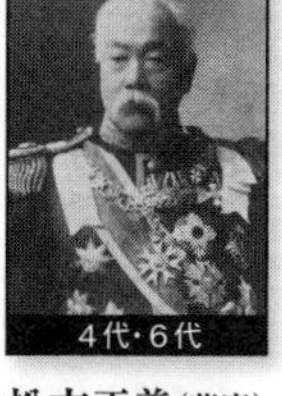

松方正義（薩摩）
日本銀行の設立、金本位制の確立など、財政面で活躍。

1890

公家出身者

三条実美《さねとみ》
（公家）
太政大臣などを歴任し、政府内の対立の調停役にもなった。

岩倉具視《いわくらともみ》
（公家）
岩倉使節団の全権大使として欧米を見聞してきた。

自由民権運動をけん引

板垣退助
（土佐）
自由党を結成し、自由民権運動のけん引役として活躍する。

大隈重信
（肥前）
首相を２度務め、初の政党内閣を組閣する。早稲田大学の創設者。

明治時代前期の出来事

明治政府は列強諸国に追いつくため、富国強兵や殖産興業、岩倉使節団の派遣などを行った。
だがその一方で、不平士族の反乱などの対応にも追われた。

西南戦争

不平士族の最大の拠り所だった西郷隆盛が挙兵し、九州各地で戦闘が繰り広げられた。なかでも田原坂での戦いは、西南戦争最大の激戦となった。

『田原坂合戦之図』

富岡製糸場

1872年、現・群馬県富岡市に建設された官営の模範器械製糸の工場。最新式の器械を導入し、製糸技術を全国に伝えた。

『上州富岡製糸場之図』

岩倉使節団

岩倉使節団の首脳部。左から木戸孝允（副使）、山口尚芳、岩倉具視（全権大使）、伊藤博文、大久保利通（副使）。

明治六年之政変

征韓論をめぐって政府の首脳たちの意見が真っ二つに分かれ、意見が退けられた西郷隆盛（右から４人目）らが政府を去った。

『征韓論之図』

※岩倉使節団の写真以外すべて、国立国会図書館所蔵

第2章 列強の仲間入り

1894年　日清戦争勃発（〜95年）

1895年　下関条約調印。露、独、仏が三国干渉

1896年　日清通商航海条約調印

大陸への進出で国内に産業革命が起こった

明治時代の後期になると、日本は積極的に大陸に進出するようになった。朝鮮半島をめぐって80年代から清と対立してきたが、1894年、朝鮮における東学党の乱を機に日清戦争が勃

1900年　北清事変。8か国連合軍が出兵
日本で治安警察法が制定される

1901年　官営の八幡製鉄所が操業開始

1902年　日英同盟協約締結

1904年　日露戦争開戦
韓国と日韓議定書を結ぶ

1905年　日本がロシアに勝利。ポーツマス条約調印
第2次日韓協約。漢城に韓国統監府を置く

1906年　南満州鉄道株式会社設立

1907年　ハーグ密使事件。第3次日韓協約締結
ロシアと（第1次）日露協約を結ぶ

1909年　ハルビンで伊藤博文が暗殺される

1910年　韓国併合条約調印

1911年　清で辛亥革命起きる

1912年　中華民国成立

発。この戦争で日本は初めて大国に対して勝利を収めることとなった。下関条約では清から多額の賠償金をもらい、遼東半島や台湾を割譲させた。

しかしロシア、フランス、ドイツの三国干渉により、日本は遼東半島を返還する苦渋を飲まされることとなる。日清戦争で清の弱体化が明らかとなり欧米が介入するきっかけとなる。なお三国干渉で日露の対立は決定的となり、10年後、朝鮮をめぐり日露戦争が勃発する。

この戦争で日本は絶望的な資金難にあえぐが、一進一退を繰り返しながら最終的にロシアに勝利する。この勝利は、世界に日本の力を示す転機となった。しかし満州の利権を手にしたものの、賠償金は一円も入らなかった。一方、戦争によって、鉄鋼会社の生産効率は上がり、造船業や軍事工業などの重工業を発展させることになった。

日清戦争・三国干渉
日本が初めて外国に勝った戦争

関連トピック

- 東アジア外交
- 世界情勢

清との戦争に備え軍備増強を図った

１８７６年に不平等条約を結んで以来（Ｐ58）、朝鮮政府では親日派の閔妃《びんひ》一派が権力を握っていたが、日本との交易で物価が高騰し、国内には反日の気運が高まっていた。１８８２年には国王の実父大院君《たいいんくん》がクーデター甲申《こうしん》事変に成功したが、朝鮮の宗主国・清が介入（壬午《じんご》軍乱）して閔妃一派を政権に戻したため、彼らは親日派から親清派に寝返った。これに対し日本は２年後、金玉均《キムオッキュン》ら独立党（親日派）を支援してクーデターを起こさせたが、再度清が介入して失敗に終わった。事態悪化を懸念した伊藤博文《いとうひろぶみ》は、清との間に「天津《てんしん》条約」を結んだ。朝鮮から兵を引き、半島に出兵する際は相互に事前通告することを義務付けたものだ。

日本の軍事力は１８９０年代には清をしのぐものになった。**１８９４年、朝鮮で政権打倒と外国人の追放を求めた「甲午《こうご》農民戦争」が起きると、清と日本が同時に出兵。**慌てた反乱軍は朝鮮政府と講和を結び、朝鮮は両軍に撤兵を求めたが、陸奥《むつ》宗光《むねみつ》外相はこの混乱に乗じて日清戦争を起こそうと画策した。

キーパーソン

閔妃（１８５１～１８９５）
高宗《こうそう》の王妃。高宗の実父・大院君を引退させ政権独占を図る。一度失脚するも三国干渉後政権を奪取。

大院君（１８２０～１８９８）
国王高宗の実父として権力を握る。鎖国攘夷策を取っていたが閔妃一派の台頭で失脚する。

金玉均（１８５１～１８９４）
独立党指導者。壬午軍乱の謝罪で訪日し親日派となる。その後日本に亡命するも、上海で暗殺される。

近代史裏話

日清戦争はロシア南下の恐怖から生まれた

ロシアは19世紀に入ると、日露雑居の樺太に軍人などを送り込み、日本人の住民を圧迫するなど、侵略の度合いを強めていた。この南下政策に政府は恐怖を感じ、北海道に士族出身の武装開拓民・屯田《とんでん》兵を置くなどして警戒に当たらせた。さらに日本は鎖国していた朝鮮を開国させ影響下に置き、共にロシアの南下を防ごうとした。しかし朝鮮は従属を拒否。このため征韓論が生まれてきたのだ。

1898年の世界情勢

米西戦争：アメリカ合衆国とスペインの間で起きた戦争。スペインは敗北し、スペインの旧植民地に対する管理権をアメリカが獲得。

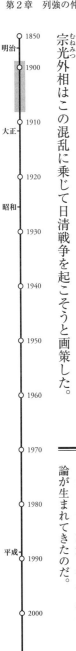

思惑に反して朝鮮がロシアに寝返る

陸奥宗光《むつむねみつ》外相は清に朝鮮の共同管理を提案し、予想通り拒絶されると、国交を断絶。日本軍は朝鮮王宮を占拠、大院君を擁立して傀儡《かいらい》政権を作った。これにより1894年「日清戦争」が始まったのである。戦況は圧倒的に日本軍の有利な状況で進み、翌年には下関（日清講和）条約が締結される。条約で清は朝鮮の独立を認め、台湾と遼東《りょうとう》半島などを日本に割譲すること、2億両（約3億円）の賠償金支払いが決まった。

この内容に関し、**ロシアが遼東半島の日本領有を嫌い、フランスとドイツとともに半島の清への返還を求めてきた。これが三国干渉である。**日本は戦って勝ち目がないロシアに対し、渋々返還に応じた。するとロシアは、遼東半島の旅順・大連を租《そ》借《しゃく》という名目で支配下に置いた。同時に**朝鮮の閔妃も日本による影響を嫌い、ロシアに急接近。**これに対し、日本公使の三浦《みうら》梧楼《ごろう》らは閔妃を虐殺。すると国王の高宗はロシアに助けを求め、ロシアの公使館に移って政務をとるようになった。こうしてロシアは朝鮮に本格的に進出し、後に軍事基地を作ってしまう。

風俗と習慣

三陸に大地震が起きる

1896年の6月、宮城県の三陸地方で明治三陸地震が発生し、最高38.2ｍの大津波によって死者・行方不明者2万1959人という甚大な被害が発生した。このとき新聞報道により、全国から多額の義援金が集まった。

年表でわかる！

日清戦争頃の東アジア

日清戦争前後の出来事を年表にまとめてみた。日本は1885年の天津条約締結以降、「清との戦いは不可避」と考え、軍備増強に力を入れた。それが日本が清に勝利した大きな要因だ。

1882	壬午軍乱
1884	清仏戦争勃発
1885	日清の間で天津条約締結
1894	甲午農民戦争 日清戦争勃発
1895	日清戦争終結 下関で日清講和条約調印 朝鮮の独立が実現 露、独、仏が三国干渉
1896	日清通商航海条約調印
1898	ロシアが清から遼東半島の一部を租借

＼MAPでわかる！／

日清戦争の流れ

戦況を有利に進めた日本軍。
日本軍の進路を見ると、
陸と海から効果的に清に攻め入っていることがわかる。

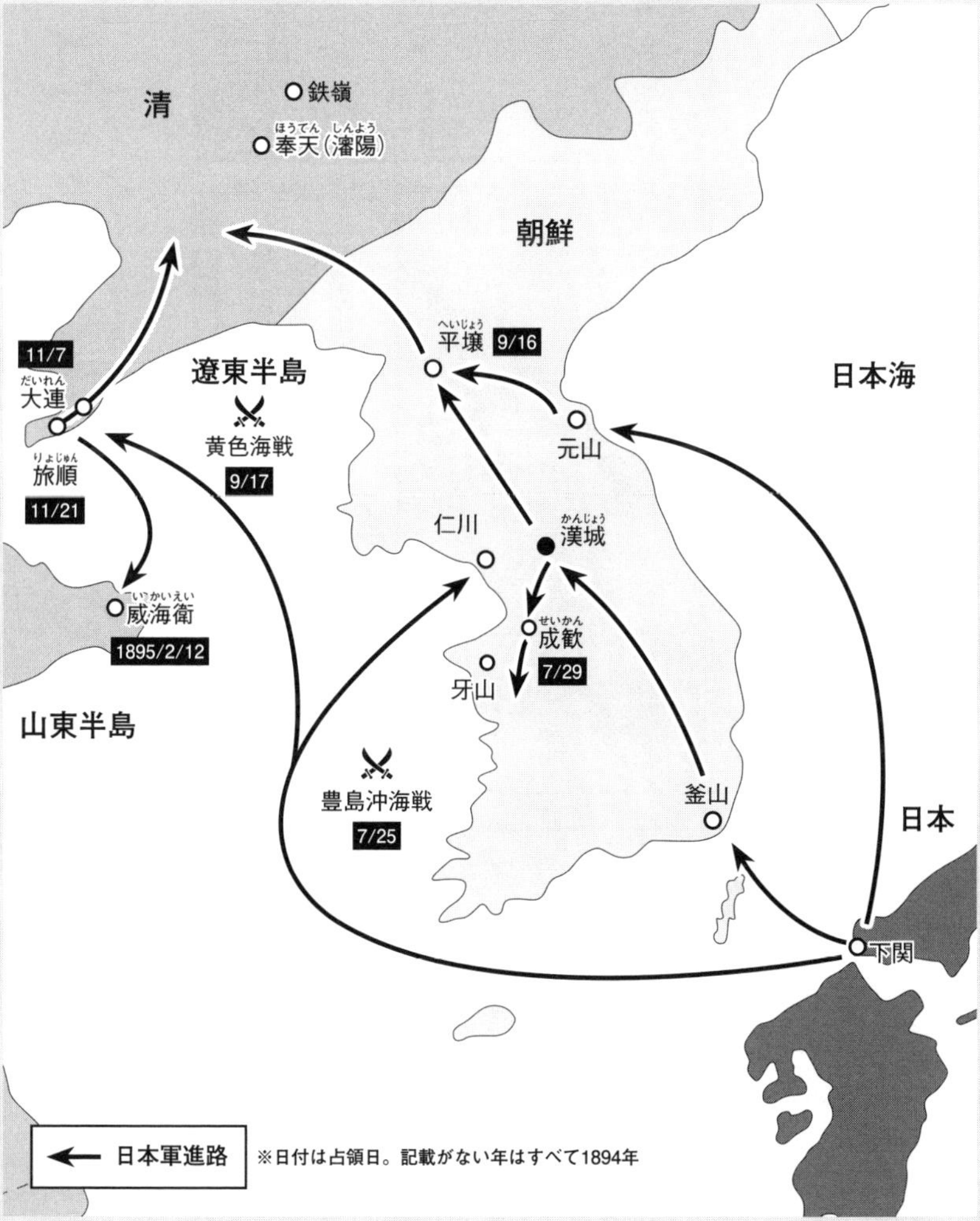

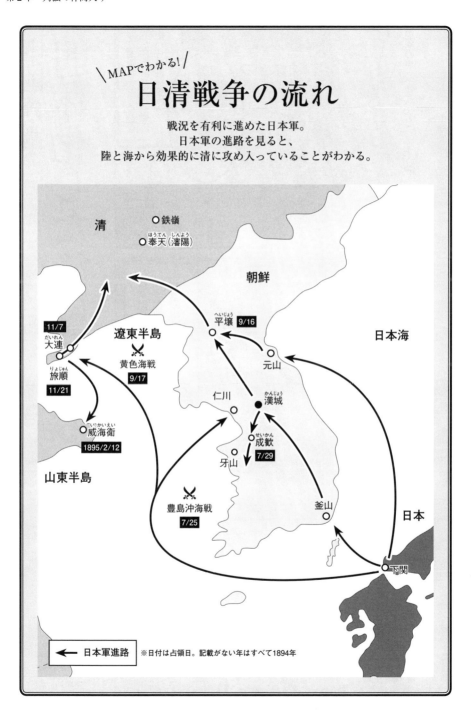

中国分割
弱体化した清に群がる欧米各国

関連トピック

- 対米関係
- 東アジア外交
- 世界情勢

清では義和団が外国人を襲った

19世紀後半、欧米の列強は勢力圏拡大のため帝国主義政策をアジアで推し進め、とくに日清戦争敗戦後の清に群がった。当時清は日本に対する賠償金を列強からの借金でまかなっており、その見返りにと、**欧米諸国は中国に勢力範囲を設定（中国分割）**。沿岸の要地、要港を租借《そしゃく》し鉄道の敷設権などを得た。

1898年、ドイツが山東《さんとう》半島の膠州《こうしゅう》湾、イギリスは九龍《きゅうりゅう》半島や威海衛《いかいえい》、ロシアは遼東《りょうとう》半島の旅順《りょじゅん》・大連《だいれん》港を租借。翌年にはフランスが広州湾を租借した。米西《べいせい》戦争でスペインに勝利を収めたアメリカはこれには加わらなかったが、国務長官ジョン＝ヘイが中国の門戸開放を各国に要求した。

こうした動きに対し、**清国では各地で義和団《ぎわだん》が結成され、外国人を襲うなどして勢力を拡大。1900年には北京の列国公使館を包囲した（義和団事件）**。清政府は義和団と結び、列国に宣戦布告したが、（北清《ほくしん》事変）列強と日本は連合軍を組織し、清を降伏させ「北京《ペキン》議定書」を結んだ。これにより清は多額の賠償金を支払い、列国が北京などに軍隊を置く権利などを認めた。

MAPでわかる!

列強の勢力範囲設定

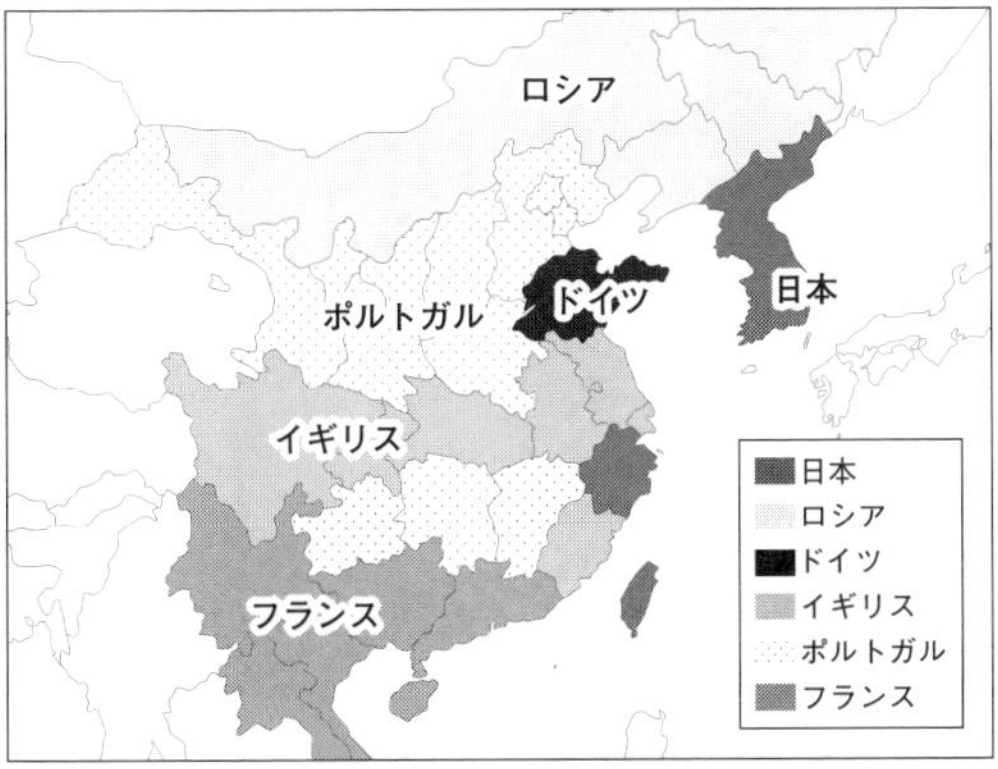

列強による中国の分割図。アメリカは分割には加わらなかったが、通商の自由や領土・行政の保全を列強に要求した。

キーパーソン

西太后（1835〜1908）
清の咸豊《かんぽう》帝の側妃で同治《どうち》帝の母。清末期の権力者であり、じつに半世紀にわたって清王朝に君臨した。

ジョン＝ヘイ（1838〜1905）
米国国務長官。欧米との相互不可侵を謳うモンロー主義を捨てて、中国の門戸開放宣言を行った。

1900年の世界情勢
ABO式血液型の発見：オーストリア＝ハンガリーの病理学者・血清学者であるカール・ラントシュタイナーがABO式血液型を発見。翌年論文を発表した。

日英同盟
対ロシアを想定。明治の安保条約

※ヨーロッパ諸国と同盟関係を持たない外交政策。

関連トピック

- 東アジア外交
- 世界情勢

1850
明治
1900
1902
1910
大正
1920
昭和
1930
1940
1950
1960
1970
1980
平成
1990
2000
2010

ロシアを抑え込むためイギリスと結託

1900年の北清《ほくしん》事変で鎮圧のため出兵したロシア軍は、満州全域を不法占拠し、事実上支配するようになった。

この頃ロシアの陸軍は200万人もの兵士を有し、強大な海軍力を持っており、日本が太刀打ちできる状況ではなかった。しかもロシアはすでに朝鮮に親露政権を作っており、ますます朝鮮に影響力を強めてきたため、日露は対立していくこととなる。

ロシアの脅威を感じていた日本だが、国内では日露協商論と日英同盟論が唱えられていた。日露協商論は、ロシアに満州での自由行動を認め、その代わりに韓国の支配を認めさせようというもの。日英同盟論はイギリスと結託してロシアを抑えようというものだ。日清戦争での日本の勝利を評価していたイギリスは同盟を歓迎。結果として1902年に日英同盟協約が成立し、以後数年にわたってこの協約は続いていく。

同盟を背景に日本はロシアに朝鮮から引くよう交渉を続けたが話は行き詰まり、1904年2月、御前会議でついに開戦が決定された。

キーパーソン

林董《はやしただす》(1850～1913)
江戸時代末期の幕臣、明治時代の外交官。初代駐英大使として日英同盟締結の立役者となった。

井上馨《いのうえかおる》(1836～1915)
長州《ちょうしゅう》藩出身。第二次伊藤内閣では内務大臣など要職を歴任。日露協商を模索してロシアと交渉を重ねた。

近現代史裏話

臥薪嘗胆《がしんしょうたん》を初めて使ったマスメディア

「臥薪嘗胆」の言葉を最初に使ったのは総合誌『太陽』だったとされる。『太陽』は、1895年から1928年まで続いた政治・軍事・経済・社会を扱った総合雑誌で、発行元は博文館。日本は日清戦争で遼東半島を獲得したが、ロシアの干渉でそれを手放すことになり、意気消沈していた。そこで『太陽』は国民の憤懣を代弁して「臥薪嘗胆」という表題の一文を掲載した。内容は「三国の好意、必ず報いざるべからず、わが帝国の国民は決して忘恩の民たらざればなり」というもの。これが後に国家的スローガンになって国民も増税などに協力していく。

1902年の世界情勢

第二次ボーア戦争(1899～1902年)：トランスバール共和国の併合を企ててイギリスが起こした戦争。帝国主義侵略戦争の典型とされて世界中で反戦の声が高まった。

世界情勢と日本
絶望的な資金難でも行われた戦争

関連トピック

- 対米関係
- 東アジア外交
- 世界情勢

交渉決裂!!
ロシア帝国の領土拡大の野望を打ち砕かん!!
ホントに攻めてきた!? ロシア国内がゴタゴタしてる時に…ッ!!
1904年 日露戦争、開戦
乃木希典《のぎまれすけ》率いる第三軍は未曾有の戦死者を出しながらも旅順《りょじゅん》要塞を攻略
続く奉天《ほうてん》会戦でも辛くも優位を保ち勝利…
当時最強と呼ばれたバルチック艦隊を撃破した東郷平八郎率いる日本海軍
しかし日本は疲弊していった
乃木希典
東郷平八郎
ロシアも革命が始まり戦争継続が難しくなった所でアメリカが講和を仲介した
これでロシアは南下政策をやめて満州がガラ空きになる
我がアメリカが満州…そして中国に進出するぞ…!
西欧の黒い思惑が渦巻く中日露は講和した
1905年
ポーツマス条約調印

世論が日本を戦争に引きずり込んだ

日英同盟が結ばれたことで、日本では急速にロシアに対する開戦論が高まっていった。1903年に**ロシアが朝鮮北部に軍事基地を作り始めると、もはや政府は世論の高まりを抑えることができなくなっていた**。ただ、政府の頭を悩ませたのが戦費だった。当時日本銀行にはわずかな正貨しかなく、とても戦費が捻出できないことから、政府は同年12月にイギリスに対して財政援助を要求。しかしこれは一方的に拒絶された。

そこで資金面で追い込まれた政府は「戦況を長引かせない」作戦を立てる。まず旅順《りょじゅん》でロシアの太平洋艦隊を殲滅《せんめつ》、朝鮮半島をすばやく制圧し、南満州の遼陽に全兵力を注ぎ込み制圧、最終的に講和に持ち込むというもの。**1904年2月8日、ついに日本の連合艦隊は旅順港外のロシア太平洋艦隊に奇襲を仕掛ける。これにより日露戦争が始まった**。しかし日本の奇襲作戦は失敗に終わり、太平洋艦隊には旅順港内に逃げ込まれる。その後遼陽会戦では大兵力を集中させ何とか勝利をつかんだものの、ロシア軍には逃げられ完全な膠着状態に入る。

キーパーソン

高橋是清（1854～1936）
日銀総裁、蔵相を経て、1921年には首相に就任。二・二六事件（→P142）で暗殺される。

ニコライ二世（1868～1918）
ロマノフ朝最後のロシア皇帝。日露戦争・第一次世界大戦において指導者的な役割を果たす。

MAPでわかる！

日露戦争の流れ

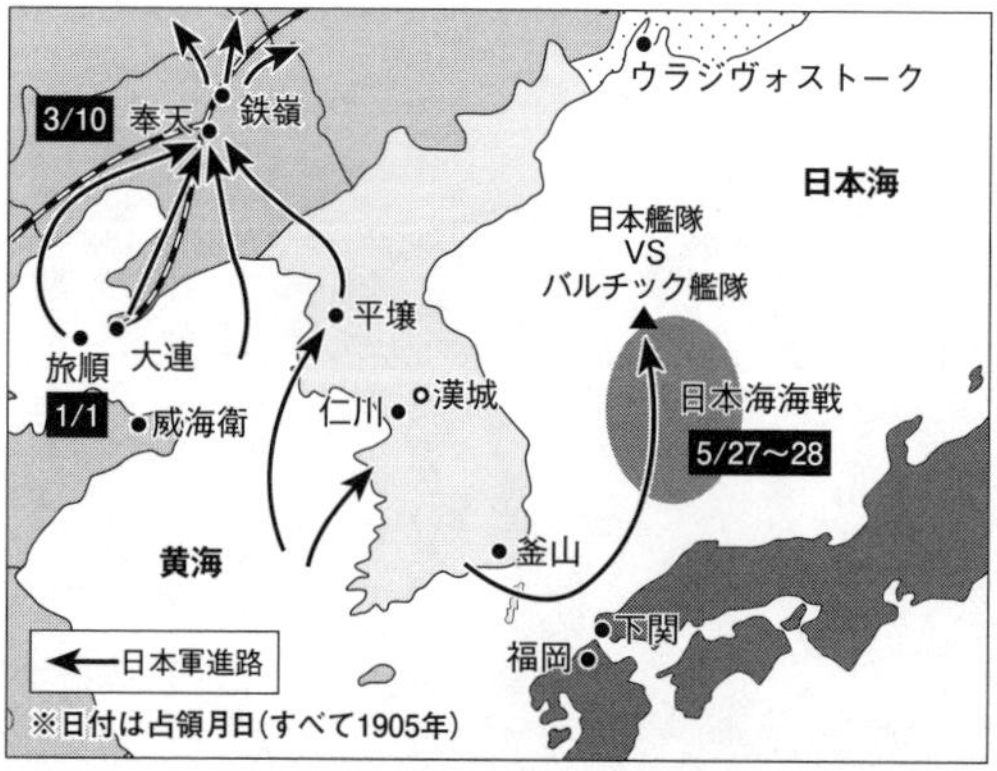

旅順はロシアの極東最大の根拠地。日本軍は旅順を1月に占拠すると、3月に奉天、5月には日本海海戦でバルチック艦隊を打ち破った。

国力に見合わないギリギリの戦争

日本軍は翌年旅順を陥落させるのだが、このときには攻略に延べ10万人を動員。戦死者1万5400人、戦傷者4万4000人の被害を出した。

この日露戦争は速射砲や連発式銃などの新型兵器が大量に投入され、またおよそ110万人の兵士が動員された。**戦費は税金や献金ではとてもまかないきれず、政府は同盟国や友好国に外債を買ってもらうことに活路を見出そうとした**。そのため当時日本銀行副総裁の高橋是清《たかはしこれきよ》が海外に渡り資金を調達し、なんとか急場を凌いだ。1905年日露両軍は奉天《ほうてん》で激突。日本軍はロシア軍を撤退させ勝利を勝ち取った。しかし、このとき日本軍には追撃する体力はもはや残っていなかった。この後日本は講和条約の締結を求めたが、ロシアの皇帝ニコライ二世は全く応じなかった。しかし対馬沖の日本海海戦で、東郷平八郎《とうごうへいはちろう》が率いる連合艦隊がロシアのバルチック艦隊を殲滅。これによりニコライ二世もようやく譲歩し、日露交渉が行われ、**同年、ポーツマス条約が締結されたのである**。

近現代史裏話

運を味方につけた高橋是清

高橋是清は外債を売り込むため1904年にアメリカに渡った。しかしうまくいかず、次にイギリスに渡った。そこではなんとかロスチャイルド家ほかイギリスの富豪たちに外債を売れたが、それでもノルマの約半分しか達成できなかった。失意の底にあった高橋だが、その後知人に招待された晩餐会で、たまたま横に座ったアメリカの富豪ヤコブ・シフが、なんと残りの外債をすべて引き受ける約束をしてくれたのだ。シフはユダヤ系で、ロシアのユダヤ迫害に我慢がならなかったのだ。日本を救ったこの高橋の強運には驚くしかない。

風俗と習慣

祝勝のたびに東京を走った花電車

戦死者が増大する中、国民は素直に戦勝を喜べない心理状態に陥っていた。食物・衣類に対する統制はなかったが、みな意気消沈しており、そうした雰囲気を払拭するため、東京では祝勝のたびに花電車を走らせたという。また大相撲や歌舞伎などの興行は普通通りに行われた。

1905年の世界情勢

相対性理論発表：アルベルト・アインシュタインが特殊相対性理論を発表。同年彼は光量子仮説を含め５つの論文を発表した。

韓国併合
東アジア進出のための強力な足場

関連トピック

- 対米関係
- 東アジア外交
- 世界情勢

※当時の首相・桂太郎と米陸軍長官タフトの間で締結された桂・タフト協定により定められた。

1850
明治
1900
1910
大正
1920
昭和
1930
1940
1950
1960
1970
1980
平成
1990
2000
2010

密使事件を機に日本は韓国の政権を奪った

日本は、日露戦争中に韓国に対する勢力を拡大。**１９０４年に日韓議定書を結び、韓国での軍事行動を認めさせた**。次に**第一次日韓協約**を結び、日本が推薦する外交・財政顧問を韓国政府に置いて、重要案件について日本政府との協議を行わせるようにしたのだ。財政顧問には目賀田種太郎《めがたたねたろう》大蔵省主税局長が、外交顧問にはアメリカ人のスティーブンスが外務省の依頼で就任した。

続く１９０５年にはアメリカとイギリスに日本の韓国保護国化を認めさせた。同年**第二次日韓協約**を結び、韓国の外交権を奪って、漢城《かんじょう》に日本政府の代表機関である統監府を置いた。初代の統監には伊藤博文《いとうひろぶみ》が就任する。

この動きに対し**韓国は１９０７年６月、オランダのハーグ第二回万国平和会議に皇帝の密使を送り抗議、日本の横暴と独立回復を訴えようとしたが**、結局会議に参加できなかった（ハーグ密使事件）。これを機に日本は**第三次日韓協約**を結び、韓国内の政権を奪い、韓国軍を解散させた。

キーパーソン

目賀田種太郎（１８５３〜１９２６）
政治家、法学者。国際連盟大使・枢密顧問官を務める。現・専修大学や東京藝術大学創設者の一人。

安重根（１８７９〜１９１０）
大韓帝国時代の朝鮮の民族運動家。伊藤博文を殺害。ロシア官憲に逮捕され、処刑された。

寺内正毅《てらうちまさたけ》（１８５２〜１９１９）
長州《ちょうしゅう》出身の軍人、政治家。桂《かつら》内閣時代には陸相を務め、朝鮮総督を経て、１９１６年に首相になる。

MAPでわかる!

この頃の日本の領土

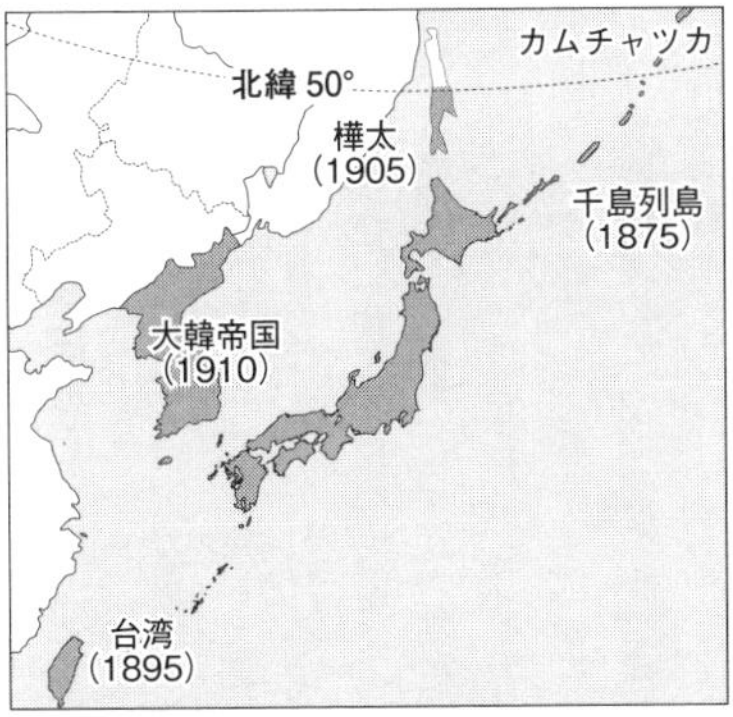

カムチャツカ
北緯 50°
樺太
(1905)
千島列島
(1875)
大韓帝国
(1910)
台湾
(1895)

日露戦争後のポーツマス条約（1905 年）により、北緯 50 度以南の樺太を、1910 年の韓国併合で朝鮮半島を占領した。

1904年の世界情勢
英仏協商：英仏間に結ばれた協約。イギリスがエジプトに、フランスがモロッコに支配権を持つことを相互に確認。対ドイツ国際協商体制のさきがけとなった。

民族活動家に伊藤博文が暗殺される

しかしこれに韓国民衆は黙っていなかった。それまで散発的だった、独立を訴える義兵運動に、解散させられた韓国軍兵士を招き入れ反日闘争を本格化させたのだ。**日本政府は軍隊を派遣、これを鎮圧したが、1909年に伊藤博文が満州のハルビン駅で韓国の民族運動家である安重《アンジュウコン》根に暗殺される。**安は翌年旅順《りょじゅん》で死刑に処された。

この暗殺事件を契機として、日本は憲兵、警察による強権的支配を行うようになり、翌1910年韓国併合条約を強要し、植民地にした。京城《けいじょう》には統監府に代わり、朝鮮総督府が置かれた。初代の総督は陸軍大臣・寺内正毅《てらうちまさたけ》が就任。この総督府はまず地税を課すための土地の測量や所有権確認に着手（土地調査事業）、1918年に完了した。このとき広大な農地や山林を「所有権不明」という理由で接収し、日本企業や日本人に払い下げた。それにより多くの農民が没落し、一部は仕事を求めて日本に移住するようになった。また、韓国国内には半民半官の国策会社が次々と設立され、植民地開発が行われた。

風俗と習慣

日本の支配下で韓国はどうなった？

日清戦争前の朝鮮は、清国の属国のような状態だった。悪政が続き、東学党による農民反乱などが起きている。これに対し日本は5カ条の改革案を朝鮮側に提示。甲午改革が行われた。これにより韓国では不当な身分の階級制がなくなった。また公正な裁判が行われるようになり、私有財産制度が確立し、職業選択の自由が認められた。交通機関の整備で経済が活性化、飢餓問題も解消された。

近現代史裏話

伊藤博文は植民地化に反対だった？

後にハルビンで韓国の民族主義者に暗殺される伊藤博文は、じつは韓国を保護下に置く必要性は認めたが、植民地化することには反対だった。植民地とは「国家の主権を持たない完全なる属領」。伊藤は韓国人の潜在的能力を認めており、西洋化によって近代化を遂げることを信じていた。そのため、政治を変え、教育に力を入れ、世界の文明国にしていこうと考えていたのである。

＼年表でわかる!／

韓国併合の流れ

近代の日本と韓国の関係は征韓論から始まる。
その後、日朝関係がどのように変わっていったのか、
年表で見てみよう。

<table>
<tr><th>年</th><th>日本の出来事</th><th>韓国の出来事</th></tr>
<tr><td>明治６年（1873）</td><td>征韓論の高まり、明治六年の政変</td><td></td></tr>
<tr><td>明治８年（1875）</td><td colspan="2">江華島事件</td></tr>
<tr><td>明治９年（1876）</td><td colspan="2">日朝修好条規の締結</td></tr>
<tr><td>明治 15 年（1882）</td><td></td><td>壬午軍乱（大院君によるクーデター）</td></tr>
<tr><td>明治 17 年（1884）</td><td></td><td>甲申《こうしん》事変（独立党によるクーデター）</td></tr>
<tr><td>明治 18 年（1885）</td><td>天津条約、大阪事件</td><td></td></tr>
<tr><td>明治 27 年（1894）</td><td>日清戦争</td><td>甲午農民戦争</td></tr>
<tr><td>明治 28 年（1895）</td><td>下関条約、三国干渉</td><td>閔妃殺害事件</td></tr>
<tr><td>明治 30 年（1897）</td><td></td><td>朝鮮から大韓帝国と改称</td></tr>
<tr><td>明治 37 年（1904）</td><td colspan="2">第一次日韓協約
（日本が推薦する外交・財政顧問を韓国政府に任用。）</td></tr>
<tr><td>明治 38 年（1905）</td><td colspan="2">第二次日韓協約、総督府設置
（外交権を取り上げ保護国に。漢城に韓国総監府を設置。）</td></tr>
<tr><td>明治 40 年（1907）</td><td colspan="2">第三次日韓協約
（韓国内政権を奪取、韓国軍を解散させる。）</td></tr>
<tr><td>明治 42 年（1909）</td><td></td><td>伊藤博文暗殺事件</td></tr>
<tr><td>明治 43 年（1910）</td><td colspan="2">韓国併合条約、朝鮮総督府の設置
（韓国すべてに関する統治権を日本へ譲渡させる。）</td></tr>
<tr><td>大正８年（1919）</td><td></td><td>三・一独立運動</td></tr>
</table>

満州支配
日本が独占した満州の強大な利権

関連トピック

- 東アジア外交
- 世界情勢

アメリカの恨みを買った権益独占

ポーツマス条約では日本は韓国の指導権以外に、旅順《りょじゅん》・大連《だいれん》の租借《そしゃく》権や、ロシアが経営する東清《とうしん》鉄道の長春《ちょうしゅん》以南などの利権、南樺太《からふと》などを得ることができた。そこで1906年、日本は満州の旅順に関東都督府を置き、遼東《りょうとう》半島南部の行政と軍事を管理させる。次に旅順〜長春間の鉄道とその周辺の炭鉱経営のため南満州鉄道株式会社（以下、満鉄）を設立。満鉄は半民半官で、第二次世界大戦まで、日本が植民地経営を行う上で、中心的な役割を果たした。

日露戦争後、アメリカと日本の関係はかなり悪化した。当初、日本政府はアメリカの鉄道王ハリマンによる満州での鉄道共同経営案（ハリマン計画）を認めていたが、小村寿太郎《こむらじゅたろう》外相の強硬な反対で棄却。アメリカは門戸を開放せず南満州の権益を独占する日本に反対し、中立化を列国に訴えたが、日本は第二次日英同盟協約や、4回にわたり改訂された日露協約（日露協商）などをバックに、満州権益を世界に認めさせることに成功した。**この対立は、その後太平洋戦争の遠因になった。**

キーパーソン

小村寿太郎（1855〜1911）
日向飫肥《おび》藩出身。桂内閣の外相。日英同盟協約締結や日露戦争講和会議などで活躍。

大島義昌（1850〜1926）
長州藩出身、陸軍軍人。日露戦争の後、関東都督に就任した。安倍晋三（→P243）は玄孫にあたる。

近現代史裏話

戦後処理に不満をもった民衆

戦勝によって旅順・大連の租借権などを得た日本だが、国民が期待していたロシアからの賠償金は1円も支払われなかった。そのため国民の怒りが爆発し、1905年には東京・日比谷公園で講和反対集会を行っていた民衆が暴徒化。交番や政府系の新聞社の焼き打ちを行った。桂内閣はこれに対し戒厳令を発動した。また国民の中には戦地から帰還し、粗暴・自暴自棄になる者や、目的を失い生業を放り出して贅沢に浸る者も多かった。こうした風潮に対し、1908年政府は「戊申詔書《ぼしんしょうしょ》」（明治天皇の詔書）を発布。内容は、勤倹節約を奨励し、怠慢を戒めるものだった。

1906年の世界情勢
日本人学童の隔離命令：米カリフォルニア州では日本人移民労働者に対する排斥運動が激化。サンフランシスコ市が日本人学童の隔離を命令した。

産業革命
日本に会社設立ブームが起きる

関連トピック

経済

国は鉄道と重工業に力を注いだ

銀本位の貨幣制度が整い、金利が低下し、株取引が盛んに行われ産業界が活気づいたため、１８８６年から３年間、会社設立ブームが起こった。日本銀行は、産業界に積極的に資金を供給するようになり、生産機構の大変革である産業革命が始まった。１８９７年には金本位制が確立。貨幣の安定で、日本の経済はさらに活況を呈する。産業革命の中心になったのは紡績業と製糸業で、機械制生産が導入され、大量生産された。鉄道業も盛んになり、商人・地主らによる会社設立ブームが起きた。**しかし政府は１９０６年～１９０７年にかけて、軍事・経済上の必要性から民間鉄道17社を買収、鉄道の大部分を国有化した。**

重工業分野では、日清戦争後も大規模造船所が少なかったため、政府は軍備拡張を目指し、まず重工業の基礎である鉄鋼の国産化を図った。官営の八幡《やはた》製鉄所が設立され１９０１年に操業を開始。民間では日本製鋼所や池貝《いけがい》鉄工所などが設立された。この流れに連動する形で、**各地で電力事業が勃興。本格的な水力発電が始まり、大都市に電灯が普及するようになった。**

図解でわかる!

産業革命を後押した鉄道

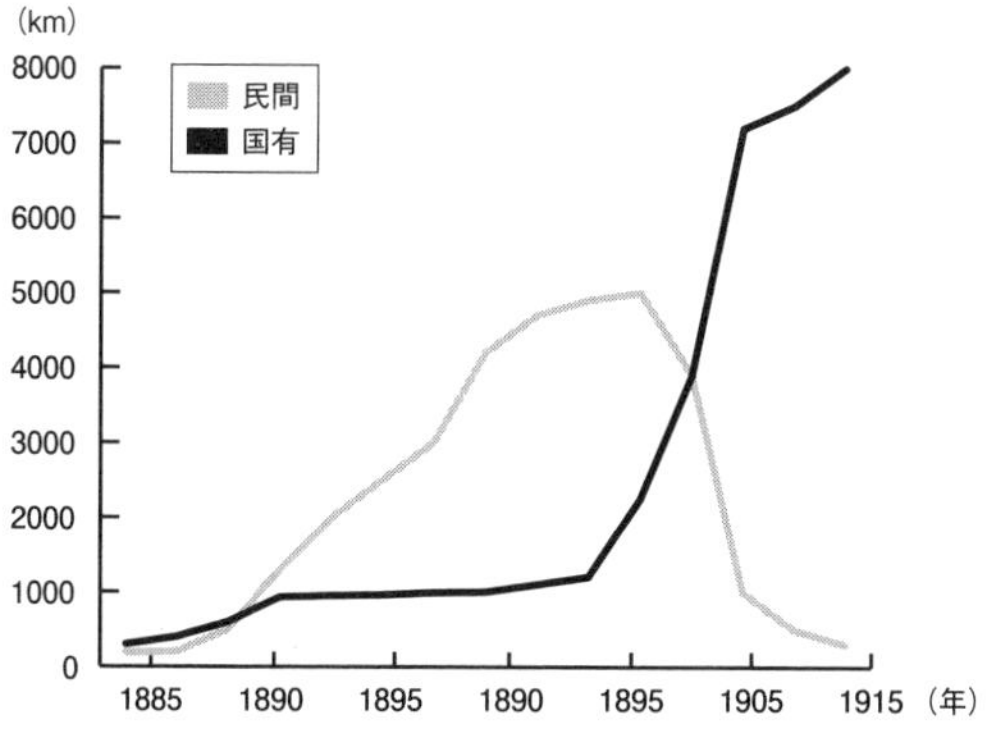

鉄道の発展は産業の発展につながる。1887年以前はわずかだった鉄道網も以降急速に伸びた。また主要路線の国有化により、1907年には国有鉄道が民間を圧倒的に上回った。

キーパーソン

山内提雲《やまうちていうん》（１８３８～１９２３）
江戸時代の幕臣で明治時代の官僚。鹿児島県知事を経て、１８９６年から初代八幡製鉄所長官を務めた。

池貝庄太郎《いけがいしょうたろう》（１８６９～１９３４）
実業家。１８８９年池貝工場（後の池貝鉄工所）創業。１８９６年国産第一号の石油エンジンを開発。

1907年の世界情勢
英露協商締結：イランとアフガニスタンにおける両国の勢力圏が確認され、英露協商が締結される。これに露仏同盟・英仏協商と合わせ三国協商が成立。

図解でスッキリ 2章まとめ

日本は対外的には日清・日露戦争に勝利し、国内では憲法を定めて立憲政治を行い、アジア初の近代国家として台頭。ロシアから満州の利権を得、さらに朝鮮半島を植民地とし、不平等条約の改正にも成功したことで大国の仲間入りを果たした。

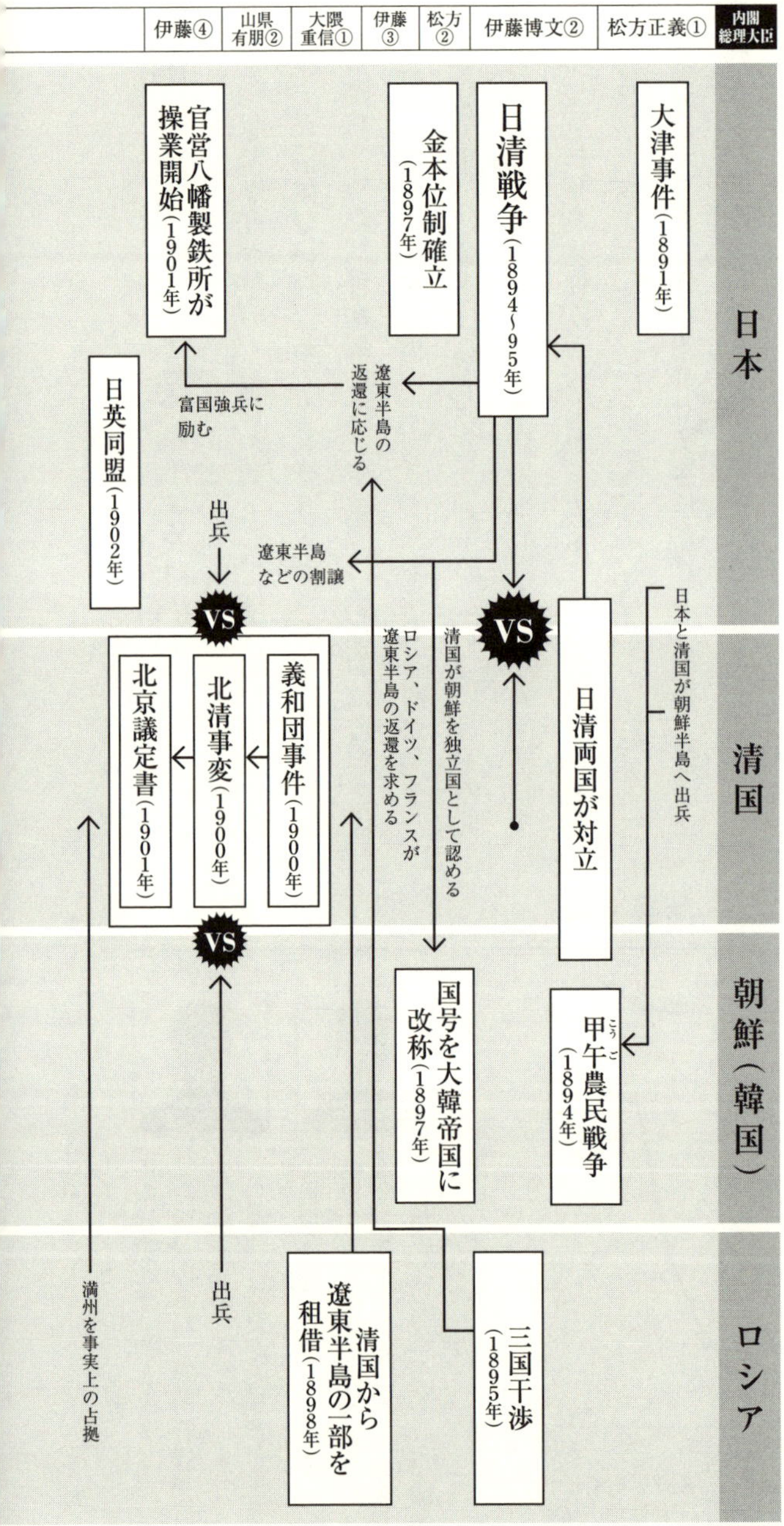

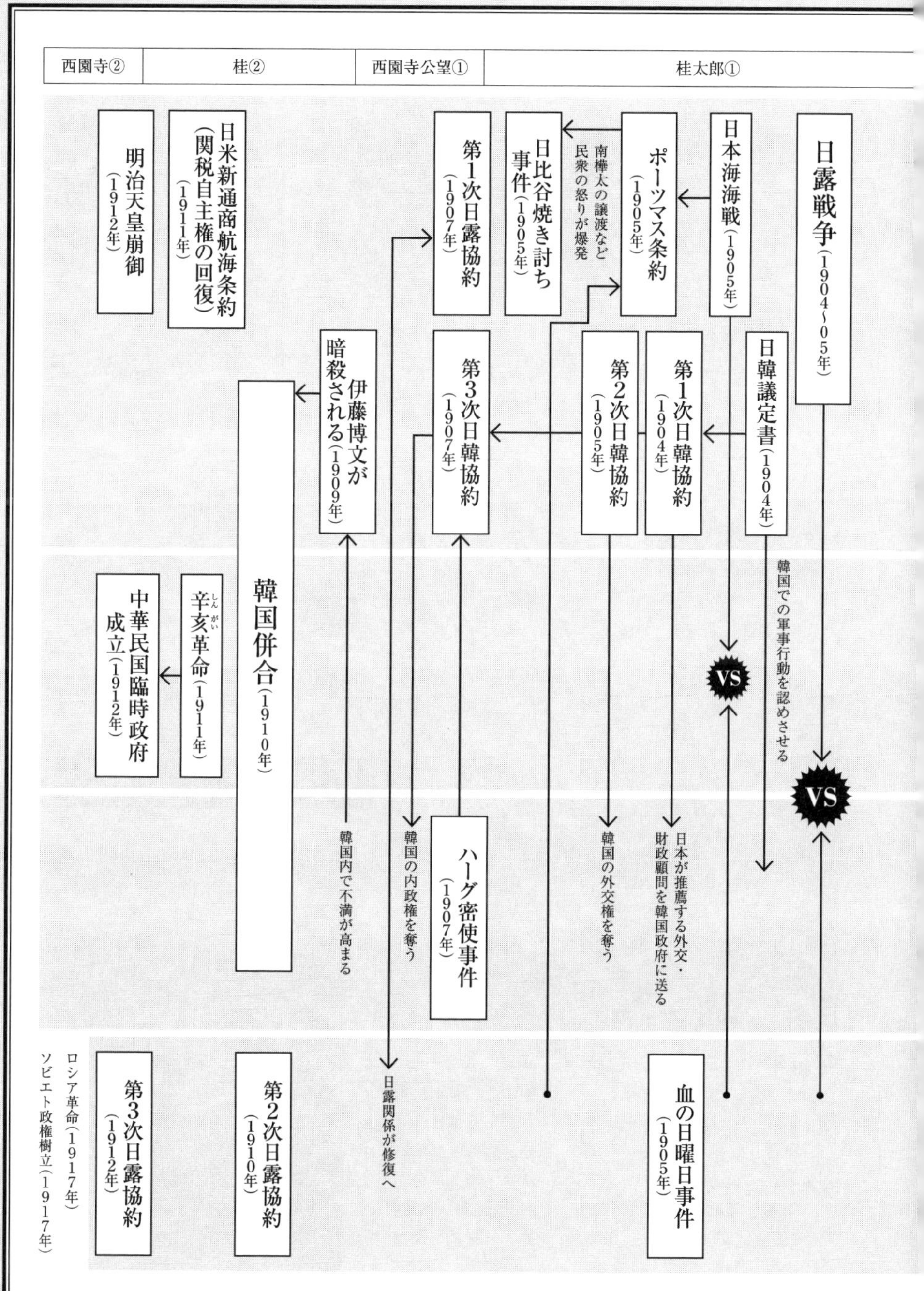
桂太郎①
西園寺公望①
桂②
西園寺②
日露戦争（1904〜05年）
日本海海戦（1905年）
ポーツマス条約（1905年）
南樺太の譲渡など
民衆の怒りが爆発
日比谷焼き討ち事件（1905年）
第1次日露協約（1907年）
日米新通商航海条約（関税自主権の回復）（1911年）
明治天皇崩御（1912年）
日韓議定書（1904年）
第1次日韓協約（1904年）
第2次日韓協約（1905年）
第3次日韓協約（1907年）
伊藤博文が暗殺される（1909年）
韓国併合（1910年）
辛亥《しんがい》革命（1911年）
中華民国臨時政府成立（1912年）
韓国での軍事行動を認めさせる
VS
VS
日本が推薦する外交・財政顧問を韓国政府に送る
韓国の外交権を奪う
韓国の内政権を奪う
ハーグ密使事件（1907年）
韓国内で不満が高まる
日露関係が修復へ
血の日曜日事件（1905年）
第2次日露協約（1910年）
第3次日露協約（1912年）
ロシア革命（1917年）
ソビエト政権樹立（1917年）

史料でもっとわかる 明治時代（後期）

日清・日露戦争に勝利して
日本は列強諸国の仲間入りを果たした。
国内では殖産興業や富国強兵を
推し進め、産業革命が起こった。

日清戦争

日清九連城激戦船橋之図

日清戦争の鴨緑江《おうりょくこう》作戦の様子を描いた作品。近代化した日本軍は各地で清国軍を破り、「眠れる獅子」と呼ばれた清国に勝利した。進斎年光画。

東アジア情勢の風刺画

魚（朝鮮）を釣り上げようとする日本と清国、そして横取りしようと機会をうかがうロシアの姿が描かれている。フランス人の画家ビゴーの作品。

殖産興業・富国強兵

足尾銅山

栃木県と群馬県に流れる渡良瀬川《わたらせがわ》流域にある銅山。開発で発生した有害物質が周辺に被害を与え、栃木出身の政治家だった田中正造らが問題提起した。

官営八幡製鉄所

1901 年から稼働し始めた官営製鉄所。日本の重工業発展の礎となり、日露戦争以後には急激に増加した鉄の需要に対応した。

日露戦争

旅順要塞への砲撃

難攻不落とされたロシアの旅順要塞を 28 サンチ砲で砲撃する日本軍。旅順攻囲戦では 1 万 5000 人以上の日本兵が戦死した。

東郷平八郎

日本海海戦で連合艦隊を指揮し、ロシアのバルチック艦隊を撃破した。

所蔵／国立国会図書館

ポーツマス講和条約会議

日本側は大きな犠牲を払い、一円も賠償金がなかったことから民衆の不満が高まり、日比谷焼き打ち事件が起きた。

日韓併合

韓国統監府へ向かう伊藤博文

伊藤は統監として韓国を支配。韓国併合には反対の姿勢を示していたが、韓国の民族運動家に暗殺されてしまう。

朝鮮総督府

日韓併合後、朝鮮半島を統治するために置かれた官庁。主要ポストは日本人が独占し、総督のもとインフラ整備や皇民化政策などを進めた。

第3章 デモクラシーと恐慌の時代

1912年　大正天皇即位。大正時代が始まる
第一次護憲運動が起きる
1913年　大正政変。桂内閣が総辞職
1914年　第一次世界大戦勃発
1915年　日本が中国に対し二十一カ条の要求

民主主義が芽生え政党政治が始まった

大正時代を一言で表すなら「民主主義が芽生えた時代」と言ってよいだろう。民衆が大きな力を持ち、「政党内閣が最高の政治形態だ」とする考え方が一般に広がっていた。

１９１８年　第一次世界大戦終結。連合国側が勝利

１９１９年　パリで講和会議開かれる。日本も出席
ヴェルサイユ条約が結ばれる
朝鮮で三・一独立運動が起きる

１９２０年　国際連盟成立
日本で戦後恐慌が起きる

１９２１年　軍縮を目的とした
ワシントン会議が開かれる

１９２２年　九カ国条約、ワシントン海軍軍縮条約締結

１９２３年　関東大震災が起きる

１９２５年　普通選挙法が成立

１９２６年　昭和天皇が即位

１９２７年　日本で金融恐慌が起きる

１９２９年　アメリカで株価大暴落。世界恐慌が起きる

１９３０年　日本で昭和恐慌が起きる

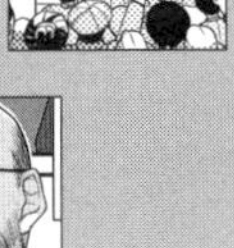

歴史用語ではこうした風潮を「大正デモクラシー」と呼ぶが、日本労働総同盟や日本農民組合など、労働者や小作人を代弁する団体が多数生まれたのもこの時期だった。

一方経済的には、激動の時代だった。初期は第一次世界大戦による連合国への軍需品や日用品の輸出が増えたことによって、好景気に沸いていた。それ以前の日本は債務国だったが、大戦で経済的に潤い、一気に債権国へと転じることができたのだ。

しかし大戦景気も長続きはせず、戦争が終わると輸出が急減。日本は戦後恐慌に突入する。さらに１９２３年には関東大震災が発生し、首都圏を中心に日本は壊滅的な打撃を受けた。

その後も金融恐慌、昭和恐慌と次々と荒波が押しよせ、国民の生活は苦しくなる一方で、政党は急速に支持を失い、代わって軍部が台頭してきたのだ。

大正政変
野党と市民がついに政府を打倒

関連トピック

政治

憲政擁護派が議会を包囲した

　1912年、「大正時代」が始まった。この頃、元老の山県《やまがた》有朋《ありとも》と陸軍は前年の辛亥革命《しんがいかくめい》（P109）により清朝が倒れた影響が植民地に及ばないよう、2個師団の増設（陸軍の増強）を政府に申し入れていた。時の首相は西園寺公望《さいおんじきんもち》だったが、軍事費削減を考えていたため、要求を聞き入れなかった。すると山県は陸軍大臣を辞任させ、後任を決めないという嫌がらせを行う。いわゆる陸軍のストライキだが、**これに対し西園寺は世論を味方につけ総辞職する。すると山県は配下の桂太郎《かつらたろう》を首相に据えた（第三次桂内閣）。これが国民から強烈な非難を浴びることになる。**なぜなら桂は一度宮中に入り、政治を引退したはずの人間だったからだ。政治を我が物にする桂や山県ら閥族《ばつぞく》に対して、立憲政友会と立憲国民党は「閥族打破・憲政擁護」を掲げ、第一次護憲運動（倒閣運動）を開始。それに呼応し、国会議事堂の周りを何万人という群衆が取り囲み、シュプレヒコールを繰り返す異常事態に。**巨大政党の創設に失敗した桂内閣はわずか50日で辞職。これを大正政変という。**

キーパーソン

山県有朋（1838～1922）
長州藩出身。政治家。奇兵隊を率い倒幕に参加。西南戦争を鎮圧。1989年に第一次内閣を組織。

西園寺公望（1849～1940）
政治家。公家出身。1903年に伊藤博文の後を受け立憲政友会総裁となる。大正以降は元老に。

年表でわかる!

目まぐるしく変わる内閣

桂内閣と西園寺内閣が目まぐるしく変わる「桂園時代」。そこから大正政変に至るまでの軌跡を年表で見てみよう。

1901
第一次桂太郎内閣成立

1906
立憲政友会総裁、第一次西園寺公望内閣成立

1908
社会主義対策の甘さを非難され西園寺内閣退陣。
第二次桂内閣誕生

1911
韓国併合後、桂内閣退陣。
第二次西園寺内閣成立

1912
西園寺内閣退陣。第三次桂内閣成立

1913
桂内閣退陣。「大正政変」

1913年の世界情勢

第一次バルカン戦争終結：ギリシャ、ブルガリア、モンテネグロ、セルビアから成るバルカン同盟とオスマン帝国との間の戦争が終結。ロンドン条約締結。

第一次世界大戦
日本の不況脱出の大きなチャンス

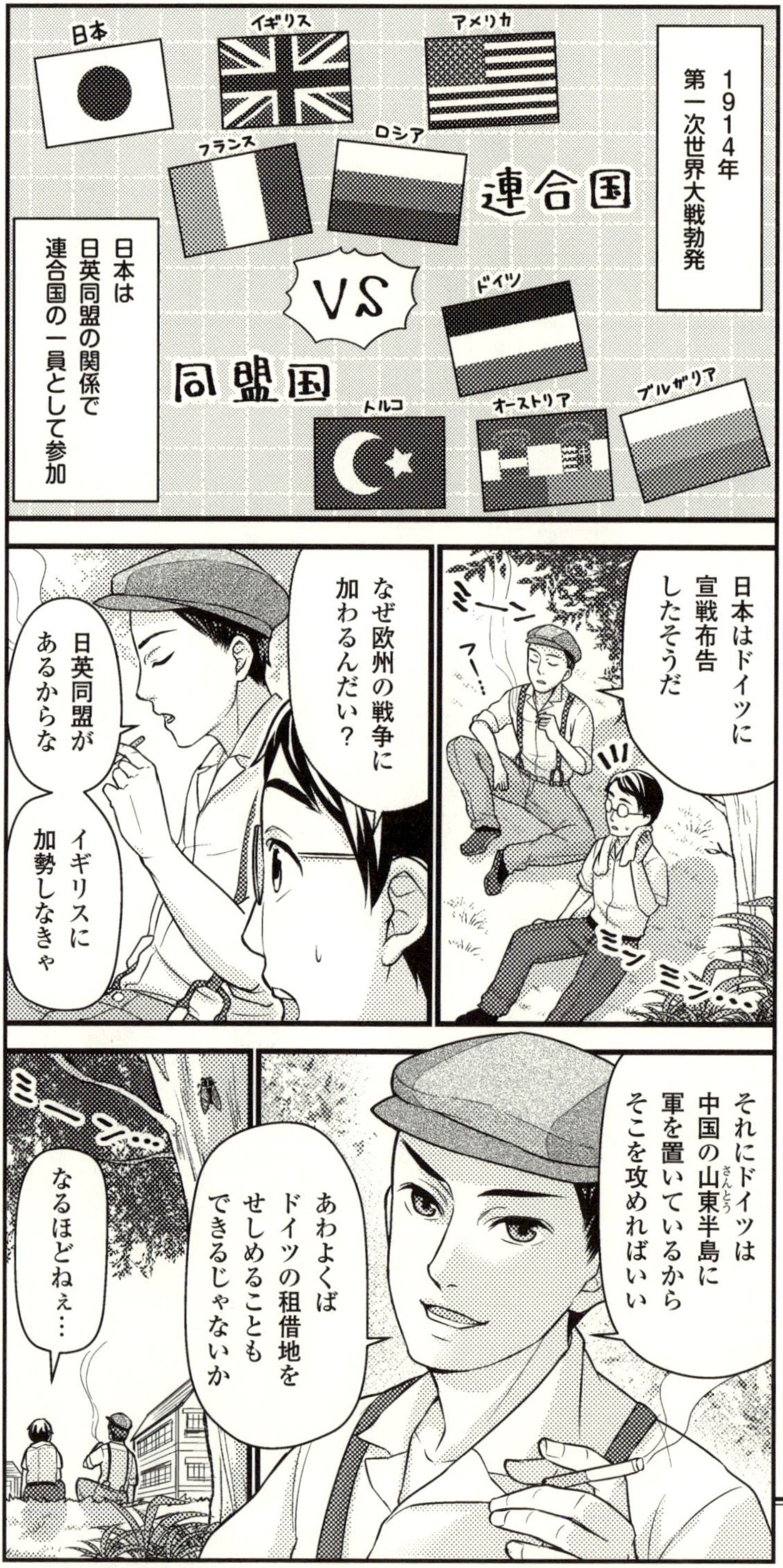

関連トピック

世界情勢

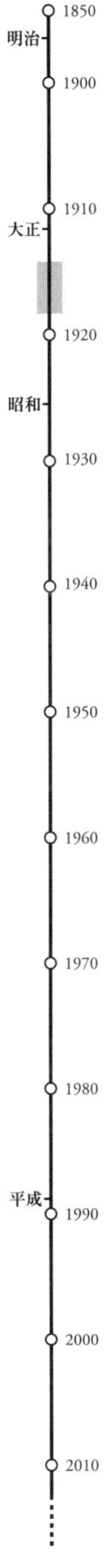
1850
明治
1900
1910
大正
1920
昭和
1930
1940
1950
1960
1970
1980
平成
1990
2000
2010

日本が連合国側についた戦争

20世紀初頭のヨーロッパでは、**ドイツ、オーストリア、イタリアの三国同盟と、イギリス、ロシア、フランスの三国協商（連合国）が対立を深めていた。**とくにロシアは日露戦争で敗北したため、この協商はバルカン半島に進出するいい機会になったのだ。

1914年6月「ヨーロッパの火薬庫」と呼ばれたバルカン半島で、オーストリアの帝位継承者が親ロシア派のセルビア人に暗殺される「サライェヴォ事件」が起きた。これが引き金になり、**両国の間に戦争が勃発、ドイツ・ロシアも戦争に参戦した。さらにイギリスやフランスも加わり第一次世界大戦となった。**これに関して元老・井上馨《いのうえかおる》は「大正新時代の天祐（＝天の助け）」と述べた。つまり戦争によって東洋の利権を確立するチャンスだ、と参戦をすすめたという。そこで日本政府は日英同盟のよしみとして、ドイツに宣戦布告した。戦況は初めドイツが有利だったが、1917年にアメリカが三国協商側に立って参戦、連合国側が有利になり1918年ドイツ側が休戦を申し入れた。

キーパーソン

フランツ・フェルディナント大公（1864〜1914）
オーストリア＝ハンガリー帝国の皇位継承者。サライェヴォで暗殺される。

ウィルソン（1856〜1924）
第28代アメリカ合衆国大統領。ドイツが無制限潜水艦作戦を行ったのを機に参戦を決めた。

図解でわかる!

第一次世界大戦前の同盟、協商

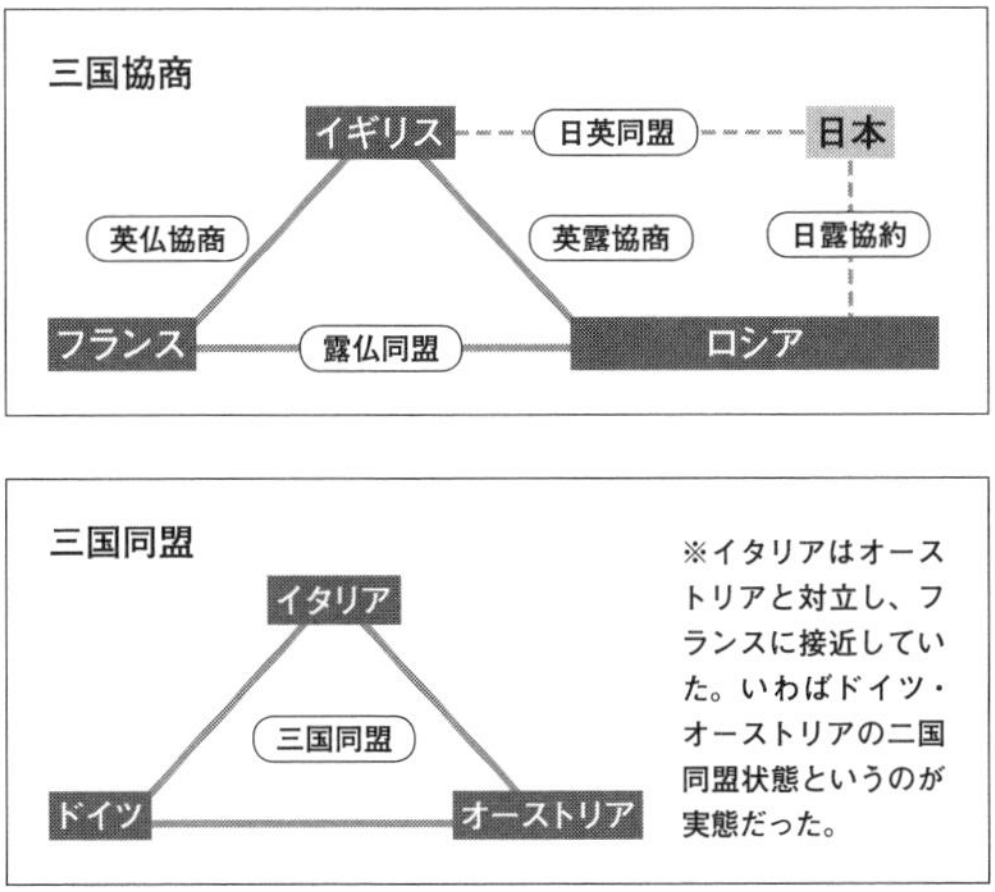
三国協商
イギリス
日英同盟
日本
英仏協商
英露協商
日露協約
フランス
露仏同盟
ロシア
三国同盟
イタリア
三国同盟
ドイツ
オーストリア
※イタリアはオーストリアと対立し、フランスに接近していた。いわばドイツ・オーストリアの二国同盟状態というのが実態だった。

1918年の世界情勢　スペインかぜ大流行（1918〜19）：スペインかぜ（インフルエンザ）が全世界的に流行し、感染者5億人、死者5000万から1億人にまで達した。

二十一カ条の要求
莫大な利権と帝国主義の始まり

関連トピック
- 経済
- 東アジア外交
- 世界情勢

日本は中国に無理難題を突きつけた

ドイツに宣戦布告し、第一次世界大戦に参戦した日本は、1914年に陸軍がドイツの影響力下にある中華民国の山東《さんとう》省の青島《チンタオ》を占領し、海軍はドイツ領南洋諸島の赤道以北を制圧した。この頃、ヨーロッパの列国は激戦で東アジアに関心を向ける余裕がなかったため、翌1915年、時の大隈《おおくま》内閣の加藤高明《かとうたかあき》外相が、中華民国の袁世凱《えんせいがい》政府に対して「二十一カ条の要求」を突きつけた。その内容は**「山東省の旧ドイツ利権の継承、南満州と東部内モンゴルの鉱山の権益、旅順・大連の租借期限の99カ年延長」**などかなり強引なものだった。袁世凱政府や中国国民は反発したが、日本は最後通牒《つうちょう》を突きつけ、戦争も辞さない構えを見せた。それにより5月9日、袁世凱は仕方なく日本の要求を受託。中国国民はその日を「国恥《こくち》記念日」とし、反日運動を展開するようになった。

さらに日本にとって都合がよかったのが、欧米が戦争でアジア市場から撤退したため、アジアへの輸出が増大したことだ。**大きな利益を獲得した日本は、債務国から債権国へ転じた。**

キーパーソン

加藤高明（1860〜1926）
外交官。1913年立憲同志会の総裁に就任。のちに大隈内閣外相、護憲三派内閣首相。

袁世凱（1859〜1916）
中華民国大総統、のち皇帝。清朝末期の洋務運動に参加。その後寝返り、戊戌《ぼじゅつ》の政変を起こした。

近現代史裏話

中国革命を援助した日本

中国では1911年に専制政治と異民族支配に反対する「辛亥《しんがい》革命」が起こり、翌年清朝が倒れ中華民国が成立した。その中心になったのは、三民主義を唱える孫文《そんぶん》（中国同盟会＝後の国民党）であった。孫文は臨時大総統になったが、袁世凱がその地位を譲り受けると、自らの権力を強大化し、革命派の国民党を弾圧。これには列強の支持と軍閥の力が影響していた。結果、孫文は日本に亡命。政府と陸軍は中国革命への援助を通して南満州の権益を強化することを企てたが、列強の強い反対にあい、また国内の財政事情が逼迫《ひっぱく》していたため、これをしばらく断念した。

1914年の世界情勢　アメリカ、ハイチ占領：アメリカが債務返済を理由にハイチを占領した。ハイチ側は海兵隊と戦ったが敗退し、数十万人がキューバなどに亡命。

政党内閣
政党政治の時代がついに到来

関連トピック
社会問題
政治

米騒動が本格的政党内閣を生み出した

明治20年代（1887年～）までは藩閥《はんばつ》政府の時代で、政党内閣はまだ実現していなかった。ところが1898年、当時の伊藤博文《いとうひろぶみ》内閣の地租増徴案に反対し、自由党が内閣から離れ進歩党と合併、憲政党を立ち上げる。これは議会の3分の2を占める巨大政党で、伊藤は内閣総辞職を余儀なくされた。伊藤のすすめもあって、明治天皇はしぶしぶ憲政党の大隈重信《おおくましげのぶ》に組閣を命じる。これにより日本初の政党内閣が誕生した。しかしこの内閣は内部抗争ですぐに瓦解する。明治後半の10年は閥族をバックに持つ桂太郎《かつらたろう》と立憲政友会の西園寺公望《さいおんじきんもち》が交互に政権を担う「桂園《けいえん》時代」となった（→P105）。

その後1918年になってようやく政党内閣が誕生する。当時は桂ら閥族に反発する国民の声が高まり、さらに米騒動で軍隊を出動させた政府の対応に非難が起こり、時の寺内正毅《てらうちまさたけ》内閣が総辞職。**代わって立憲政友会総裁・原敬《はらたかし》を首相とする内閣が成立。陸・海軍大臣と外務大臣以外、すべて立憲政友会の会員で構成した本格的政党内閣だったため、国民の大歓迎を受けた。**

キーパーソン

原敬（1856～1921）
華族の爵位を持っていない、日本初の首相。「平民宰相」と呼ばれ国民から愛されたが、後に刺殺される。

吉野作造《よしのさくぞう》（1878～1933）
東大教授、政治学者。「主権在君の明治憲法の下での民衆の政治参加」を説く「民本主義」を発表。

美濃部達吉《みのべたつきち》（1873～1948）
東大教授、貴族院議員。「国家が統治権の主体で、天皇は国家の最高機関」とする天皇機関説を提唱。

風俗と習慣

総合雑誌の急速な発展

大正時代には総合雑誌が発達し、多くの読者を獲得した。そのひとつが民本主義を掲載した『中央公論』だ。一方、『改造』は社会主義思想に関する論文も掲載、人々の思想に大きな影響を与えた。1922年には週刊誌のさきがけ『サンデー毎日』や『週刊朝日』が創刊される。また娯楽雑誌の『キング』は発行部数が100万部を突破。書籍部門では文庫本が登場し、華やかな活字文化の始まりとなった。

1918年の世界情勢

イギリスで選挙法改正：イギリスで選挙法が改正され、21歳以上の青年男子と、30歳以上の女性に参政権が認められるようになった。

国際連盟への加盟
史上初の国際平和機構が誕生した

関連トピック

- 東アジア外交
- 世界情勢

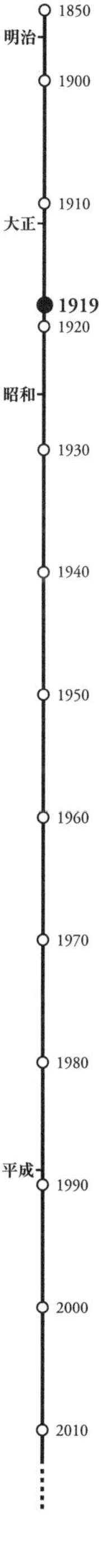

国際連盟はなにが失敗だったか？

第一次世界大戦は、1918年にアメリカ大統領ウィルソンが提唱した「14カ条の平和原則」をドイツが受け入れる形で終結する。連合国側32カ国によってパリで講和会議が開かれ、日本からは西園寺公望《さいおんじきんもち》、牧野伸顕《まきののぶあき》らが全権として参加。同年6月にはヴェルサイユ条約が締結され、ドイツの軍備制限、巨額の賠償金、本国領土の一部割譲などが決まった。

またウィルソンの提唱で、翌1920年、国際平和機構である「国際連盟」が誕生。米・英・仏・日・伊の五大国の中ではアメリカだけが、上院の反対に遭い参加を見送った。国際連盟はスイスのジュネーブに事務局を置き、連盟総会、理事会、事務局が設置された。これによって新たなヨーロッパにおける国際秩序「ヴェルサイユ体制」が生まれたのだが、アメリカの連盟不参加により国際協調の意義が一気に低下した。しかも**総会は全会一致で物事を決めたため統一が困難であった上、軍隊を持っていなかったので、規約違反国に対する軍事的制裁ができなかった**。こういった要因により、理想通りに機能しなかった。

キーパーソン

ウィルソン（1856～1924）
政治家、政治学者。アメリカ合衆国の第28代大統領。民主党出身で、「14か条の平和原則」を提唱。

牧野伸顕（1861～1949）
政治家、外交官。パリ講和条約の全権に任命。大久保利通の次男。二・二六事件で襲撃を受ける。

エリック・ドラモンド（1876～1951）
イギリスの政治家。外務省に入省後、首相秘書を経て国際連盟初代事務総長に就任する。

近現代史裏話

なぜアメリカは国際連盟に不参加だった？

元来アメリカは孤立主義を目指してきた。つまりヨーロッパとの間に相互不干渉の姿勢を貫いてきたのだが、ウィルソンの国際協調外交はその対極にあった。この孤立主義を強く主張したのは保守派の共和党で、保守的風潮を追い風に勢力を伸ばした。一方の民主党のウィルソンは大戦後の景気悪化で人気が急落。しかも上院は共和党勢力が強かったため、国際連盟参加はあっさり否決されたのだった。

1919年の世界情勢
第一次非暴力・不服従運動（1919～1922）：インドのガンディーによる、民族運動弾圧法「ローラット法」等に対する抗議運動。WWI中に高まった反英闘争の一環。

民族運動
中国と朝鮮で対日独立運動が激化

関連トピック

東アジア外交

1850 明治 1900 1910 大正 1919 1920 昭和 1930 1940 1950 1960 1970 1980 平成 1990 2000 2010

日本は非武装の市民を徹底的に弾圧した

中国は連合国側としてパリの講和会議に参加していたが、席上、「二十一カ条の要求」で日本が継承したドイツ利権の返還などを求めた。しかしこれは否決され、中国政府はヴェルサイユ条約の調印を拒否した。

中国がこうした行動に出たのは、中国国内で権益の直接返還を求める反日国民運動が起きたからだ。**5月4日の街頭での抗議行動から始まったこの運動は「五《ご》・四《し》運動」と呼ばれ、学生・商人・労働者など大勢の市民を巻き込み中国全土に広がった。**

一方日本国内では日本に留学している朝鮮人の学生たちが、ウィルソン大統領のとなえた民族自決（民族が、自らの意思のもと政治などを決定する）の高まりのなかで「朝鮮青年独立団」を結成し独立運動を始めた。これに触発され、**朝鮮では3月1日、京城《けいじょう》（ソウル）の公園で独立宣言書朗読会が開かれた。これを機に朝鮮全土に独立運動が広がる（三《さん》・一《いち》独立運動）。**運動は非暴力的なものであったが、朝鮮総督府は軍隊や警察を出動させてきびしく弾圧した。

MAPでわかる!

拡大する日本の領土

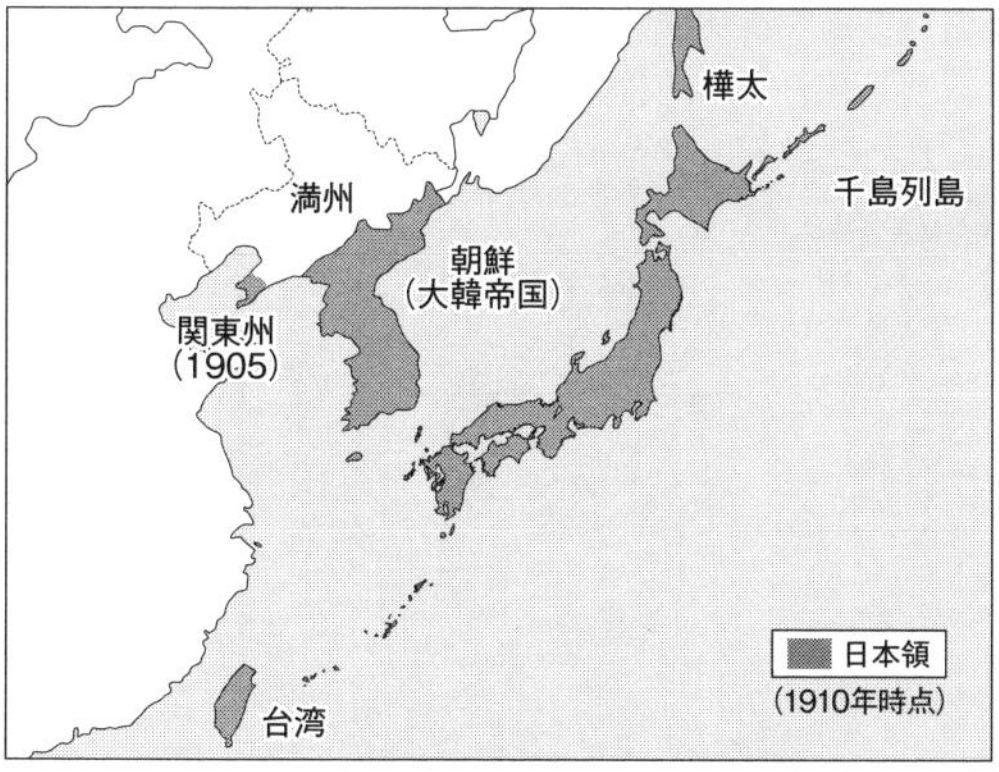

中国は1905年以降関東州を租借され、朝鮮は1910年に韓国併合となり、ともに日本に対する不満が高まっていた。

キーパーソン

李《り》承晩《しょうばん》（1875〜1965）

1948年大韓民国初代大統領。三・一独立運動を受け、上海に大韓民国臨時政府ができ、その大統領に就任。

柳《りゅう》寛順《かんじゅん》（1904〜1920）

三・一独立運動に参加した女子学生。投獄され死亡したため「韓国のジャンヌ＝ダルク」と呼ばれる。

1919年の世界情勢

ヴァイマール憲法成立：ドイツでヴァイマール（ワイマール）憲法成立。直接選挙で選ばれる大統領を国家元首に置くなど、画期的な内容。

大正デモクラシー
自由主義・民主主義の大きな潮流

関連トピック

- 社会問題
- 政治
- 憲法

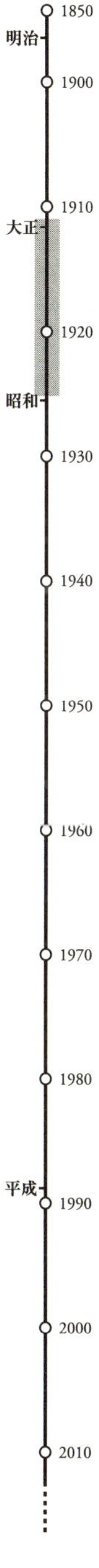

マスメディアが民主主義思想を世に広めた

大正時代の自由主義・民主主義的な風潮の広がり、そしてそれに伴って起こった普選《ふせん》運動や憲政擁護運動などを総括した歴史用語が「大正デモクラシー」だ。

こうした動きを先導したのは新聞や雑誌などのマスメディアだった。たとえば雑誌『中央公論』は1916年民本《みんぽん》主義の吉《よし》野《の》作造《さくぞう》の論文を掲載。吉野はこの論文で民衆の政治参加を主張し、大正デモクラシーの牽引車になった。

またこの頃、マルクス主義が日本に流入。『大阪朝日新聞』に連載され1917年に出版された河上肇《かわかみはじめ》の『貧乏物語』はその影響が色濃く表れ、裕福な人の過度な贅沢を廃止することによる、庶民の貧乏の廃絶を説き、多くの読者を啓蒙していった。

こうした新しい思想の普及に伴い、労働運動や農民運動が急速に広まっていった。労働争議も頻繁に行われるようになり、1921年に労働組合の全国組織である日本労働総同盟、1922年には日本農民組合が誕生。また同年コミンテルンの支部として日本共産党が結成されたが、この党は非合法であった。

キーパーソン

河上肇（1879〜1946）

京大教授。『貧乏物語』を発表し過度な贅沢根絶による貧乏廃絶を説く。マルクス主義経済学の権威に。

清浦奎吾《きようらけいご》（1850〜1942）

司法官僚、政治家。内務大臣などを歴任し、1924年首相に就任。第二次護憲運動で辞職する。

年表でわかる!

大正デモクラシー関連の流れ

大正デモクラシーを何年から何年までとするかは諸説ある。ここでは1912年から1925年までの関連事項をピックアップした。

- **1912** 日本労働総同盟の前身・友愛会結成
- **1913** 大正政変（第一次護憲運動）
- **1918** 吉野作造が黎明会《れいめいかい》を組織。啓蒙活動を始める
- **1921** 日本労働総同盟結成
- **1922** 日本農民組合、全国水平社、日本共産党結成
- **1924** 清浦奎吾内閣成立。第二次護憲運動始まる
- **1925** 普通選挙法、治安維持法成立

1917年の世界情勢

ロシア革命（1917〜18）：ロシア帝国で2度にわたり革命が起き、翌年史上初の社会主義国家が樹立された。初代指導者にはレーニンが就任した。

25歳以上の男性に選挙権が与えられた

大正デモクラシーの潮流は、政党政治を擁護する「護憲運動」や選挙権拡大のための「普選運動」にもつながっていった。1924年、清浦奎吾《きようらけいご》が貴族院を中心とした閥族からなる内閣を発足させたが、政党勢力はこれを時代に逆行するものだとして、護憲三派（憲政会、立憲政友会、革新倶楽部）を結成し倒閣運動を開始した。清浦は解散総選挙で対抗するが、結果は護憲三派の勝利。清浦内閣は総辞職し、代わりに憲政会総裁の加《か》藤高明《とうたかあき》が護憲三派内閣を組織する。

一方男性普通選挙権を求める運動は1919年頃から活発化し、政府もこれを検討していたが、1923年の関東大震災で、一度立ち消えになった。しかし護憲三派内閣は、公約の一つに掲げていた選挙改革に早速取りかかり、**1925年に普通選挙法を成立させた。この法律により、25歳以上の男性全員に選挙権が与えられるようになり、政治の民主化は一気に進むことになる。**ただしこのときには、共産主義の活動を取り締まる治安維持法も成立した。

風俗と習慣

大正時代の住宅事情

大正時代は人口の都市部への流入が激しく、大都市では住宅が不足し始めたため、集合住宅が増えていった。当時の建築様式は木造が主流だったが、関東大震災以降耐震性が重視され鉄筋コンクリートを使ったアパートも作られるようになった。また家の間取りも洋間を中心とした和洋折衷の文化住宅が流行。洋室の応接間も珍しくなくなり、人々の生活もより欧米に近いものになっていった。

近現代史裏話

米騒動の発端は主婦たちの抗議行動だった

1918年7月に富山県魚津町の主婦による騒動を発端とした米騒動が起きている。主婦の騒動とは、生活の困窮を訴える女性たちが、船による他県への米の移送を阻止するといった抗議行動だった。それが全国に広まり、米屋や商店を襲うという暴動にエスカレートしたのだ。

1916年には一石当たりおよそ13円だった米価は、米騒動が起こった1918年8月には一石38円以上と3倍近くに高騰した。

＼図解でわかる！／

選挙制度の変遷

ここでは1889年から1945年までの選挙制度の変化を紹介。
これを見ると有権者数が爆発的に増えたのは、
普通選挙法成立後の1928年実施の選挙だったことがわかる。

<table>
<tr><th colspan="2">選挙法公布年（実施年）</th><th>1889年（1890）</th><th>1900年（1902）</th><th>1919年（1920）</th><th>1925年（1928）</th><th>1945年（1946）</th></tr>
<tr><td colspan="2">公布時の内閣総理大臣</td><td>黒田清隆</td><td>山県有朋</td><td>原敬</td><td>加藤高明</td><td>幣原喜重郎</td></tr>
<tr><td rowspan="3">有権者資格</td><td>年齢</td><td colspan="4">25歳以上</td><td>20歳以上</td></tr>
<tr><td>性別</td><td colspan="4">男子</td><td>男女</td></tr>
<tr><td>直接国税</td><td>15円以上</td><td>10円以上</td><td>3円以上</td><td>制限なし</td><td>制限なし</td></tr>
<tr><td colspan="2">有権者数</td><td>45万人</td><td>98万人</td><td>307万人</td><td>1241万人</td><td>3688万人</td></tr>
<tr><td colspan="2">総人口比</td><td>1.1%</td><td>2.2%</td><td>5.5%</td><td>20.8%</td><td>50.4%</td></tr>
</table>

関東大震災
首都圏を壊滅状態にした自然災害

1923年 9月1日 11時58分
グラ
地震だ!
グラ
マグニチュード7.9と推定される大地震が発生
首都圏は大規模な火災に見舞われた
全部焼けてしまったね…
全焼 約31万戸
全壊・半壊合わせて3万7000戸
死者と行方不明者10万人以上
命が助かってよかった
震災の混乱で朝鮮人と社会主義者がねらわれた
亀戸署管内で10人の労働運動指導者が軍隊によって殺害される（亀戸事件）
甘粕正彦
大杉栄とその内縁の妻、甥が憲兵隊司令部で殺害 甘粕正彦らの犯行とされる（甘粕事件）
大杉栄
そして震災と火災による大きな被害が後の恐慌へと繋がってゆく

関連トピック

- 社会問題
- 災害

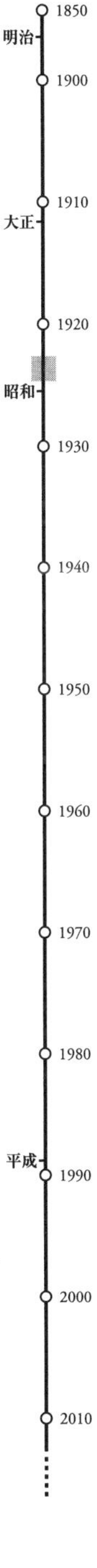

6000人もの朝鮮人がデマにより殺害

戦後恐慌に見舞われた日本経済に、さらに打撃を与えたのが**1923年9月に発生した関東大震災だ。マグニチュード7.9の直下型地震で、首都圏は壊滅的打撃を受けた。**死者・行方不明者は約14万3000人、被害総額は60億円を超えたといわれている。

しかしながら地震による被害以上に深刻な問題となったのが、日本人による「朝鮮人狩り」だ。地震発生後、「朝鮮人が井戸に毒を入れている」「放火をしている」などのデマが流れた。そのため各地で市民による自警団が結成され、通行人を手当たり次第に尋問し、朝鮮人だとわかると無差別に殺害。被害者は朝鮮人約6000人、中国人約200人にのぼったとされる。

さらにこの混乱に乗じて、同月、東京の亀戸で軍隊により10人の社会主義者が殺害された、翌月には憲兵により大杉栄《おおすぎさかえ》や伊《い》藤野枝《とうのえ》が殺された。軍や警察はこの混乱に乗じて社会主義者を根絶やしにしようと画策したのだ。このように巨大地震は日本に「暗い影」をもたらした。

キーパーソン

大杉栄（1885〜1923）
アナーキスト、社会主義者。社会主義系の出版物を多数発表、大正期の労働運動に影響を与えた。

伊藤野枝（1895〜1923）
女性活動家、アナーキスト。大杉の内縁の妻。大杉とともに無政府主義運動で活躍する。

甘粕正彦《あまかすまさひこ》（1891〜1945）
陸軍軍人、憲兵。大杉と伊藤を殺害し軍法会議にかけられた。後に満州で権力をふるう。

近現代史裏話

なぜ「朝鮮人狩り」が行われたか

大正時代、在日の朝鮮人は低賃金の仕事に就いていた。彼らに対して日本人は「自分たちの仕事を奪う」という不満と、「自分たちよりもレベルの低い民族」という根拠のない差別感情を持っていた。大正期にはそれが現実の差別という形で、さまざまな所で表れていたが、同時に日本人は「彼らに復讐されるのではないか」という恐怖心をもっていた。この恐怖心が、朝鮮人殺害につながったのだとされる。

1923年の世界情勢　ミュンヘン一揆：ドイツのミュンヘンでヒトラーらナチス党員を中心としたドイツ闘争連盟がクーデターを起こす。これは半日で鎮圧された。

恐慌
4つの大恐慌が日本を襲った！

関連トピック

- 経済
- 社会問題
- 世界情勢

銀行がつぶれるってさ！
早く銀行から預金を引き出さなきゃ！
まぁ！
小さな銀行はつぶれるから大きな財閥系の銀行に預け直そう
ゾロ
ゾロ
この不況で独立経営は困難だ
財閥系列の傘下となるか…
それがいいと思います
結果として財閥に富が集中
権力とも癒着し勢力を伸ばした
次いで1929年アメリカで発生し世界中に広がった世界恐慌の影響を受け日本でも昭和恐慌が起こる
高橋是清
高橋是清蔵相がその後管理通貨制度に移行して事態の収拾にあたり
なんとか恐慌から脱することができた

震災の不良手形が銀行を追い詰めた

第一次世界大戦で空前の好景気を迎えた日本だが、終戦後の1920年以降不況に陥った。というのも、軍需がなくなり、復興したヨーロッパから工業製品が再び世界へ輸出され、日本の製品が売れなくなったからだ。これにより日本は「戦後恐慌」に突入。日本経済は生糸や綿糸が半値以下になるなど、商品価格や株価の暴落で企業の倒産が急増するが、これに追い打ちをかけたのが関東大震災だった。**被害が60億以上と言われる震災は膨大な不良手形、つまり現金化できない手形を生み出したが、これを保有する銀行が経営危機に陥った。**

若槻礼次郎《わかつきれいじろう》内閣はその救済措置に乗り出すが、1927年、片岡直温《かたおかなおはる》蔵相の失言から一部の銀行の経営悪化が暴かれ、国民は銀行に殺到、取り付け騒ぎが起きた。これを「金融恐慌」と呼ぶ。その責任を取る形で、若槻内閣は辞職し、代わって立憲政友会の田中義一《たなかぎいち》内閣が成立、**高橋是清蔵相の「支払猶予（モラトリアム）令」により、恐慌は一応の沈静化をみせた。**しかしながらしばらく慢性的不況が続くのである。

キーパーソン

若槻礼次郎（1866〜1949）
大蔵官僚から政界入り。大隈内閣の蔵相。その後閣僚を歴任し、立憲民政党総裁になる。

浜口雄幸（1870〜1931）
元大蔵官僚。政界に入ってからは、蔵相、内相を歴任。1930年に右翼の襲撃を受け、翌年没。

高橋是清（1854〜1936）
幕末は仙台藩士、明治以降官僚に。立憲政友会総裁。第20代内閣総理大臣。財政家として評価が高い。

近現代裏話

金融恐慌を生んだ蔵相の失言とは？

金融恐慌のきっかけは、若槻内閣の片岡直温の失言だった。片岡は1927年の第52回帝国議会で「東京渡辺銀行がとうとう破綻を致しました」と発言したのだ。渡辺銀行は当時放漫経営と関東大震災の影響で経営が極度に悪化していた。しかしこの会議が開かれたときはなんとか資金繰りに成功し、これからというところだったのだ。発言は誤りだったが、それが金融恐慌につながったのだから恐ろしい。

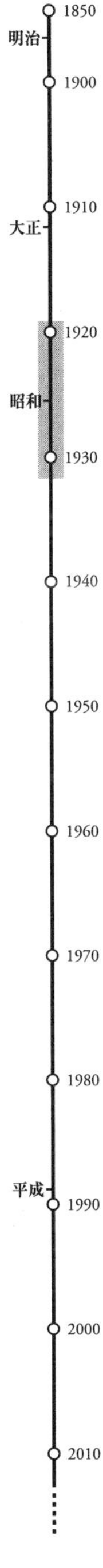

大量の失業者を生んだ政府の失策

この後1929年には浜口《はまぐち》雄幸《おさち》内閣が誕生するが、**この内閣は経済的失策を行うことになる。翌1930年、停止していた金本位体制の復活、つまり「金輸出解禁」をしたのだ。**円と金の交換を保証するもので、解禁により円の価値が上がって円高になる。円高は日本の中心となっていた輸出企業にとってはデメリットだが、浜口はあえて円高に誘導することによって、日本の不良企業を淘汰し、合併促進により国際競争力を高めようとしたのだ。ところが浜口は読みが甘かった。

というのも前年アメリカでは株が大暴落していたのだ。浜口は暴落は一時的なものと考えたが、その後世界恐慌へと発展する。**恐慌と円高で、日本の企業は次々倒産。さらに格安の良品が日本に流れ込み、生糸など原材料の値段も暴落。街は失業者であふれた。**これを「昭和恐慌」と呼ぶ。農村では凶作なども加わり、娘の身売りが多発。第二次若槻内閣を経て1931年には犬養《いぬかい》毅《つよし》内閣が誕生し、高橋是清《たかはしこれきよ》大蔵大臣はすぐに金輸出を禁止した。景気は回復するが、傷跡はあまりにも深かった。

図解でわかる！

工業製品、農産物価格の下落

左の図は工業製品と農産物の価格の推移を表したものだ。これを見ると、両方とも1920年以降下落を続けた。とくに1930年には豊作による米価の引き下げが行われた。皮肉なことにその翌年は大凶作で失業者がさらに増大したという。しかしながらこの年は高橋是清が金輸出を再禁止し、円安を容認。それにより急激に輸出が伸び、景気も回復していった。ただし人々の困窮はその後しばらく続いたという。

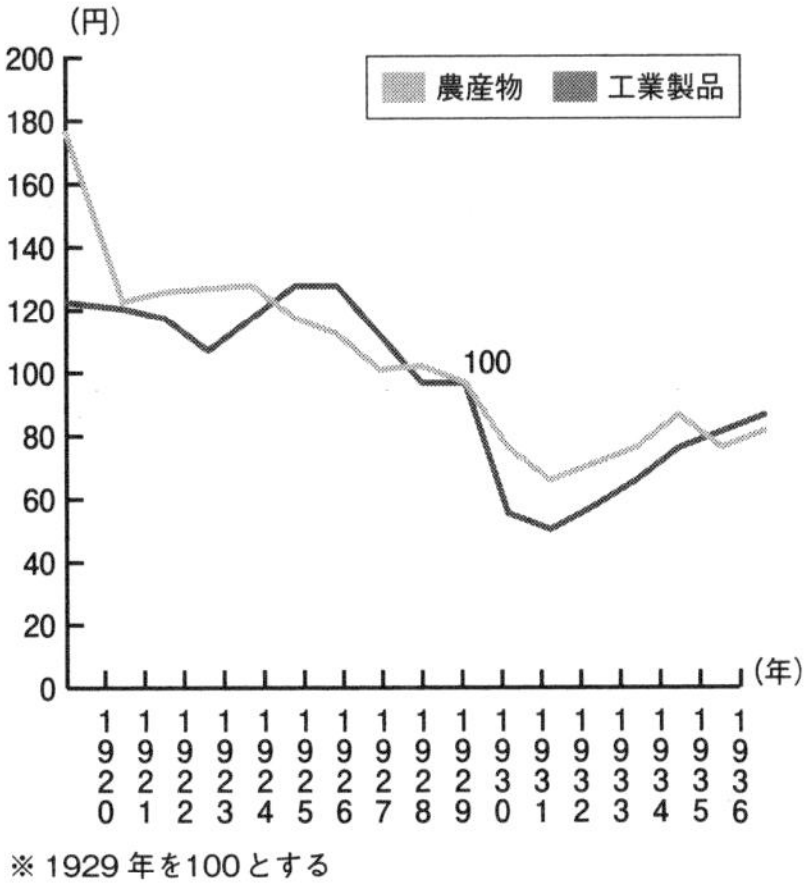

※ 1929 年を100とする

1929年の世界情勢　ウォール街大暴落：NYで起きた壊滅的な株価の大暴落。暴落は1カ月ほど続くが初日の10月24日が木曜だったことから「ブラックサーズデー」とも呼ばれる。

社会主義運動
特高警察に弾圧された労働者運動

関連トピック
- 社会問題
- 政治

※小作人や労働者を中心とした社会主義政党のこと

普通選挙で社会主義勢力が躍進

1920年代は農民や労働組合を中心とした「社会主義勢力」が力を増した時期だった。彼らは1925年に加藤高明《かとうたかあき》内閣が普通選挙法を成立させると、「選挙による社会改革」を目指すようになる。1926年には無産政党（小作人や労働者の意見を代弁する政党）として合法的な労働農民党が組織され、1928年第一回普通総選挙が行われたが、**なんと山本宣治《やまもとせんじ》など無産政党出身の候補者が8人も当選したのだ。一方非合法とされていた日本共産党も選挙時、公然と活動するようになったため、当時の田中義一《たなかぎいち》内閣は治安維持法を適用。**一斉に共産党員検挙と結社の解散・禁止を行った（三・一五事件）。

さらに同年治安維持法が改正され最高刑が死刑・無期懲役となり、社会・共産主義者はさらなる弾圧を受けることになる。

翌年にも大規模な検挙が行われたが（四・一六事件）、その中心となったのが特別高等警察（特高）だった。特高の誕生は1911年だったが、1928年には全国に設置され、思想・政治犯を徹底的に取り締まるようになった。

キーパーソン

山本宣治（1889～1929）
社会運動活動家。第一回普通選挙で労働農民党から出馬し当選。東京の神田で刺殺される。

田中義一（1864～1929）
立憲政友会総裁。社会主義者を弾圧する一方、金融恐慌を処理。張《ちょう》作霖《さくりん》爆殺事件が原因で退陣。

近現代史裏話

小林多喜二は特高の拷問によって殺された

共産党員や社会主義者に対する特高の拷問はすさまじいものだった。1932年には『赤旗』の発行を指導した共産党幹部の岩田義道《いわたよしみち》が、33年には『蟹工船』の著者・小林多喜二《こばやしたきじ》が拷問によって亡くなっている。小林の場合、寒い中裸にされ、数人によりステッキで滅多打ちにされたという。特高の手法は密告とスパイで、これによりに社会主義者や共産主義者を逮捕。さらに拷問で仲間の名前を引き出し、芋ヅル式に検挙するものだった。当時は密告のせいで、本来無関係な人々も大勢逮捕されたという。また1920年以降、次々と生まれた新しい宗教も弾圧の対象になった。

1929年の世界情勢
スターリン独裁体制確立：ソビエト連邦のスターリンが対立するトロツキーを国外追放した。これにより、スターリンの独裁体制が確立する。

図解でスッキリ
3章まとめ

日清・日露戦争の勝利と不平等条約撤廃で、日本は列強諸国の仲間入りを果たした。
国内では自由主義・民主主義的な風潮が広がり、
普通選挙運動や憲政擁護運動などが巻き起こったが、
これらの運動は「大正デモクラシー」と呼ばれた。こうした動きがあった一方で、
関東大震災や恐慌が発生し、社会不安が渦巻くようになった。

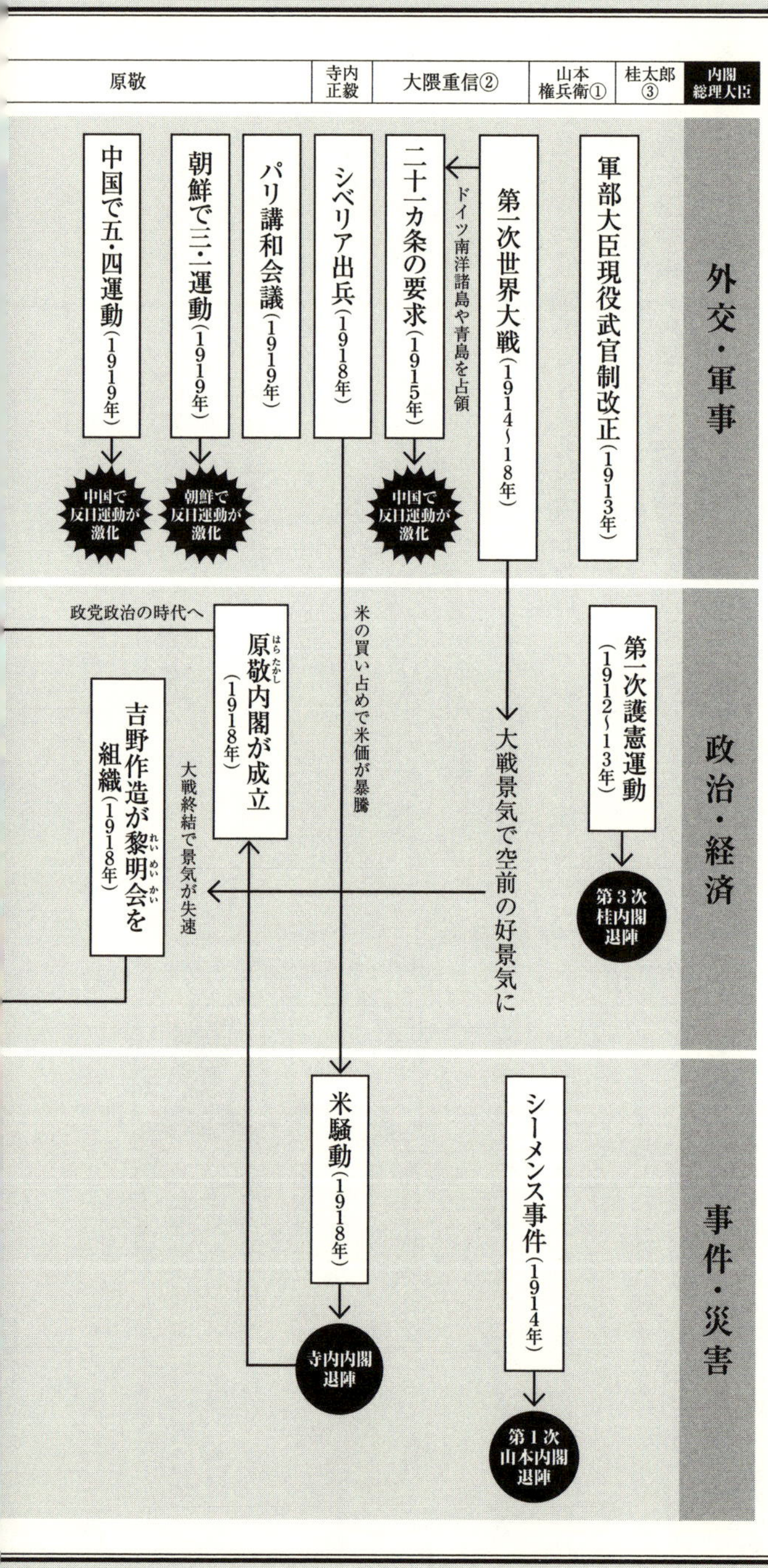

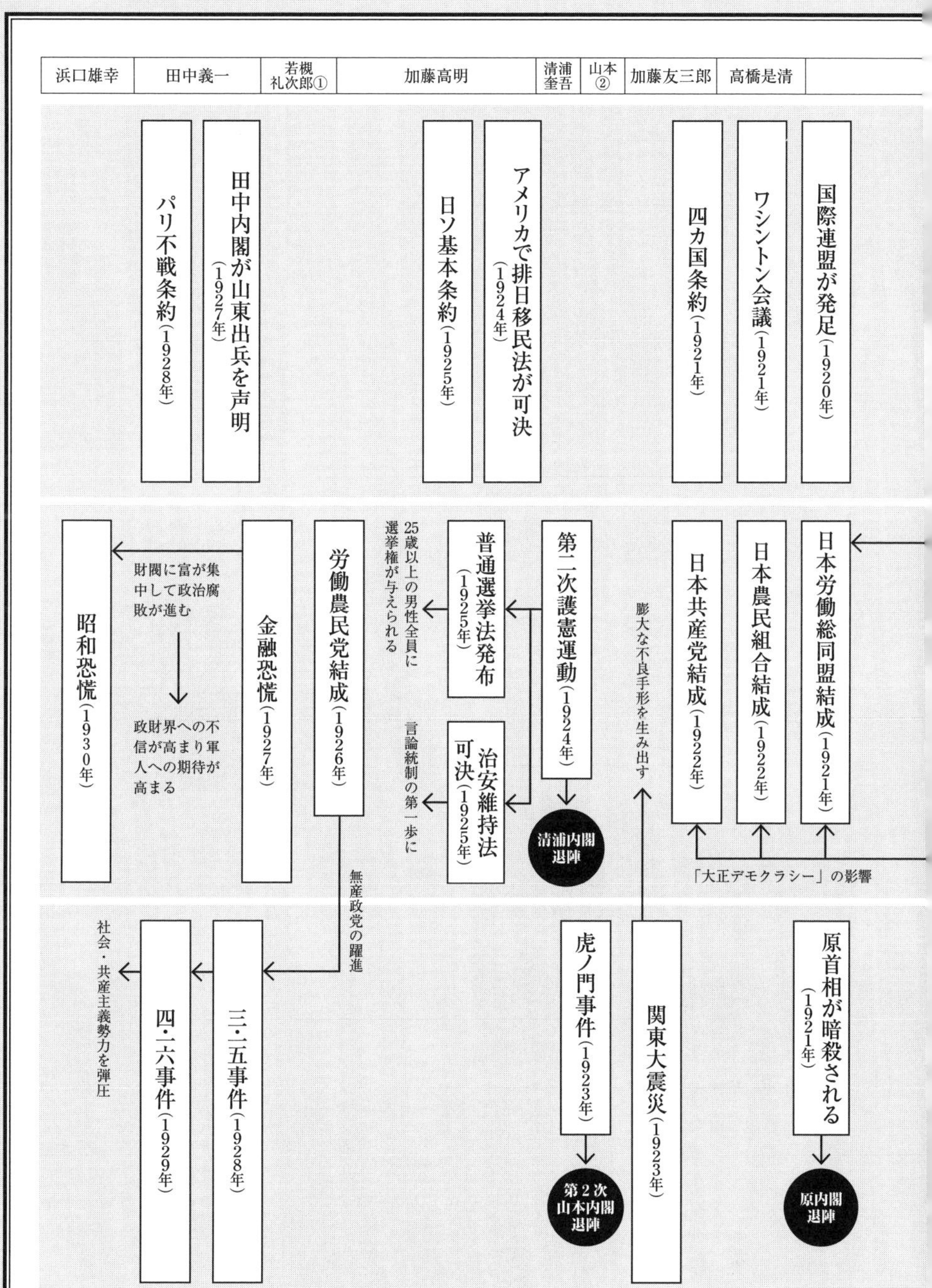
浜口雄幸
田中義一
若槻礼次郎①
加藤高明
清浦奎吾
山本②
加藤友三郎
高橋是清
国際連盟が発足（1920年）
ワシントン会議（1921年）
四カ国条約（1921年）
アメリカで排日移民法が可決（1924年）
日ソ基本条約（1925年）
田中内閣が山東出兵を声明（1927年）
パリ不戦条約（1928年）
日本労働総同盟結成（1921年）
日本農民組合結成（1922年）
日本共産党結成（1922年）
「大正デモクラシー」の影響
膨大な不良手形を生み出す
第二次護憲運動（1924年）
清浦内閣退陣
普通選挙法発布（1925年）
25歳以上の男性全員に選挙権が与えられる
治安維持法可決（1925年）
言論統制の第一歩に
労働農民党結成（1926年）
金融恐慌（1927年）
財閥に富が集中して政治腐敗が進む
政財界への不信が高まり軍人への期待が高まる
昭和恐慌（1930年）
原首相が暗殺される（1921年）
原内閣退陣
関東大震災（1923年）
虎ノ門事件（1923年）
第2次山本内閣退陣
無産政党の躍進
三・一五事件（1928年）
四・一六事件（1929年）
社会・共産主義勢力を弾圧

史料でもっとわかる

大正時代

「大正デモクラシー」と呼ばれる
民主主義的風潮が巻き起こる一方で
関東大震災や米騒動といった
社会を不安に陥れる出来事も相次いだ。

大正政変

登壇した尾崎行雄議員が桂太郎首相を指差し、弾劾する様子が描かれている。尾崎や犬養毅らが「閥族打破・憲政擁護」を掲げて護憲運動を展開し、第3次桂内閣は総辞職に追い込まれた。

米騒動

富山県で起きた主婦たちの騒動を発端に全国へと拡大。当初は抗議活動のような様相だったが、次第に米屋や商店を襲う暴動に発展した。写真は米騒動で焼き払われた神戸の鈴木商店本社。

第一次世界大戦

サライェヴォ事件を機に開戦し、ヨーロッパ諸国や日本、アメリカも巻き込む大戦に発展した。写真はフランスのソンム地方で繰り広げられた塹壕《ざんごう》戦の様子。

シベリア出兵

シベリア出兵を伝える画報(『救露討独遠征軍画報』)。ロシア革命に対する干渉戦争のひとつで、日本は7万3000人余りの兵をシベリア東部へ送り込んだ。

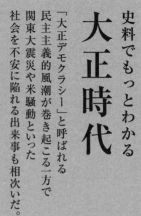

関東大震災

関東地方でマグニチュード 7.9 の大地震が発生し、死者・行方不明者は 10 万人以上に達した。昼食の時間帯と重なったことから各地で火災が発生し、被害を拡大させた。

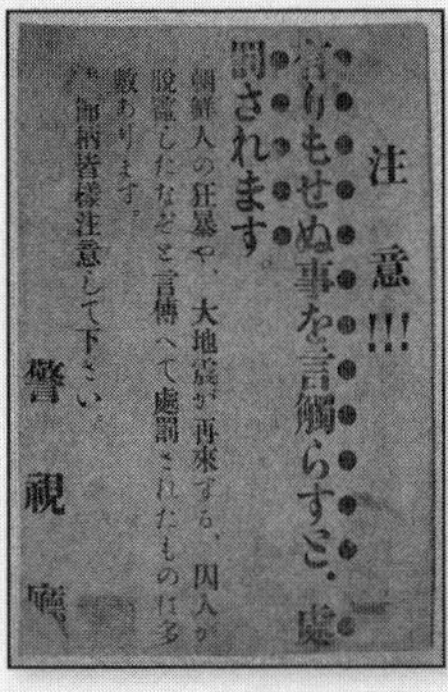

注意!!!

有りもせぬ事を言觸らすと處罰されます。

朝鮮人の狂暴や、大地震が再來する、囚人が脱獄したなぞと言傳へて處罰されたものは多數あります。

時節柄皆様注意して下さい。

警視廳

デマを流す者に対して警告する警視庁のビラ。震災後、朝鮮人が井戸に毒を投げたというデマが流布し、大勢の朝鮮人が殺傷される被害が発生した。

原敬首相の暗殺現場

1921 年 11 月 4 日、原敬首相が東京駅乗車口で暗殺された。原は右胸を短刀で突き刺され、ほぼ即死だった。現在も、東京駅の殺害現場には事件の概要を記したプレートや印がある。

宝塚歌劇団

大正時代にはさまざまな大衆文化が花開いたが、関西では宝塚歌劇団が誕生した。「老若男女誰もが楽しめる国民劇」を目指し、現在に至っている。

第4章
軍部の台頭・戦争の時代へ

1931年　柳条湖事件。満州事変が起こる

1932年　関東軍が主要地域を占領。上海事変が起こる
血盟団事件、五・一五事件が発生
リットン調査団が満州に派遣される

軍部が暴走し　その結果大戦に突入

昭和に入り、政党政治に代わって国民の支持を得た軍部は、経済的にどん底にあった日本の活路を満州進出に求めた。

満州の権益を守るために設置された関東軍は、1931年か

1933年　日本が国際連盟からの脱退を通告

1936年　二・二六事件が起きる
日独防共協定〈翌年には日独伊〉が結ばれる

1937年　盧溝橋事件をきっかけに日中戦争が始まる

1938年　内閣が国家総動員法を公布。戦時体制に入る

1939年　第二次世界大戦勃発

1940年　七・七禁令や切符制などが敷かれる
日独伊三国同盟調印

1941年　日本海軍が真珠湾を攻撃。太平洋戦争が勃発

1942年　日本がミッドウェー海戦で大敗を喫す

1943年　イタリアが無条件降伏

1945年　ドイツが無条件降伏
広島と長崎に原爆が投下される
日本が連合軍のポツダム宣言を受諾

ら大規模な軍事行動を行い（満州事変）諸都市を制圧していった。満州全土制圧のため、関東軍は若槻内閣の意向を無視して暴走を始める。

　国内では青年将校や右翼によるテロが続発。犬養毅首相など軍部に批判的な政治家や経済人が殺害される事件が起きた。

　1937年には盧溝橋事件を発端に日中戦争が勃発。泥沼の長期戦となった。その頃ドイツとイタリアが枢軸を形成。満州事変などで世界中から非難を浴びた日本は2国に歩み寄り、日独伊三国防共協定を結成する。

　1939年に第二次世界大戦が始まり、ドイツが戦勝していくと、日本は大国アメリカを顧みず南方へ進出し、大東亜共栄圏の建設を図った。結果、太平洋戦争が勃発。序盤は優勢だったが、やがて劣勢となり最終的には原爆投下などにより、無条件降伏することになる。

満州事変
軍部の謀略で樹立された満州国

関連トピック

- 政治
- 東アジア外交

日本の軟弱外交に非難が続出した

満州事変をひと言で表すなら「関東軍の暴走」ということになる。１９２４年に加藤高明《かとうたかあき》内閣が成立してからしばらく政党政治が続いていたが、立て続けに起こる恐慌により、人々の生活は非常に苦しい状況に陥っていた。ところが政府はこれに対し無策であり、党員による汚職も後を絶たなかった。

一方中国外交でも、ワシントン会議の結果、日本の山東《さんとう》半島における利権の返還が行われ、さらに政府は中国の関税自主権を認めた。**こうした動きに対し日本国内では軟弱外交という非難が起こり、軍部を支持する声がいっそう高くなっていった。**

その頃中国では蒋介石《しょうかいせき》が中国共産党と手を結び、国民革命軍を結成。１９２６年から北伐《ほくばつ》を開始する。当時中国政府は形骸化しており、各地に生まれた軍閥が地方の政権を握っていた。北伐はこれらの軍閥を制圧・統合し、一気に統一国家を作ろうという動きだった。この動向に危機感を覚えた田中義一《たなかぎいち》内閣は満州を支配している張作霖《ちょうさくりん》を支援して、蒋介石の動きを押さえようとした。

キーパーソン

張学良《ちょうがくりょう》（１９０１〜２００１）
中華民国の政治家、軍人。張作霖の長男で、父の死後国民政府に合流。西安事件では蒋介石を監禁。

石原莞爾《いしはらかんじ》（１８８９〜１９４９）
陸軍軍人。関東軍参謀として活躍。板垣征四郎とともに満州事変を計画し、満州国樹立を実現する。

年表でわかる！

満州事変前後の動き

１９２４年の国共合作から１９３２年のリットン調査団派遣までの満州国での日本、中国双方の動きを年表で表してみた。

1924	中国の国民党と共産党が連合（第１次国共合作）
1926	蒋介石北伐開始
1927	蒋介石南京占領。国共合作放棄 国民政府樹立 日本は、山東出兵を開始
1928	張作霖爆殺事件 張学良が蒋介石に服属。 中国統一完成
1929	田中義一内閣、天皇の不興を買い総辞職
1931	柳条湖事件 満州事変勃発 犬養毅内閣成立
1932	関東軍満州全域を占領 リットン調査団派遣

1931年の世界情勢　ジュネーブ軍縮会議：1932〜1934年。国際連盟主催の軍備縮小会議。61カ国が参加したが1933年に日独の国際連盟脱退などを受け、成果はなかった。

政府を激怒させた関東軍の暴走

1928年、関東軍は政府の意向とは逆に張作霖を爆殺。**関東軍参謀の河本大作《こうもとだいさく》を中心とするグループが、中国国民政府側の仕業にみせかけ、満州の軍事占領のための大義名分にしようとしたとされている。**この企みは作霖の息子、張学良《ちょうがくりょう》に見抜かれ、学良は蔣介石側につき、国民政府の中国統一が達成される。この**関東軍の暴走に田中首相は激怒。**首謀者の厳罰を天皇に約束するが、国民からの批判を恐れた軍部と与党の反対に遭い断念。しかし天皇の不興を買い、田中首相は総辞職する。

それから3年後、関東軍は再度暴走。**今度は日本所有の満州鉄道を爆破（柳条湖《りゅうじょうこ》事件）、これを中国軍の仕業とし大規模な軍事行動を開始した。**中国政府は関東軍の違法行動を国際連盟に訴えた。リットン調査団が派遣され、日本政府も事態収拾のために満州を中国との共同管理下に置く方針を打ち出した。

関東軍は1932年2月に満洲東三省をほぼ占領したが、調査団や政府の動きに焦りを覚え、清朝の皇帝・溥儀《ふぎ》を擁して満州国を強引に建国。しかし日本政府は承認しなかった。

近現代史裏話

満州への移民はどんな人たちだったのか？

満州に移住した人々は主に不況で貧困にあえぐ農村部の人たちだった。本格的な移民は1936年、「百万戸移民計画」としてスタートするが、最初は武装移民が送り込まれた。第3次開拓団のときになってようやく開拓農民入植が実現。1936年には東北地方や長野県の自作地を持たない農家の二男三男が、分家ならぬ分村という形で送り込まれた。このとき関東軍が中国農民から収奪した土地は1000万ヘクタールに及ぶといわれている。土地を奪われた農民の中には武装して反日運動を行う者も多く、関東軍に対し徹底的に抗戦した。

風俗と習慣

庶民の娯楽・ラジオ放送が開始された

日本初のラジオ放送は1925年。東京、名古屋、大阪で始まった。1928年には大相撲の中継やラジオ体操も開始され、庶民にとってラジオはなくてはならないものになった。その後、音楽番組などさまざまな娯楽番組が提供されるようになった。

MAPでわかる!

関東軍侵攻図

関東軍の満州事変における進路を示したのが下の図だ。
満州とは奉天、吉林、黒龍江の３省。これに熱河、興安を加えた５省が満州国。
関東軍の侵攻は、モンゴルやソ連国境にまで及んだ。

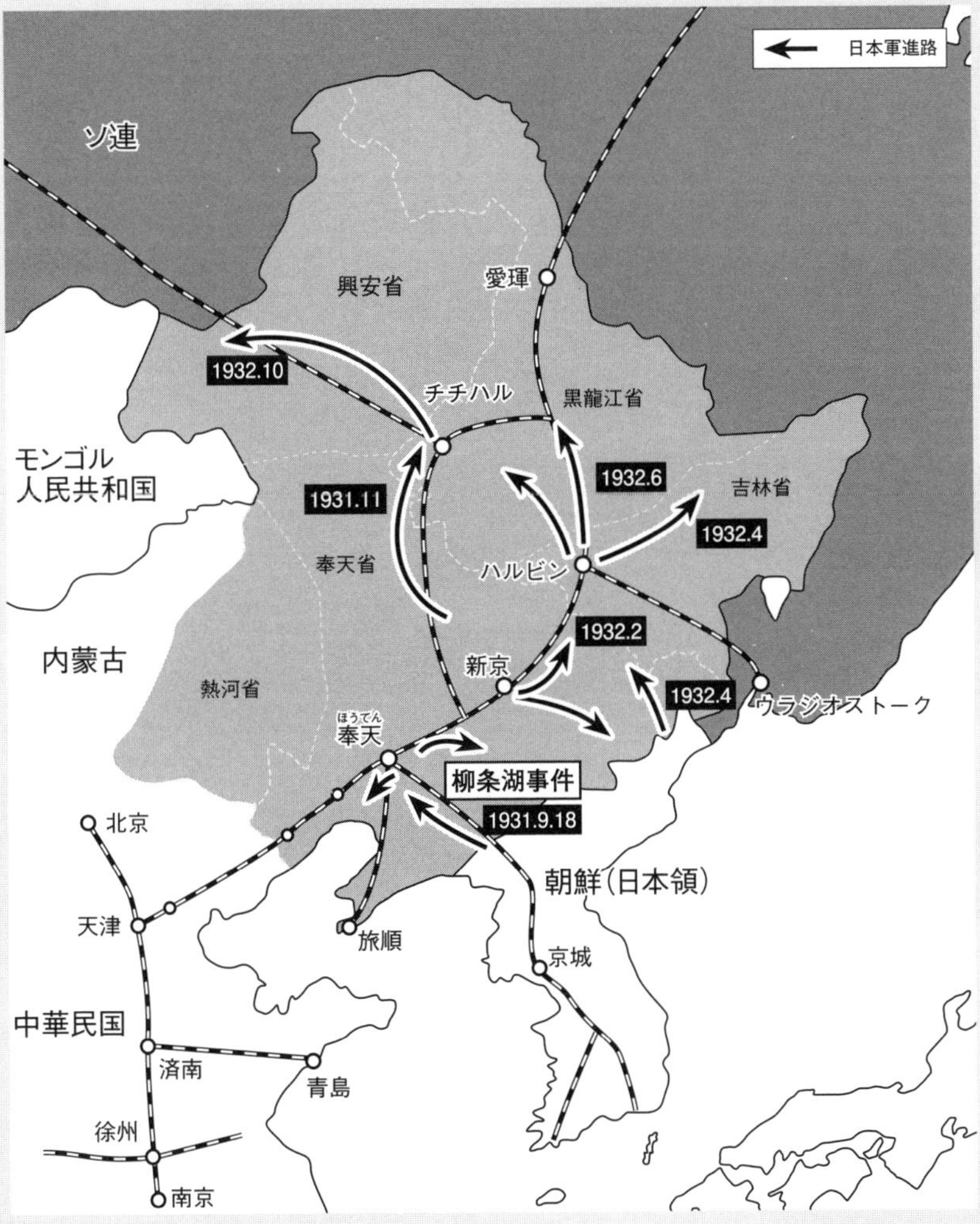

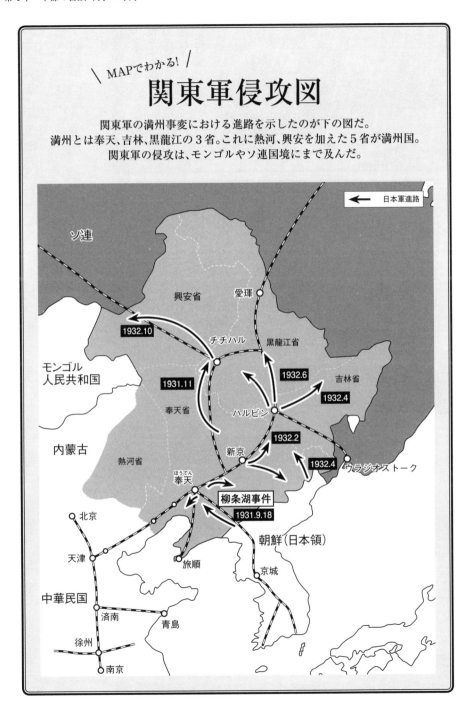

1933

Historical Events 27

国際連盟脱退 世界からの孤立を選択した日本

国際連盟は1920年に世界平和維持と国際協力を目的として設立された国際機関である
満州事変においてリットン調査団の報告は満州での日本の権益にも一定の理解を示したが満州国を不承認とした
1932年2月に開かれた連盟特別総会において日本だけが反対の42対1（棄権1）で報告書は採択
日本の主張が認められないならば国際連盟脱退はやむをえない
日本は常任理事国であったがこれを不服とし連盟を脱退各国の反発を買い次第に孤立していく
全権大使　松岡洋右

関連トピック

- 東アジア外交
- 世界情勢

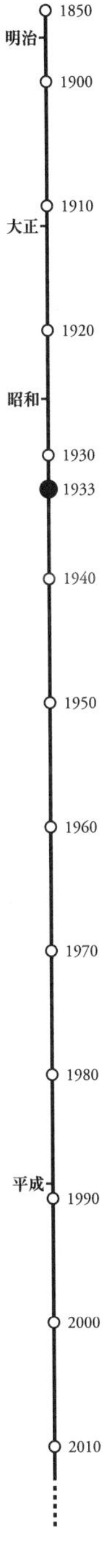

リットン調査団の報告が連盟脱退の原因に

1932年、関東軍は溥儀《ふぎ》を擁して満州国を建国したが（↓P134）、当時の犬養毅《いぬかいつよし》首相はこれを決して承認せず、平和的解決を模索していた。犬養は中国側に満州領有権を認め、実質は経済的にこれを支配しようと考えていた。犬養は中国国民党と外交交渉で解決しようとしたが、内閣書記官長の森《もり》恪《かく》ら対中強硬論者の妨害に遭い挫折。さらに軍部の恨みを買い暗殺されてしまう（↓P140）。次に成立した斎藤実《さいとうまこと》内閣は、あっけなく日満議定書を交わして満州国を承認してしまった。

一方、満州国に派遣されたリットン調査団は、その政治状況を3か月にわたり詳細に調査し、9月に国際連盟に報告書を提出した。**国際連盟はこの報告書に基づき、日本に対し臨時総会で関東軍の軍事行動否認を可決、軍隊の撤収を求めた。**このとき議場にいた松岡洋右《まつおかようすけ》ら全権団は退席し、内閣にこの決定を報告。**日本政府は、正式に国際連盟脱退を連盟に通告し、国際的孤立への道を選択した（1935年発効）**。

キーパーソン

斎藤実（1858〜1936）
軍人、政治家。海軍大臣に就任し、朝鮮総督を2期務める。その後第30代内閣総理大臣に就任。

松岡洋右（1880〜1946）
外交官、後に外務大臣。日本の国際連盟脱退、日独伊三国同盟、日ソ中立条約締結などに携わる。

リットン（1876〜1947）
イギリスの政治家でインドの総督。満州事変の調査のため派遣されたリットン調査団の団長。

近現代史裏話

リットン調査団は日本に好意的だった？

リットン調査団の報告書には、関東軍の行動を自衛行為とは認めないこと、さらに満州国を国家として認めないことが記されていた。そのため日本に対して非常に否定的な報告書だと考えられているが、じつは日本に対する一定の配慮もなされている。日中条約締結を目標とする会議を設置することを提案しており、この条約は日本の経済的権益を保護するためのものだったのだ。

1933年の世界情勢
ルーズベルト大統領就任：1932年に行われたアメリカ合衆国の大統領選挙で民主党フランクリン・ルーズベルトが現職フーバーを破り当選。大統領に就任する。

政党政治の崩壊
政治家、財界人が次々殺害された

関連トピック

- 社会問題
- 政治

軍部はクーデターによる政変を画策

度重なる恐慌や汚職事件で政党内閣は1920年代後半には国民の信頼を失いつつあった。また1928年に欧米諸国と批准した不戦条約や、1930年に調印されたロンドン海軍軍縮条約は、陸海軍の将校や右翼から強烈な批判を浴びた。とくに浜口内閣が海軍軍令部長の反対を押し切り軍縮条約を結んだのは「統帥権を犯すものだ」と軍部は反発した。

1931年3月、陸軍青年将校の秘密結社・桜会がクーデターを画策。しかしこれは未遂に終わる（三月事件）。続く10月、同じ桜会が今度は満州事変を起こした関東軍に呼応して政党内閣を倒そうと計画したが、再び未遂に終わった（十月事件）。さらに翌年2、3月には前蔵相・井上準之助や三井合名会社理事長が右翼の血盟団員に暗殺され（血盟団事件）、5月には犬養毅《いぬかいつよし》首相が海軍将校一団に射殺された（五・一五事件）。**こうしたテロにより、ますます軍部は政治的影響を強化させた。次の首相には海軍大将・斎藤実《さいとうまこと》が就任。約8年続いた政党政治は終わりを告げた。**

キーパーソン

橋本欣五郎《はしもときんごろう》（1890～1957）
陸軍軍人、政治家。桜会を組織し何度かクーデターを試みるも失敗。東京裁判で訴追された。

井上日召《いのうえにっしょう》（1886～1967）
日蓮宗僧侶。戦前の血盟団や戦後の護国団の指導者。血盟団では多くの要人を標的にしていた。

犬養毅（1855～1932）
立憲政友会総裁、第29代内閣総理大臣。首相官邸にいたところを海軍将校らに射殺される。

近現代史裏話

血盟団は20名以上の殺害を計画していた

茨城県の大洗町を拠点に政治活動を行っていた井上日召は血盟団を組織。井上は政界、財閥の重要人物二十数人をリストアップし、メンバーに「一人一殺」を指示した。その後テロを実行したが、民政党の井上準之助《いのうえじゅんのすけ》と三井財閥の総帥である団琢磨《だんたくま》の殺害で実行犯が逮捕され、血盟団の組織的犯行ということが警察にわかってしまったため自ら出頭。関係者14人が一斉に逮捕され、計画は頓挫してしまった。

1932年の世界情勢　**ソ連・ポーランド不可侵条約締結：**ソ連とポーランド間で結ばれた軍事侵攻放棄の条約。1939年ソ連とナチス・ドイツのポーランド侵攻で一方的に破られる。

クーデターとテロの勃発

軍部による大規模クーデターの勃発

1936年2月26日
天皇親政実現を目指す皇道派青年将校たちが反乱を起こし永田町一帯を占拠
翌27日には戒厳令が発令29日になり鎮圧された
この事件で高橋是清蔵相斎藤実内大臣が殺害される
岡田啓介首相は難を逃れた
高橋是清（蔵相）
斎藤実（内大臣）
岡田啓介（首相）
二・二六事件
この事件を企てた皇道派が粛清されたことにより以後、統制派を中心とする軍部の発言権が強まる
統制派の軍人
東条英機、池田純久など

関連トピック

- 社会問題
- 政治

1400名の軍人が国会を襲った

国際連盟脱退後、国内ではさらに軍部や右翼が力を増した。軍部は天皇親政実現を目指す荒木貞夫《あらきさだお》ら皇道派《こうどう》と、財界等を巻き込み、合法的に高度な国防国家を目指す東条英機《とうじょうひでき》ら統制派の2つの派に分かれ激しく対立。1935年には皇道派が統制派の永田鉄山《ながたてつざん》を殺害する（相沢事件）。翌年2月26日には青年将校が1400名の兵を率い大規模なクーデターを起こした。**彼らは国会や首相官邸、警察庁などを襲撃し、斎藤実《さいとうまこと》内大臣、高橋是清《たかはしこれきよ》蔵相を殺害（二・二六事件）**。天皇はこれに激怒し討伐命令を下し、クーデターは数日で鎮圧される。反乱を起こした青年将校と北一輝《きたいっき》らは裁判の末、死罪を言い渡された。

この反乱の失敗により皇道派は壊滅状態になり、代わって勢力を増した統制派が軍部を掌握、政治にも介入するようになった。とくに1936年の広田弘毅《ひろたこうき》内閣成立時には、統制派は軍部大臣現役武官制を復活させることに成功した。これにより陸・海軍大臣は現役の軍人しかなることができず、**内閣の維持には軍部の協力が必要不可欠な状態になった。**

キーパーソン

荒木貞夫（1877〜1966）
陸軍軍人。皇道派の中心人物。犬養、斎藤内閣では陸相、近衛内閣、平沼内閣で文相を務める。

永田鉄山（1884〜1935）
陸軍軍人で統制派の中心人物。参謀本部第二部長、歩兵第1旅団長などを歴任。皇道派との抗争で殺害される。

広田弘毅（1878〜1948）
外務大臣、第32代内閣総理大臣、貴族院議員などを歴任。極東軍事裁判で有罪判決を受け死刑となる。

近現代史裏話

天皇機関説も軍部の攻撃を浴びた

「国の統治権は法人たる国家にあり、天皇は国家の最高機関としてこの統治権を行使するもの」とする天皇機関説。憲法学者美濃部達吉《みのべたつきち》らが主張し、約30年にわたり憲法学の通説とされてきた。一方「国家の主権と統治権は天皇個人にあり、その権力行使に制限はない」とするのが天皇主権説で、軍部が台頭すると、その説が主流に。天皇機関説は激しい攻撃を受け、貴族院議員であった美濃部は辞職に追い込まれた。

1935年の世界情勢
ニュルンベルク法：ナチス・ドイツがヴェルサイユ条約を破棄、再軍備宣言を行い国際連盟を脱退。さらにユダヤ人から公民権を奪うニュルンベルク法を制定。

恐慌解消
日本を恐慌から救った軍需景気

1929年
ニューヨークウォール街で株価暴落
世界恐慌が始まりイギリスや
フランスはブロック経済を行う
アメリカの大統領
フランクリン・ルーズベルトは
ニューディール政策を行い
世界恐慌からの回復をはかった
ルーズベルト大統領
1930年代
軍事費の拡大や
輸出の振興なども手伝って
日本は恐慌から脱し始めた
軍需などによって
重化学工業は発達
日産、日窒、森、日曹、理研などの
新興財閥が台頭する
ようやく景気も
良くなってきたな
サイレンが鳴った
休憩は終わりだ
このまま平和で
あってくれると
いいんだが…

関連トピック

- 経済
- 世界情勢

植民地政策が好景気を後押しした

1930年に浜口《はまぐち》雄幸《おさち》内閣が金輸出解禁を行ったため日本は大不況に陥ったが（↓P122）、翌年成立の犬養《いぬかい》毅《つよし》内閣はただちに金輸出再禁止を行った。これにより為替相場は一気に円高から円安へと移行。日本の輸出産業にとって非常に有利な状況になり、輸出量は飛躍的に伸びていった。とくに綿織物は世界第1位になるほどの勢いだった。じつは**この経済復興を後押ししたのは、満州国など植民地の存在が大きかった。日本は関税などの貿易障壁を受けることなく、自国の植民地に向けてどんどん物を移出することができたのだ。**おかげで経済は1933年の段階で恐慌以前のレベルに戻ることができた。

また1930年代前半に軍部の発言力が強まり、軍事需要が拡大したのも経済復興の一因だ。1936年には日本はワシントン・ロンドン海軍軍縮会議を脱退したことで、軍事費を縛る足枷がなくなり、重化学工業の生産量は大きく躍進。1937年には金属・機械・化学工業の生産合計額は工業生産額の半分を突破するまでに至り、日本経済は以前の勢いを取り戻した。

図でわかる！

工業生産額の推移

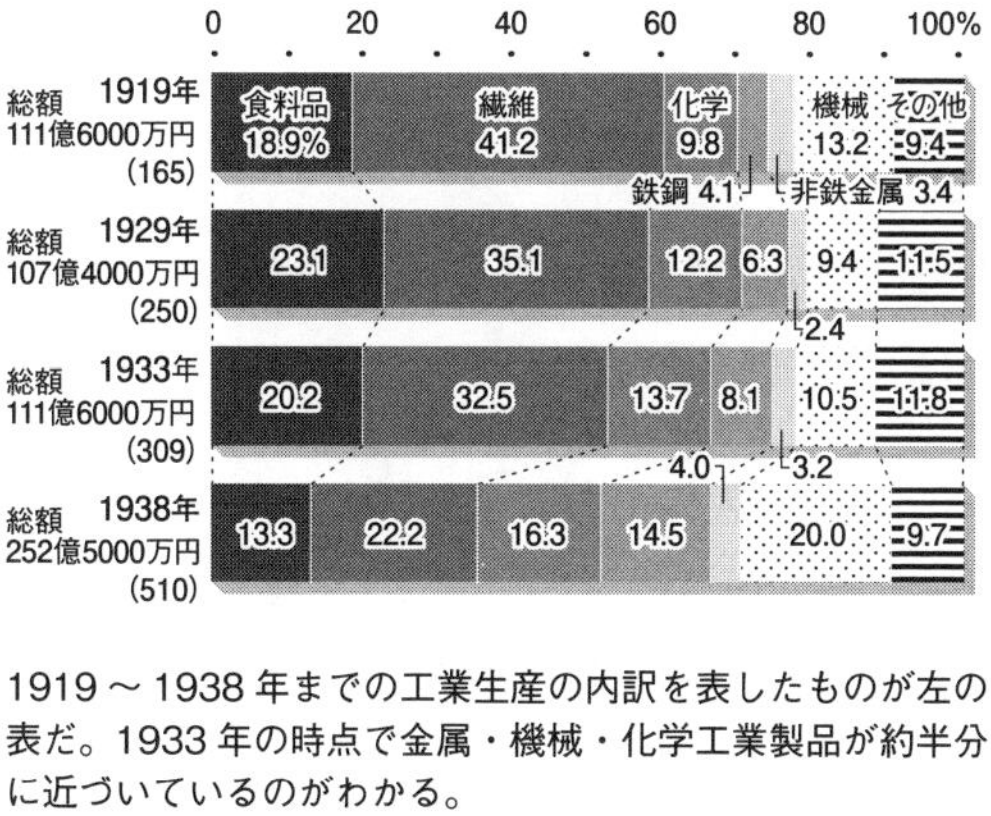
0
20
40
60
80
100%
総額 1919年 111億6000万円 (165)
食料品 18.9%
繊維 41.2
化学 9.8
機械 13.2
その他 9.4
鉄鋼 4.1
非鉄金属 3.4
総額 1929年 107億4000万円 (250)
23.1
35.1
12.2
6.3
9.4
11.5
2.4
総額 1933年 111億6000万円 (309)
20.2
32.5
13.7
8.1
10.5
11.8
4.0
3.2
総額 1938年 252億5000万円 (510)
13.3
22.2
16.3
14.5
20.0
9.7

1919～1938年までの工業生産の内訳を表したものが左の表だ。1933年の時点で金属・機械・化学工業製品が約半分に近づいているのがわかる。

出典：『長期経済統計10　鉱工業』より

キーパーソン

鮎川義介《あゆかわよしすけ》（1880～1967）
日本の30年代好景気で成立した新財閥・日産コンツェルンの創始者。貴族院議員、石油会社社長などを歴任。

野口遵《のぐちしたがう》（1873～1944）
実業家。日本窒素肥料（現・チッソ）を中心とした新財閥・日窒コンツェルンの創始者。

1938年の世界情勢
水晶の夜：水晶の夜とは11月にドイツ各地で発生した反ユダヤ主義暴動のこと。ユダヤ人居住区が次々と襲撃された。主導者はナチスのメンバーだった。

日中戦争 果てない領土欲による戦争の泥沼化

1937年7月7日
盧溝橋《ろこうきょう》事件が起こり
これをきっかけに
日本は中国との
全面戦争へと突入する
盧溝橋にて
ついに中国と戦争だってね
一体この先どうなってしまうのかしら
中国では
中国国民党と中国共産党が
協力関係を結び
抗日民族統一戦線が
結成される（第二次国共合作）
中国共産党
毛沢東《もうたくとう》
国民党代表
蒋介石《しょうかいせき》
1936年
日本とドイツは
防共協定を結び
1937年には
イタリアが加わる
（日独伊三国防共協定）

関連トピック

東アジア外交
世界情勢

1850 明治 1900 1910 大正 1920 昭和 1930 1940 1950 1960 1970 1980 平成 1990 2000 2010

満州国だけでは満足しなかった関東軍

満州での日本の暴挙を国際連盟に訴えた中国国民政府だが、国連離脱で勢いづく関東軍を抑えるすべがなく、共産党勢力との内戦で余裕がなかったため満州国を黙認せざるを得なくなった。一方**関東軍は満州国だけでは満足せず、さらなる勢力拡大を目指して華北《かほく》進出を画策した**。当時山東《さんとう》や山西《さんせい》など5つの省からなる華北は中国国民政府の支配下にあったが、日本はこれを強引に中立地帯とし、傀儡《かいらい》政権を樹立し勢力を伸ばしていったのだ。**この作戦は華北分離工作と呼ばれている。**

中国の世論は一気に抗日に傾いた。国民政府内でも内戦を停止して日本と戦うべきだという声が大きくなり、1936年、それに呼応する形で張学良《ちょうがくりょう》が蒋介石《しょうかいせき》を軟禁して共産党との内戦停止を迫った（西安《せいあん》事件）。蒋介石は最終的に説得に応じ、抗日民族統一戦線が結成される。

そして1937年7月、中国軍と関東軍がついに北京郊外の盧溝橋《ろこうきょう》で衝突する（盧溝橋事件）。その後一度は停戦協定が結ばれたが、日本側はこれを途中で破棄し、戦線を拡大していった。

キーパーソン

蒋介石（1887～1975）
孫文亡き後中国国民党指導者となる。第二次大戦後、共産党との内戦に踏み切るが、敗れて台湾に撤退。

汪兆銘《おうちょうめい》（1883～1944）
中国の政治家。親日派として知られる。日中戦争開始時、強硬派の蒋介石と決別。和平グループを指導。

近衛文麿（1891～1945）
第34・38・39代内閣総理大臣。日中戦争では最初不拡大の姿勢だったが軍部の圧力に屈し方向転換。

年表でわかる!

日中戦争の経緯

満州国建国以降、日本は植民地拡大のために華北へ侵攻した。その結果日中戦争が起きたわけだが、その前後の動きを年表で見てみよう。

1935
関東軍による華北分離工作

1936
西安事件

1937
近衛文麿内閣成立
盧溝橋事件→日中戦争
第二次上海事変
第二次国共合作
南京事件

1938
近衛内閣、国民政府との交渉を打ち切る

1940
汪を首班とする新国民政府を南京に樹立

1937年の世界情勢　**イタリア国際連盟脱退**：イタリアのエチオピア侵攻に対し各国が経済制裁を開始したため日本、ドイツに続きイタリアも国際連盟を脱退した。

略奪や暴行を繰り返した日本軍

盧溝橋事件以降、日本は次々に大軍を投入し、1937年11月に上海、12月には国民政府が首都とする南京を占領。**この際日本軍は略奪や暴行を繰り返し、多数の民間人や捕虜を殺害したといわれている（南京《なんきん》事件）**。

一方国民政府は重慶《じゅうけい》へ退いたが、徹底抗戦の構えを崩さなかった。日本側は当初、戦争の長期化を嫌い、駐華ドイツ大使トラウトマンを仲介として和平工作を行い、中国側もこれに応じる姿勢を見せた。しかし南京を占領できたこともあり、近衛《このえ》文麿《ふみまろ》内閣が最終的に戦争の継続を選択したため、戦争は泥沼化していった。

1940年には、日本は蔣介石に次ぐ国民政府NO.2の汪《おう》兆銘《ちょうめい》を密かに懐柔して重慶から引き抜き、汪を首班とする新国民政府を南京に打ち立てた。対して蔣介石はアメリカ、イギリスなど、援蔣《えんしょう》ルートを通じて列強の支援を受け勢力を維持した。そのため日中戦争は1945年に、日本が太平洋戦争に敗れるまで続いたのである。

近現代史裏話

南京事件をめぐる議論

南京事件には、事件の全容についてさまざまな説があり、今日においても議論がある。とくに犠牲者数は、数千人という説から、約30万人（中国政府の公式見解）という説まであって、定かではないが、研究者の間では30万人は誇大な数字と考えられている。

犠牲者数に諸説がある背景には、「虐殺」（不法殺害）の定義、対象とする地域・期間などに対するとらえ方の違いがあるとされている。

なお、日本政府は「非戦闘員の殺害や略奪行為等があったことは否定できない」「（犠牲者数について）政府としてどれが正しい数かを認定することは困難」としている。

風俗と習慣

1937年の日本の状況は？

当時の日本国内は、好景気に沸き、松竹や東宝映画設立、国際劇場開場、後楽園球場開場などさまざまな娯楽施設が次々と誕生。多くの人々を楽しませていた。

＼ MAPでわかる！ ／

日中戦争の侵攻図

下図は日中戦争における日本軍の進路図。
日中双方とも、戦争状態にある国への武器輸出禁止を決めた
アメリカの中立法を避けるため正式な宣戦布告は行わなかった。

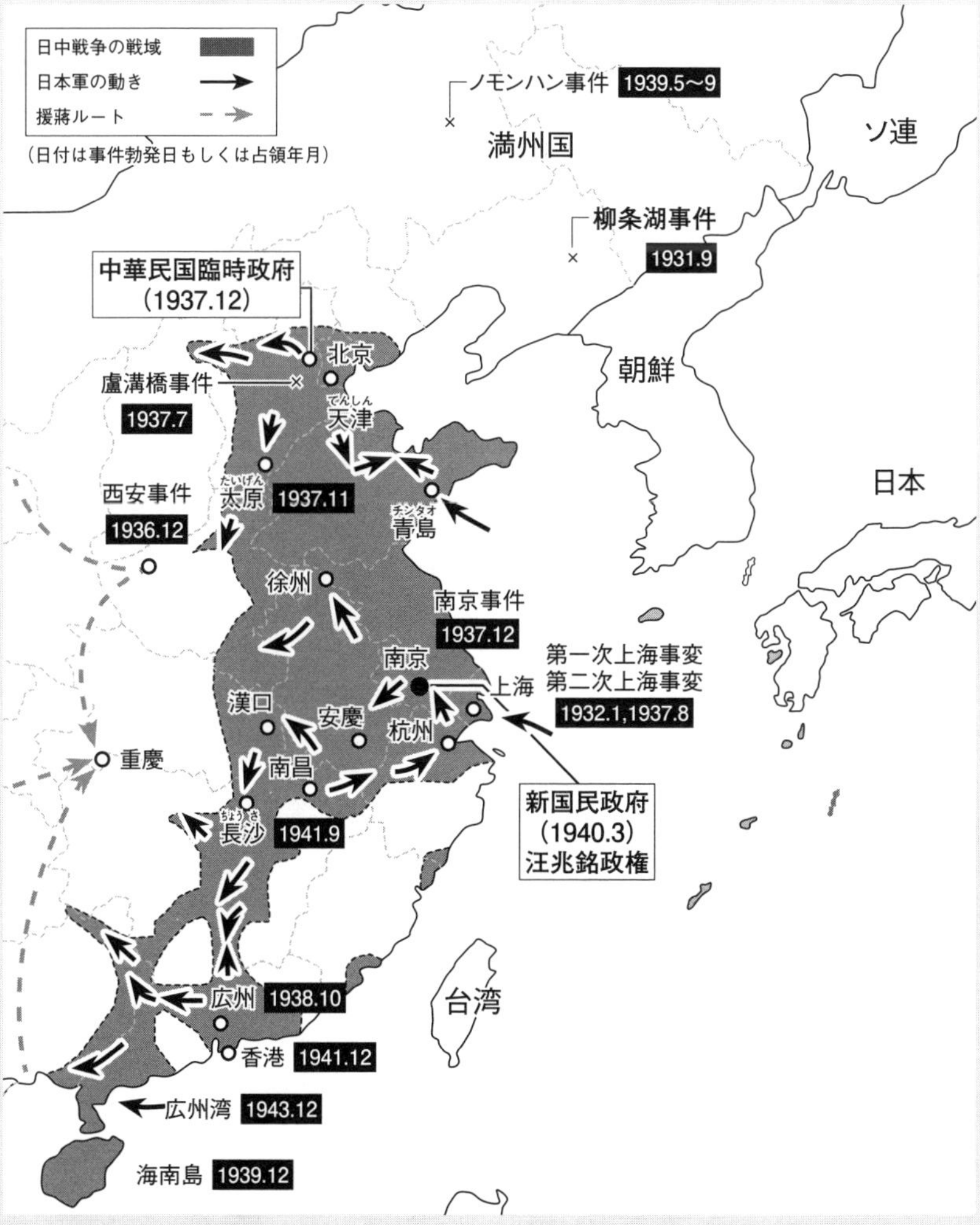

1938~1945
Historical Events 32

新体制運動
ナチスをまねて作られた大政翼賛会

関連トピック

政治

新体制運動は政党を解散させた

日中戦争がはじまると、政府は国民を戦争に巻き込んでいった。その一つが1938年に制定された国家総動員法だ。政府が戦争に必要な人や物資を、議会の承認なく集めたり動かしたりできるという法律。翌年には国家総動員法に基づき、国民を強制的に軍需産業で働かせられる国民徴用令が発布された。軍需品が優先して生産されたり、不要不急の日用品の生産・輸入に制限がかけられるなど、政府の経済統制も厳しくなっていく。

1940年**6月には近衛《このえ》文麿《ふみまろ》が新体制運動を開始する。この運動は、ドイツのナチスのような政党の創設をめざし、一党を中心とした政治を行おうとする運動だ。立憲政友会などの既成政党もこの流れに乗るため解散し、運動に参加した。**近衛に期待した軍部は、当時の米内《よない》光政《みつまさ》内閣を退陣に追い込み、1940年7月、近衛内閣（第二次）が組閣した。

同年10月には大政翼賛会が発足。総裁は内閣総理大臣である近衛文麿が務め、道府県や郡、市町村には支部を持った。ただ、目指していたような強力な一党独裁の組織にはならなかった。

キーパーソン

近衛文麿（1891～1945）
大政翼賛会の創設者。戦後A級戦犯として裁かれることが決まったが、直後に自殺。

米内光政（1880～1948）
第37代内閣総理大臣。日独伊三国同盟に反対で、新体制運動が活発になると、辞職に追い込まれた。

風俗と習慣

米、生活必需品はすべて配給制に

国家総動員法の制定で、国民の生活は一変した。1940年には七《しち》・七《しち》禁令が出され、ぜいたく品の製造・販売が禁止されたため、市民の手には届かないようになった。また米は配給制になり、切符制でマッチや砂糖など生活必需品が支給されるようになった。「ほしがりません、勝つまでは」というスローガンは戦中の標語としてあまりにも有名だが、これも政府が作り出したものだった。人々は物資不足から闇ルートで取引をするようになったが、戦争が進むにつれそれも困難になっていく。人々は極度の食糧難に苦しむようになっていった。

1938年の世界情勢
黄河決壊事件：関東軍の進撃を阻止するため、中国国民党が黄河の堤防を爆破した、これにより氾濫が起き、数十万の住民が水死したという。

1850 明治 1900 1910 大正 1920 昭和 1930 1940 1950 1960 1970 1980 平成 1990 2000 2010

第二次世界大戦勃発
日本が戦争に加わった本当の理由

関連トピック

世界情勢

経済的理由が参戦を後押しした

第二次世界大戦が勃発したのは1939年。ドイツのポーランド侵攻に対し、イギリスとフランスが宣戦布告したことで始まった。日本は勃発前から戦争に対して消極的だった。1938年、ナチス・ドイツがソ連、イギリス、フランスを仮想敵国とする軍事同盟を近衛《このえ》内閣に提案したが、近衛はこれに応えず退陣。続く平沼騏一郎《ひらぬまきいちろう》も同盟参加に二の足を踏んでいた。さらに1939年に成立した阿部信行《あべのぶゆき》内閣と1940年成立の米内光政《よないみつまさ》内閣はともに欧米の戦争には不介入の立場を取った。

そんな中、**日本が方向転換をしたのは経済的な理由だった。**当時日本は占領地の中で「円ブロック」と呼ばれる経済圏を作り上げていた。しかし日中戦争で軍需資材が不足したため、英米およびその勢力下にある地域からの輸入に頼らざるを得なくなり、輸入超過になっていた。そうした状況下ドイツの侵攻が成功し、フランス、ベルギー、オランダが敗退。**政府は「ドイツについたほうが有利」と考え、さらにオランダ、フランスの植民地を自国のブロックに組み入れようと画策したのだ。**

キーパーソン

平沼騏一郎（1867〜1952）
司法官僚、政治家。枢密院議長、検事総長も歴任。戦後A級戦犯として投獄されるが病気により釈放。

阿部信行（1875〜1953）
陸軍軍人、政治家。初代翼賛政治会総裁、朝鮮総督などを歴任。首相在任中は軍の暴走の阻止に尽力。

年表でわかる！

第二次世界大戦参加までの経緯

日本は大戦参加に消極的だったが、結果として参戦せざるを得なくなる。大戦勃発前後の動きを年表でまとめてみた。

1938
ナチス・ドイツ、オーストリア併合
近衛内閣に軍事同盟を提案
国家総動員法成立

1939
平沼内閣成立
同盟に積極的な陸軍と消極的な海軍との間に対立起こる
アメリカが日米通商航海条約破棄通告
阿部信行内閣成立

1940
米内光政内閣成立
新体制運動実施。第二次近衛内閣成立

1941
日ソ中立条約締結
ハワイ真珠湾攻撃

1939年の世界情勢　ニューヨーク万国博覧会：1939年4月～約1年間にわたり、アメリカ合衆国ニューヨーク市で国際博覧会が開催される。

三国同盟
日米対決を決定づけた日独伊の同盟

1940年9月日中戦争の最中にあった日本はドイツ、イタリアと同盟を結ぶ（日独伊三国軍事同盟）
近衛文麿
ヒトラー
ムッソリーニ
この同盟でアメリカとの対立に備えたい日本はこれにソ連も加えたかったがドイツは日本の対英戦に期待しておりソ連は敵視していたため認めなかった
スターリン
ルーズベルト
日本は日ソ中立条約を締結アメリカを牽制した
1941年12月8日日本軍は真珠湾を攻撃
大本営発表
ドイツとイタリアも12月11日にアメリカに対して宣戦布告こうして第二次世界大戦はさらに拡大した

関連トピック

- 対米関係
- 世界情勢

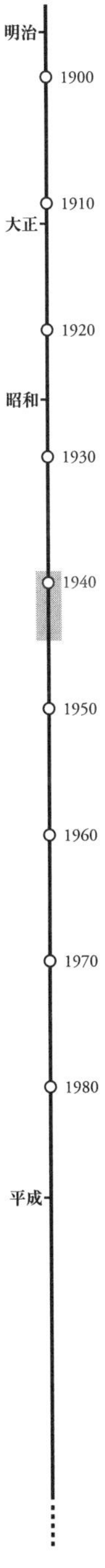

日本は最初軍事同盟に消極的だった

１９４０年９月、ベルリンで日本・ドイツ・イタリア間の三国同盟が調印された。これは軍事に関する三国間の相互協力を決めたものだった。その前身は１９３７年に結ばれた日独伊三国防共協定だ。ただしこれはコミンテルンなど国際共産主義運動の脅威に対抗するためのもので軍事同盟ではなかった。

防共協定の後、ドイツはソ連のみならずイギリス、フランスも仮想敵国とみなす軍事同盟を日本に提案。**日本の外務や海軍は消極的な姿勢だったが、第二次世界大戦が始まるとドイツの活躍を前に、ドイツと軍事同盟を結ぼうとする気運が高まる。**

日本はかねてより軍需物資確保などのために東アジア・東南アジアへ勢力を伸ばそうとしていた。しかしそれは同地域への政策を進めているアメリカの反感を買う形となり、アメリカは経済制裁の姿勢も示した。そういった状況の中、**ドイツと軍事同盟を結び、南方（東南アジア）へ進出しようという主張が国内で強まっていく。**そうして１９４０年９月、日独伊三国同盟が結ばれることとなるのだ。

キーパーソン

ヒトラー（１８８９～１９４５）
オーストリア出身の政治家。第二次世界大戦中、ナチスの党首としてドイツを率いた。

ムッソリーニ（１８８３～１９４５）
独自のファシズム思想を確立し、イタリアで一党独裁政権を作り上げた。19年間独裁政治を行う。

近現代史裏話

「バスに乗り遅れるな！」

１９３９年9月、第二次世界大戦勃発直後、ドイツはとてつもない強さを見せた。ポーランドを約1カ月間で制圧、オランダ、ベルギー、フランスも破り、翌年6月にはパリに無血入城する。さらには北アフリカでもイギリス軍を撃破した。この一連の電撃戦を見せつけられた日本では「バスに乗り遅れるな」という言葉が流行り、朝日新聞などで大々的なキャンペーンが繰り広げられた。この言葉は「勝ち馬に乗り遅れるな」という意味で、ドイツと同盟関係を結ぼうとする世論が一気に高まっていったのだ。

1940年の世界情勢　**アメリカが戦時体制に移行**：国防力強化のため、フランクリン・ルーズベルト大統領は科学者動員令を発令し、多くの科学者を戦争に参加させた。

アメリカは日本に対する経済制裁を開始

じつは日独伊三国同盟成立以前には、同盟締結に消極的な海軍と積極的な陸軍との間に対立があった。日独伊三国防共協定が軍事同盟に移り変わりそうな動きを見て、**アメリカはすぐさま日米通商航海条約破棄を通告してきたため、陸軍の同盟参加の意見が強くなっていった**。その後、1940年に成立した近《この》衛《え》内閣は陸、海軍の代表者と会談を行い、同盟の締結、そして南進への転換を決定した。日本軍のフランス領インドシナ進駐、同盟成立の動きを受け、**アメリカは日本に対して本格的な経済制裁を開始**。**ガソリンや鉄くずなどの日本への輸出を禁止した**。これにより、日米の対決は決定的なものになった。

悪化する日米関係を調整しようと、近衛内閣は在米大使の野《の》村吉三郎《むらきちざぶろう》に日米交渉をするよう命じた。しかし、日本国内では南方進出の主張が強まっており、アメリカは日本に対してますます不信感を抱いていった。やがて対日石油輸出が全面禁止という制裁措置がとられ、いよいよアメリカとの開戦の声が高まり始める。

年表でわかる!

三国同盟締結の動き

三国同盟締結前後の動きを年表にまとめてみた。これにより、日本がどのように戦争に参加していったのかがわかってくる。

1936	日独防共協定成立
1937	日独伊三国防共協定成立
1939	ノモンハン事件、独ソ不可侵条約締結 アメリカが日米通商航海条約破棄
1940	第二次近衛内閣成立 大政翼賛会成立（→ P150） 基本国策要綱決定、日独伊三国同盟締結 アメリカが対日経済制裁開始
1941	帝国国策遂行要領 日本がアメリカ、イギリスに宣戦布告
1943	大東亜共同宣言採択

風俗と習慣

1940年頃の市民の生活

カーキ色の国民服の着用が国から国民に推奨される。さらに「ぜいたくは敵」という看板が東京市内のあちこちで立てられた。生活は切り詰められ、国民は兵力や労働力として集められていた。

＼図解でわかる！／

日独伊三国同盟と国際関係

日独伊三国同盟とそれを囲む英、米、蘭など
欧米列強や中国との関係を表したのが下の図だ。
とくに日本はABCD包囲網に囲まれていることがよくわかる。
軍部はこれを不当な圧迫として宣伝し、国民に戦争の必要性を訴えた。

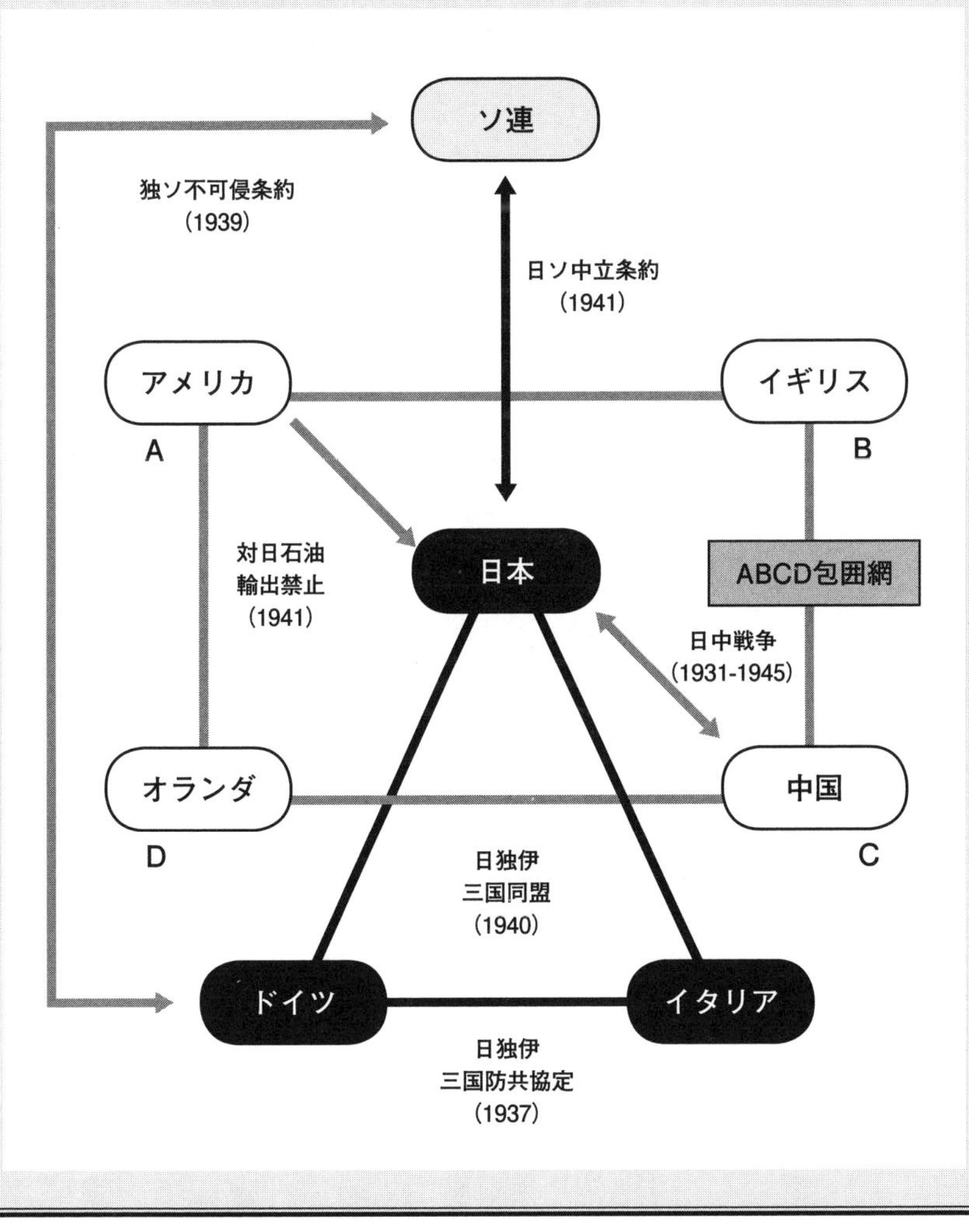

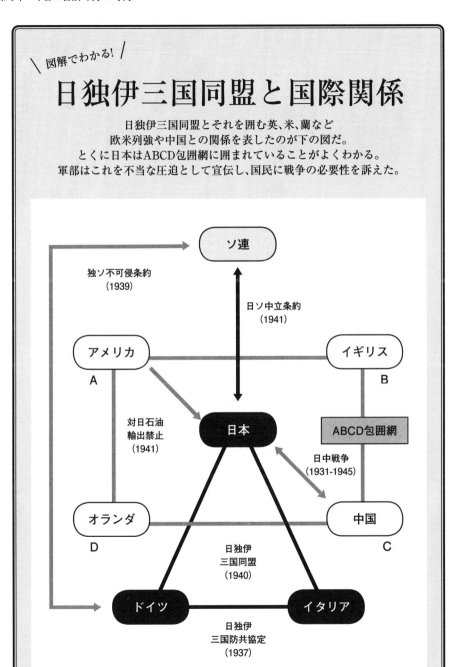

大東亜共栄圏
アジアの解放という壮大な構想

関連トピック

- 東アジア外交
- 世界情勢

※「世界をひとつの家にする」ということ。戦時中、スローガンとして用いられた。

1850
明治
1900
1910
大正
1920
昭和
1930
1940
1950
1960
1970
1980
平成
1990
2000
2010

構想の動機は経済的理由だった

大東亜共栄圏とは日本を中心とし、満州、中華民国をはじめ、資源の供給先としての東南アジア、国防の要としての南太平洋を含めた一大経済ブロックを指す。この言葉は陸軍の岩畔豪雄《いわくろひでお》と後輩の堀場一雄が作ったものだとされている。

1940年に連合国はドイツとの戦いに次々に敗れた。それを機に、日本はドイツと組んで南方のオランダやフランスの植民地に進出し、経済ブロックを建設すべきだという主張が陸軍を中心に高まっていった。**南方進出の目的は日中戦争継続のための石油、ゴム、ボーキサイトなどの資源確保であった。**

それを受けて同年、近衛文麿内閣の外務大臣・松岡洋右《まつおかようすけ》がラジオ談話で「大東亜共栄圏」という言葉を使い、一般にも広まり流行語となった。

その後1941年に太平洋戦争が始まると、政府は「大東亜共栄圏の建設」を外国に対し堂々と掲げるようになる。**そこでは「欧米の植民地政策からアジアを解放し独立を与える」という日本独自の主張が盛り込まれ**、南方進出の大義名分となっていった。

MAPでわかる!

大東亜共栄圏

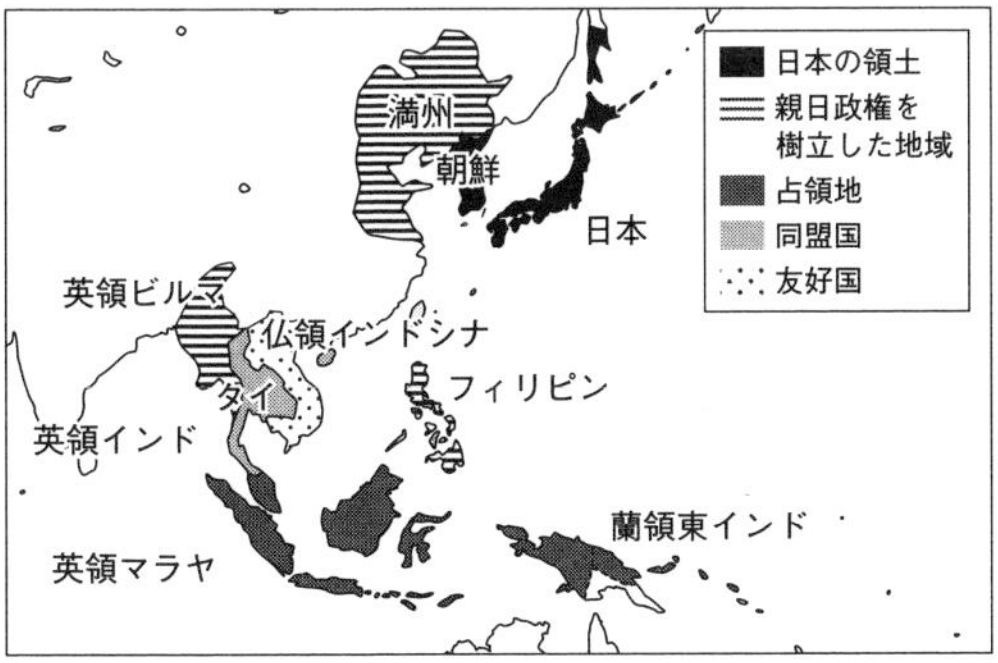
日本の領土
親日政権を樹立した地域
占領地
同盟国
友好国
満州
朝鮮
日本
英領ビルマ
仏領インドシナ
タイ
フィリピン
英領インド
蘭領東インド
英領マラヤ

1943年の大東亜共栄圏の状況。これを見ると、日本が広く東南アジアに進出していたことがわかる。このほかにも、日本はオーストラリアやニュージーランドも大東亜共栄圏の視野に入れていた。

キーパーソン

松岡洋右（1880〜1946）
外交官、政治家。アメリカ留学歴あり。満鉄総裁、外務大臣を歴任。終戦後、軍事裁判公判中に病死。

岩畔豪雄（1897〜1970）
陸軍軍人。京都産業大学設立者の一人。堀場一雄と「大東亜共栄圏」という言葉を作ったとされる。

1940年の世界情勢　**ドイツ軍パリ無血入城**：6月にドイツ軍がフランスを総攻撃し、パリに無血入城する。この後独仏休戦協定が結ばれる。

太平洋戦争開始
日本の奇襲で始まった無謀な戦争

♪ピンポンパンポーン♪
臨時ニュースを申し上げます 臨時ニュースを申し上げます…
12月8日 午前6時発表
！
帝国陸海軍は本8日未明西太平洋においてアメリカ・イギリス軍と戦闘状態にいれり
1941年 太平洋戦争
ついに始まったか
戦争ですって？
驚くことはない
アメリカは日本に悪い態度をとっていたんだから仕方ないよ
まさか本当に…

関連トピック

- 対米関係
- 東アジア外交
- 世界情勢

でもアメリカは大国なんでしょ大丈夫なのかしら
日本帝国軍はロシアとも戦った恐るるに足りん
イギリスはそのときの味方でしょ？
ドイツは前の戦争で敵だったぞ時代は変わるんだ
欧州ではドイツが先に戦争を始めて領土を拡大してる（第二次世界大戦の始まり）
日本はそのドイツのヒトラーと手を組んだ
ナチスドイツとイタリアと我が大日本帝国陸海軍が英米を必ずや打ち砕くぞ！
ぼく大きくなったら兵隊さんになるんだ！
おっ偉いぞ！
この対米英戦は東条内閣により大東亜戦争と命名戦後は太平洋戦争と呼ばれる
…
この後多くの国々が戦争に参加第二次世界大戦の火の手は拡大して行く
バーン
あっやられた！
ははは

日本を追い詰めた石油輸出禁止政策

1940年にドイツがフランスを占領すると、第二次近衛《このえ》文《ふみ》麿《まろ》内閣はその隙を突き、日本軍を北部フランス領インドシナへ進駐させた。これに対しアメリカは経済制裁を開始。対する日本は1941年に日ソ中立条約を結びアメリカを牽制した。条約により北の脅威がなくなったため、同年7月、政府は南部仏印へ進駐。**するとアメリカは、すぐさま石油輸出を全面禁止。これは日本にとって大打撃となった。というのも当時日本の石油備蓄は半年分しかなく、アメリカから石油が輸入できなければ、日中戦争を続けることができなくなったからだ。**

このアメリカの制裁にイギリスとオランダも同調。さらにそこに中国も加わった、「ABCD包囲陣」（アメリカ America, イギリス Britain, 中国 China, オランダ Dutch）をはねのけるために、軍部は戦争を主張（→P157）。

しかしながら当時日本とアメリカの国力差は、GNP（国民総生産）で10倍から20倍程度の差があり、アメリカとの戦争は無謀だという声もあった。

キーパーソン

野村吉三郎（1877〜1964）
海軍軍人、政治家。国際法の権威として知られ阿部内閣時の外務大臣。その後駐米大使に任命された。

コーデル・ハル（1871〜1955）
アメリカの政治家。ルーズベルト政権の国務長官を務めた。1945年ノーベル平和賞受賞。

東条英機（1884〜1948）
第40代内閣総理大臣。首相任命時、天皇から戦争を避けるよう直接指示され、対米衝突回避に尽力。

図解でわかる!

日本と米英の海軍戦力は?

1941年の開戦時に太平洋に配備された海軍戦力を比較。これを見ると日本がかなり優位にあるが、当初アメリカはドイツ打倒を優先していたので、太平洋方面への軍事力投入が抑えられていたのである。

	日本	米	英
航空母艦	8	3	0
戦艦・巡洋戦艦	11	9	2
駆逐艦	129	80	13
潜水艦	67	56	0
重巡洋艦	18	13	1
軽巡洋艦	23	11	7

松村劭『新・戦争学』文藝春秋、P49

1850 明治 1900 1910 大正 1920 昭和 1930 1940 1950 1960 1970 1980 平成 1990 2000 2010

政府は戦争回避のために奔走した

日本政府は南進政策と同時に、戦争回避のための交渉をアメリカと行っていた。交渉は1940年末に民間レベルでスタートし、その後野村吉三郎《のむらきちさぶろう》駐米大使とハル国務長官との間の政府間交渉に発展した。ただ1941年9月の御前会議では、10月上旬まで交渉に進展がなければ開戦、という方針が決められた。

これに対し、開戦をなんとしても回避したい近衛は、駐日アメリカ大使ジョセフ・グルーと極秘会談し、日米首脳会談の早期実現を訴えたが、アメリカ側に拒否されたため交渉はまとまらず、期限が来て内閣は総辞職。続く首相には東条英機《とうじょうひでき》が選ばれた。**同年11月には、アメリカから「ハル・ノート」を突きつけられ、12月1日の御前会議でアメリカ・イギリスとの開戦を決定。「12月初頭に開戦」という旨の帝国国策遂行要領が御前会議で承認され、**本格的な対米英蘭戦争の準備を始めた。

そして12月8日、日本陸軍がマレー半島に上陸。海軍はハワイの真珠湾基地に奇襲をかけた。同日、日本は米英に宣戦布告を行い、ついに太平洋戦争が開始されたのである。

近現代史裏話

日本が開戦を決意した「ハル・ノート」

戦争回避のための日米交渉が決裂したのは、アメリカのコーデル・ハル国務長官が日本に突きつけた厳しい条件が原因だった。その条件とは、満州国の否認、中国大陸、フランス領インドシナからの全面撤退、三国同盟の解消という強硬な内容で、日本政府がとてものめるものではなかった。この交渉案は「ハル・ノート」と呼ばれ、野村大使らに手渡された。日本側はこれを「最後通牒」と受け取り、開戦に踏み切ることになる。

風俗と習慣

ナチス・ドイツに心酔した日本人

三国同盟が締結された後、海軍の山本五十六《やまもといそろく》は「日本人はナチス・ドイツに心酔しているが、ヒットラーの著書『我が闘争』には有色人種は劣等人種であると書かれてある」と指摘している。この「心酔」という言葉から当時、ナチス・ドイツが日本の国民に熱狂を持って迎え入れられたことが窺い知れる。じつは『我が闘争』の日本語訳ではその部分が削除されたため、人々はその内容を知ることができなかったのだ。

1941年の世界情勢

イラン進駐：1941年8月から9月にかけ、イギリスとソ連がイランに進駐。イギリスの油田の安全確保とソ連に対する原油供給を目的として行われた。

戦局の推移①
連合国に連戦連勝だった日本海軍

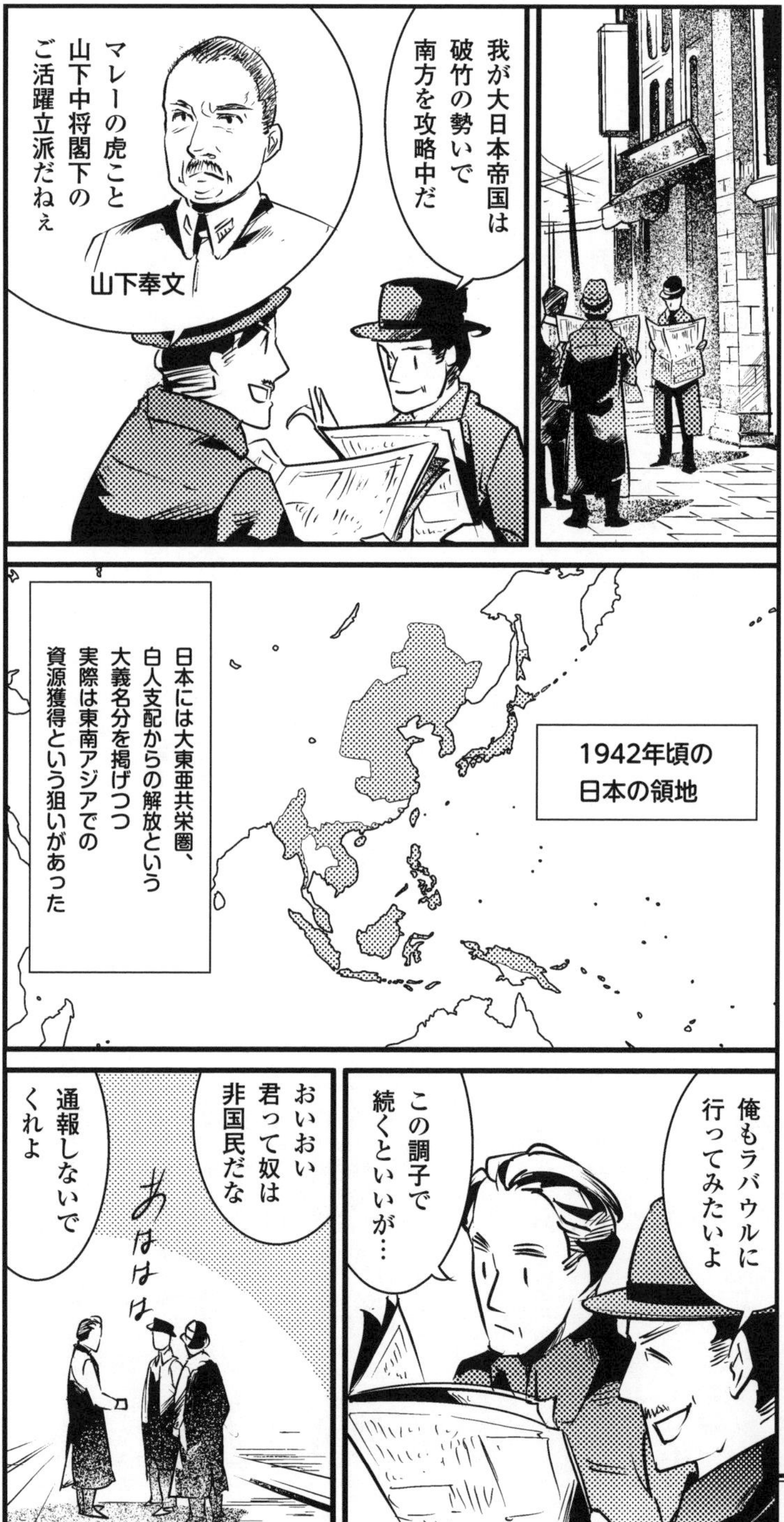

関連トピック

- 対米関係
- 世界情勢

アジア地域の連合国艦隊を全滅させた

1941年12月8日の奇襲作戦はいずれも大成功に終わった。**イギリス領マレー半島への上陸では、地上のみならず、海上も制圧。真珠湾攻撃ではアメリカの戦艦4隻を撃沈**。この戦果に日本国民は大いに熱狂した。

翌年にはオランダの植民地だったボルネオ島、ジャワ沖島、スマトラ島にも攻撃を開始した。同年2月にはジャワ海戦、スラバヤ沖海戦で連合国海軍を撃破。その翌日にはバタビヤ沖海戦にも勝利し、**アジア地域の連合国の艦隊をほぼ全滅させた**。この後も日本軍は、フィリピン、香港、ビルマ、シンガポールでも勝利を収め、太平洋・東南アジアという広大な地域を占領した。このように戦争初期、1942年頃までの日本軍は連戦連勝だったのである。

しかしアメリカも対日反攻作戦を本格化し、4月には空母から発進したB-25で日本本土の空襲を行った（ドーリットル空襲）。東京、神奈川、愛知、三重、兵庫の市街地を突然襲ったこの攻撃は、国民に大きな衝撃を与えた。

キーパーソン

山本《やまもと》五十六《いそろく》（1884〜1943）
海軍軍人。第26、27代連合艦隊司令長官。連合軍との開戦は反対の立場をとっていた。

大西《おおにし》瀧治郎《たきじろう》（1891〜1945）
海軍中将。神風特別攻撃隊の創始者。開戦時にはフィリピン攻略戦に参加。終戦時に自決する。

年表でわかる!

アジアでの日本軍の動き

真珠湾攻撃後2カ月間の日本軍の動きをまとめた。当初は連戦連勝で連合国軍を圧倒していた。

1941（12月8日）
真珠湾攻撃
英米に宣戦布告
香港、フィリピン戦開始

1941（12月10日）
マレー沖海戦
日本軍ルソン島上陸

1941（12月12日）
香港九龍市制圧。英軍撤退

1941（12月20日）
日本軍フィリピンミンダナオ島上陸

1941（12月23日）
ウエーク島制圧

1941（12月25日）
香港島制圧。イギリス軍降伏

1942（1月2日）
ルソン島マニラ占領

1942（1月11日）
マレー半島のクアラルンプール占拠 日本軍、オランダに宣戦布告告

1942（1月23日）
ニューブリテン島ラバウル制圧

1942（1月31日）
ビルマ侵攻開始

1941年の世界情勢　**ユーゴスラビア侵攻**：ナチス・ドイツ、イタリアをはじめとする枢軸国がユーゴスラビアに侵攻。戦闘の末、わずか10日でユーゴスラビア全土を制圧した。

戦局の推移②
戦況が一変したミッドウェー海戦

ミッドウェー海戦
ひとつの分水嶺とも言える海戦であったが日本軍はアメリカに大敗
ガダルカナル島ではアメリカの圧倒的な兵力、物量の前で部隊全滅が相次ぎ
かろうじて生き残った者も補給が立たれ飢えと病で倒れた
これまでか…
娘にひと目…
ねえお父様はいつ帰ってらっしゃるの？
日本は勝っているからきっともうすぐよ
国民には詳しい戦況を知らされることはなかった

関連トピック

- 対米関係
- 世界情勢

占領地では抗日運動が勃発した

日本軍の圧倒的優位に変化が生じたのが1942年6月のミッドウェー海戦だった。この戦いで日本軍は主力空母4隻をアメリカ軍に撃沈され大打撃を受けた。

1943年に入ると連合国の攻撃も激しさを増す。2月にはガダルカナル島撤退。4月、海軍連合艦隊司令長官の山本五十《やまもといそ》六《ろく》が南太平洋で戦死。5月にはアッツ島の守備隊が全滅した。

こうした戦況を受け、政府は戦略の方向転換を余儀なくされる。9月には防衛ラインを小笠原、千島、マリアナ、カロリン、西ニューギニアまで後退させることを決定。一方で11月、日本政府は満州国やタイ、ビルマ、フィリピンの代表者を集め東京で大東亜会議を開催。植民地支配からの独立を再確認した。**しかしながら日本の占領政策では現地の資材の奪取や強制労働などが行われたため、現地の住民の反感を呼び、各地で抗日運動が起きるようになっていった。**そして1944年7月、マリアナ諸島のサイパン島が陥落。東条英機《とうじょうひでき》内閣は責任を取り辞職。日本は窮地に立たされる。

キーパーソン

ホセ・ラウレル（1891〜1959）
日本の軍政下にあったフィリピン共和国の第3代大統領。太平洋戦争勃発後に日本に全面協力。

東条英機（1884〜1948）
戦況が厳しくなるにつれ軍と対立。倒閣運動も起きたが、東条は憲兵隊の力で押さえつけた。

小磯国昭（1880〜1950）
陸軍大将。サイパン陥落で辞職した東条英機の後継として44年に内閣総理大臣に就任。

近現代史裏話

なぜ日本軍は劣勢に回ったのか？

真珠湾攻撃時、アメリカの航空母艦はすべて湾外に出ており、一隻も撃破することができなかった。また第三次攻撃隊を送らず、燃料タンクや港湾設備の破壊を行わなかった。この作戦の甘さによってアメリカ軍の空母作戦が活発化し、ミッドウェー海戦の敗北や日本本土の空爆につながっていった。また、想定よりも戦争が長引いたことや、戦域が広大になったことも一因。深刻な兵力や物資不足となった。

1943年の世界情勢
ゴモラ作戦：アメリカ・イギリス両空軍がドイツのハンブルクへの空襲作戦を開始した。これはゴモラ作戦と呼ばれ何万人という民間人の犠牲者を出した。

戦時中の文化
切符があっても物がない戦時下

ちょっとあなた！今時パーマなんて不謹慎ですよ
すみません…
あなたも髪が長い！
それでも日本男児ですか！
隣組のおばさんおっかねぇな
人々は国民服を奨励され映画や音楽、文学などの芸術文化に対しては統制・干渉が加えられた
中央公論の連載 谷崎潤一郎の※「細雪《ささめゆき》」が戦争のにおいを感じさせず軍部の怒りを買い連載禁止に
谷崎は個人的に描き続け戦後に刊行
1944年 都市部の子供達は空襲を避け田舎へ（学童疎開）
物資や食料の不足が続いてく

関連トピック

- 社会問題
- 文化

※関西に住む上流の四姉妹の美しい生活が戦争の中で失われていく様を描いた作品。

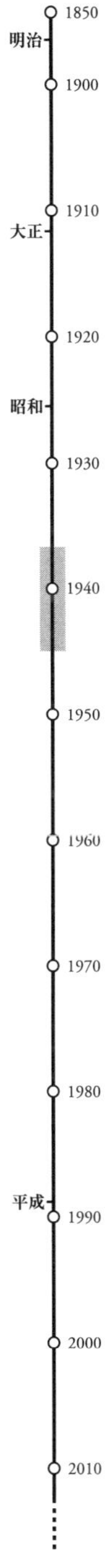

東京では木炭電車が走るようになった

1930年代後半になると、日中戦争や英米の対日経済制裁の影響で、庶民の生活はどんどん厳しいものになっていく。

石油などの燃料不足から東京では木炭バスが走るようになった。また料亭の営業は深夜0時までに制限され、ダンスホールなどは営業自体が禁止されるようになった。

1940年以降になると、今度は食糧不足が深刻化し、食堂や料理屋では米食が禁止される。また切符制や配給制度が行われたが、戦争が長期化すると、切符があっても物がないという状況が生まれた。米の配給もイモや小麦粉などの割合が増えていった。この頃は栄養失調になる人も多かったという。

しかも、40年のアメリカによる対日輸出禁止により、じわじわと国内の資材不足が進み、43年には銀座の街路灯まで撤去されて鉄として使われるまでになった。この頃の庶民の楽しみといえばラジオで、演芸、スポーツ中継、ドラマなどが放送された。しかし戦争が進むにつれ、大本営発表が増え、音楽は軍歌が流されることが多くなった。

キーパーソン

鈴木貫太郎（1867〜1948）
海軍軍人、政治家。第42代内閣総理大臣。陸軍の反対を押し切り、太平洋戦争を終戦に導いた。

堤康次郎（1889〜1964）
実業家。滋賀県選出の衆議院議員。西武グループ創業者。空襲時、東京の土地を多数取得する。

谷崎潤一郎（1886〜1965）
小説家。戦時中、雑誌に「細雪」を連載。しかし軟弱で戦時にふさわしくないと国に中止させられた。

近現代史裏話

物資不足の戦時中でも大儲けした人がいた？

戦時中、都市部では食糧など物資不足が深刻化していたが、それを逆に利用し、乾燥バナナなどを売って大儲けした人もいた。調達ルートを持っている人たちにとってはピンチはチャンスだったのだ。また西武グループの創業者、堤康次郎は東京大空襲の最中、自宅地下壕に電話線を引き、片っ端から不動産の購入交渉を行い、地主が不在の土地を格安で次々と買い取ったという。

1944年の世界情勢
パリ解放：ドイツの占領下にあったパリに連合国軍が進軍。8月19日～8月25日にかけて戦闘が行われ、最終的に連合国側が勝利を収めた。

終戦
枢軸国の中で最後まで戦った日本

日本の線局は悪化の一途をたどる
沖縄戦敗北
広島、長崎に原爆投下
1945年8月14日ポツダム宣言受諾
9月2日無条件降伏状に関する文書の調印式が東京湾上の米戦艦ミズーリで行われた
日本側の代表は重光葵《しげみつまもる》外相と参謀総長 梅津美治郎 陸軍大将
重光葵
「願わくは 御國の末の 栄え行き我が名さげすむ 人の多きを」
太平洋戦争はここに終結した

関連トピック

- 対米関係
- 世界情勢

1850　明治　1900　1910　大正　1920　昭和　1930　1940　1950　1960　1970　1980　平成　1990　2000　2010

もはや日本の敗北は時間の問題だった

ヨーロッパでは、枢軸国に有利だった戦況が1943年頃から一変する。スターリングラードを占領していたドイツ軍は1942年11月、ソ連軍に包囲され歴史的大敗を喫する。また北アフリカ戦線では連合国側がドイツ・イタリア軍に圧勝。9月にはイタリア本土上陸が開始され、イタリアがついに降伏。1944年には米英軍を中心とした連合国軍がノルマンディー上陸作戦を成功させた。このようにドイツは連戦連敗の状態に陥っていった。**一方、日本は1944年のサイパン島陥落以降も「一億総玉砕」を唱え戦争を継続したが、アメリカ軍の本土空襲は激しさを増し、敗北は時間の問題になっていた。**

アメリカ軍は1944年10月にフィリピンへ上陸。1945年2月には硫黄島、4月には沖縄本島へと駒を進めた。当時小《こ》磯国昭《いそくにあき》の後任として選ばれた鈴木《すずき》貫《かん》太郎《たろう》首相は、まだ戦火を交えていなかったソ連を仲介とした和平工作に乗り出す。**しかしながらこの段階でも、軍部はまだアメリカとの本土決戦にかける気持ちでいたのだ。**

キーパーソン

チャーチル(1874~1965)
イギリスの政治家、軍人。1940年に首相に就任。1945年まで戦争を主導した。

スターリン(1879~1953)
ソビエト連邦の軍人、政治家。第2代最高指導者で、ワルシャワ条約機構を設立し冷戦を始める。

ルーズベルト(1882~1945)
アメリカの政治家。民主党出身の第32代大統領。第二次世界大戦を主導したが終戦直前に病死する。

MAPでわかる!

第二次世界大戦中のヨーロッパの戦況

1943年以降、連合国側が反攻に転じ、枢軸国側は追いつめられていった。
※▒は枢軸国に一時支配された連合国

1945年の世界情勢　**南北朝鮮の分割統治**:北緯38度線を境とした米ソによる南北朝鮮の分割統治をダグラス・マッカーサー元帥が発表した。

中立条約を無視し日本を襲ってきたソ連

1945年2月にはソ連領ヤルタで、アメリカのルーズベルト大統領、イギリスのチャーチル首相、ソ連のスターリン首相が会談を行った（ヤルタ会談）。これでソ連の対日参戦が秘密裏に決まったが、日本政府はこれに気づくことすらなかった。

1945年5月にはとうとうドイツが無条件降伏する。7月には枢軸国で唯一戦争を続けている日本に対し、米英と中国国民政府が無条件降伏を要求するポツダム宣言を突きつけた。しかし鈴木内閣はこれを黙殺すると発表。ソ連を仲介とした和平仲介工作に望みを託した。この鈴木の発表を聞いたアメリカは8月6日広島に、そして9日には長崎に原爆を投下したのである。原爆は日本全土に衝撃を与えた。**広島被災の2日後、今度はソ連軍が日本に宣戦布告し、満州国に侵攻。**このときはまだ日ソ中立条約の期限内だった。

陸軍はそれでもなお本土決戦を主張したが、**昭和天皇の聖断によりポツダム宣言受託が決まり、8月14日、日本は無条件降伏を連合国側に伝えた。**

近現代史裏話

ソ連の密約情報を握りつぶした陸軍

日本への参戦を決定したヤルタ会談の密約。じつはその情報を会談直後に入手した日本人がいた。それは陸軍大佐の小野寺信である。小野寺はそのとき、スウェーデンのストックホルムで諜報活動に当たっていた。情報はポーランドの情報士官から伝えられ、小野寺はすぐさま暗号を用い、「ソ連がドイツ降伏3カ月後に対日参戦」と日本の参謀本部に伝えた。しかしこれを陸軍参謀本部の高官が握りつぶしてしまったのだ。そのため政府には情報が一切伝わらなかった。高官の真意は不明だが、もしこの情報が届いていたら、ソ連への対応も変わっており、防御態勢も整えられたことだろう。

風俗と習慣

天皇の声に驚いた日本人

天皇の肉声（玉音）で1945年8月15日正午にラジオで流された玉音放送。ほとんどの国民にとっては、昭和天皇の肉声を聴くのは初めてであったため、降伏という衝撃同様、天皇の声に驚いた人もいたという。

＼MAPでわかる!／

太平洋戦争の侵攻図

太平洋戦争における日本軍と連合国軍の進路を表したのが下の地図だ。
真珠湾攻撃以降、日本は連勝を重ねたが、
ミッドウェー海戦を機に劣勢へと回ってしまう。

図解でスッキリ
4章まとめ

1930年代に入ると政党や財閥の腐敗が続発し、テロなどの直接行動によって国家を改造しようとする機運が高まった。そのような状況下で軍部が政治的発言力を強め、ドイツやイタリアと枢軸陣営を形成した。そして日中戦争、太平洋戦争と突き進んだが、戦局が悪化の一途をたどり、ついに無条件降伏した。

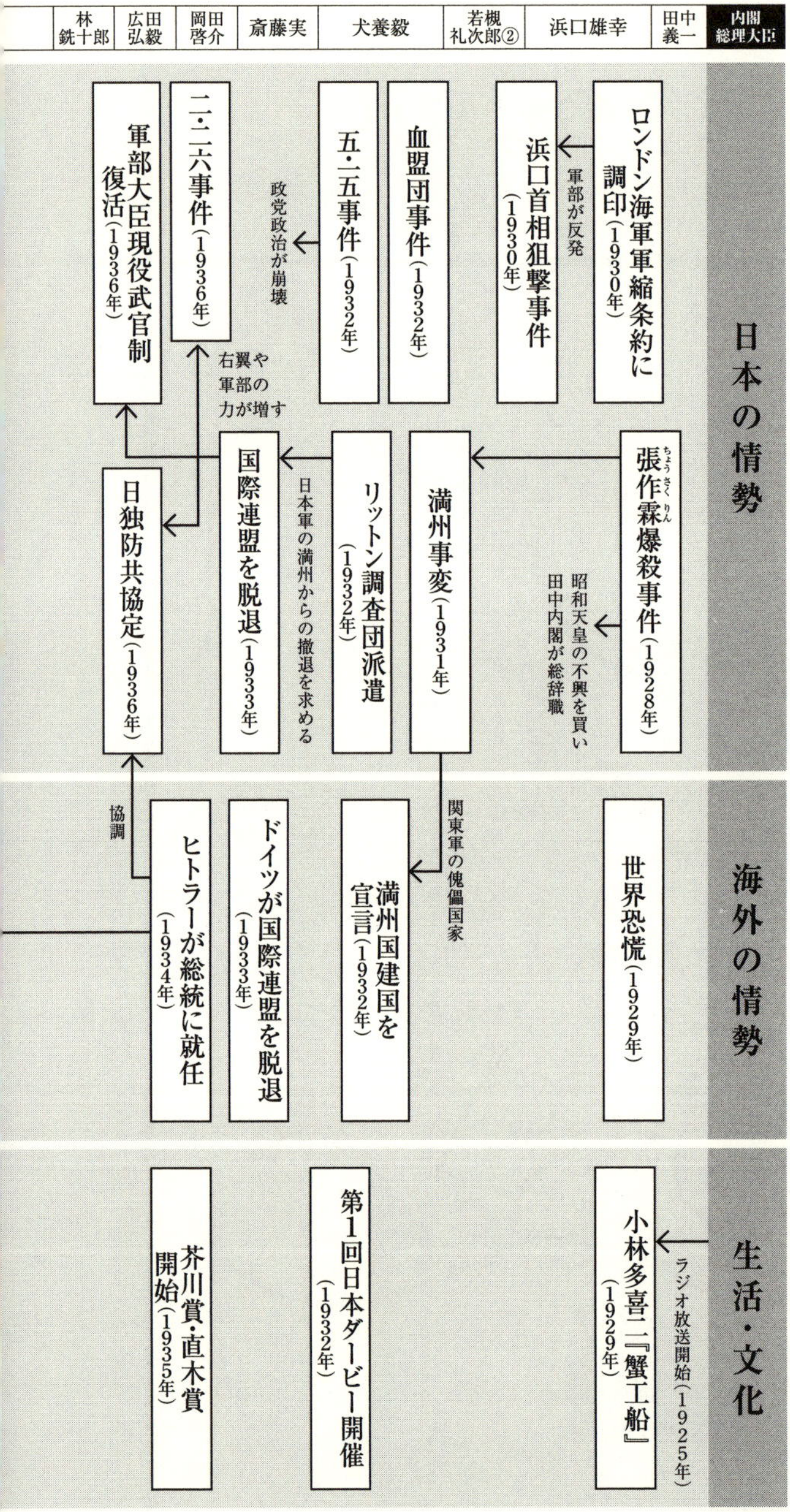

近衛文麿①	平沼騏一郎	阿部信行	米内光政	近衛②	近衛③	東条英機	小磯国昭	鈴木貫太郎	東久邇宮

- 国家総動員法成立（1938年）
- 国民徴用令発布（1939年）
- 大政翼賛会発足（1940年）
- 日ソ中立条約（1941年）

太平洋戦争

- ハワイ真珠湾攻撃（1941年）
- ミッドウェー海戦（1942年）
  - 劣勢に立たされる → サイパン島陥落（1944年）
- 広島・長崎に原爆投下（1945年）
- 玉音放送（1945年）
- 降伏文書に調印して太平洋戦争が終結（1945年9月2日）

盧《ろ》溝《こう》橋《きょう》事件（1937年）→ 日中戦争勃発 → 南京占領（1937年）

ノモンハン事件（1939年）→ 北進論から南進論へ → 日独伊三国同盟（1940年）→ アメリカが対日経済制裁本格化（1940年）→ アメリカが対日石油輸出禁止（1941年）→ 「ハル・ノート」を突きつけて開戦へ → ハワイ真珠湾攻撃

ヤルタ会談（1945年）→ ソ連の対日参戦が決定 → ポツダム宣言（1945年）→ 日本側に無条件降伏を要求 → 広島・長崎に原爆投下

ナチス・ドイツの興隆 → ドイツがオーストリアを併合（1938年）

独ソ不可侵条約（1939年）

第二次世界大戦（1939～45年）→ ドイツが版図を拡大 → 独ソ戦争開始（1941年）→ 枢軸陣営が劣勢に立たされる → イタリアが無条件降伏（1943年）→ 連合軍がノルマンディーに上陸（1944年）→ ドイツが無条件降伏（1945年）

- 後楽園球場開場（1937年）
- 価格等統制令公布（1939年）
- 七・七禁止令公布（1940年）
- 国民学校令公布（1941年）
- 食糧管理法公布（1942年）
- 学童疎開の開始（1944年）
- 東京大空襲で明治座などが焼失（1945年）

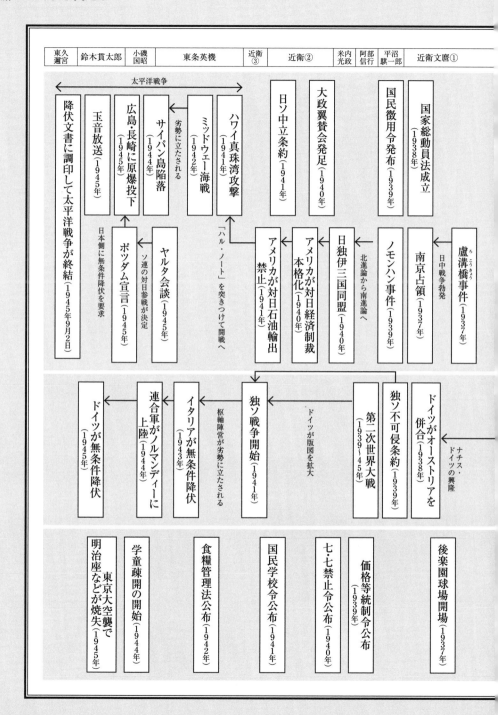

史料でもっとわかる
戦争の時代

政党政治への失望から
軍部への期待が高まる。
徐々に戦時色が濃くなっていき
ついに日中・太平洋戦争が勃発した。

リットン調査団

満州事変や満州国の実態を調査するために派遣された調査団。報告書では満州国を国家として認めないことが記されている一方で、日本の立場を考慮した記述もあった。

二・二六事件

陸軍の皇道派青年将校がクーデターを起こし、斎藤実や高橋是清などが暗殺された。反乱はまもなく鎮圧されたが、この事件を機に陸軍統制派が政治の主導権を握るようになっていく。写真は蹶起《けっき》直後の半蔵門の様子。

東条英機内閣成立

近衛文麿が退陣し、陸軍軍人の東条英機が首相に就任する。戦後、東条は「真珠湾を不法攻撃し、多くのアメリカ人の命を奪った」として絞首刑に処された。

戦時体制への突入

国民の戦意を高揚させるため、「欲しがりません勝つまでは」「ぜいたくは敵だ」などのスローガンが掲げられた。また物資も切符制・配給制となり、国民に耐乏生活を強いた。

ハワイ真珠湾攻撃

1941 年 12 月 8 日、日本の飛行部隊がハワイの真珠湾に奇襲攻撃を仕掛けたことで、太平洋戦争の火ぶたが切って落とされた。写真は炎上するアメリカ戦艦「アリゾナ」。

原子爆弾の投下

1945 年 8 月 6 日に広島、9 日に長崎へ、それぞれ原子爆弾が投下された。写真は広島に投下された原爆によって発生した巨大なキノコ雲。原爆による死者数は 20 万人以上に達した。

東京大空襲

1945 年 3 月 10 日の空襲では下町地区が壊滅的な被害に遭い、10 万人以上が命を落とした。写真は焦土と化した東京で、右側に流れているのが隅田川である。

太平洋戦争の終結

1945 年 9 月 2 日、ミズーリ号艦上で行われた降伏文書調印式。中央で署名しているのは重光葵外務大臣。この調印をもって、3 年半以上続いた太平洋戦争は正式に終結した。

第5章 戦後と復興

1945年　アメリカが占領政策を開始
GHQが五大改革指令を出す

1946年　極東国際軍事裁判が開始される
日本国憲法が公布される

冷戦勃発が日本経済の回復につながった

敗戦後日本はアメリカの占領下におかれたが、アメリカは日本に二度と戦争を起こさせないために、軍隊を解体し、日本国憲法の制定や財閥解体などさまざまな民主化政策を実施した。

1948年　大規模な食糧メーデーが開催される
GHQが経済安定九原則を指示

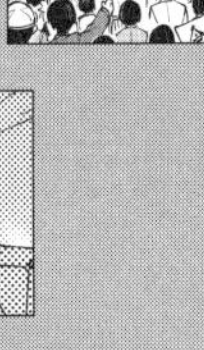

1950年　朝鮮戦争が勃発。日本では特需が起きる

1951年　サンフランシスコ平和条約締結
日米安全保障条約締結

1955年　自由民主党成立。55年体制が始まる
高度経済成長期に入る

1956年　日本が国際連合に加盟

1960年　日米新安全保障条約調印
安保闘争激化

1965年　ベトナム戦争本格化
名神高速道路が全線開通

1972年　沖縄が日本に復帰

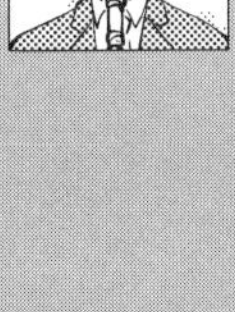

1973年　第一次オイルショックが起きる

この頃の日本はハイパーインフレが起き、人々は食糧難に喘ぎ、悲惨な状況だった。そのため大衆運動が激化した。GHQ（連合国軍最高司令官総司令部）は労働運動を奨励したが、やがて弾圧に転じた。

1940年代後半、アメリカを中心とする西側と、ソ連を中心とする東側の対決が先鋭化し、いわゆる「冷戦」状態となった。アメリカは日本を西側の防壁とするため、日本の経済自立政策を進めた。なかなか経済は好転しなかったが、朝鮮戦争による特殊需要で戦前の状態を回復、その後、高度経済成長期へと進んでいった。

この時期年率10%という驚異の経済成長を達成。なお、アメリカとの間に日米安全保障条約（安保条約）を締結し、緊密な関係を作り上げた。政治では55年に結成された自由民主党による安定政権が40年近く続いた。

占領
日本の根幹を揺るがすGHQの政策

1945年終戦後の日本にはポツダム宣言の執行のためGHQが設置された
これから日本の政府にはGHQの命令に従ってもらう
マッカーサー
GHQは間接統治の形で日本政府へと指令を出し
日本の軍事力解体や民主化政策を次々と実施
敗戦の痛手に加え占領による環境の変化に人々は混乱したが
占領軍の兵士があんなに街中を歩いている…
次第にその変化にも慣れていった
戦争を指導してきた政治家や軍人は逮捕する!
1948年
極東国際軍事裁判
A級戦犯容疑者だけでも約100人
そのうち28人が起訴され死刑や終身刑などの判決を受けた
また1946年には戦争犯罪人や軍人指導的立場の戦争協力者を公務から排除する「公職追放」により多くの人が職場を追われた
なお占領が終わる頃の1950年から追放解除され始めた

関連トピック

- 政治
- 対米関係

1850
明治
1900
1910
大正
1920
昭和
1930
1940
1950
1960
1970
1980
平成
1990
2000
2010

日本はアメリカの支配下に置かれた

終戦後、日本はポツダム宣言にもとづき、連合国によって占領されることになった。**しかし4カ国により分割統治されたドイツとは違い、アメリカ軍による単独占領となった。**アメリカは早速マッカーサー元帥を最高司令官とする連合国軍最高司令官総司令部（GHQ）を東京に設置、日本に対し指令を出すことになった。ただし統治の最高機関はじつはGHQではなく、ワシントンに置かれた極東委員会だったため、日本は事実上アメリカ政府の直接の支配を受けることになったのだ。

戦後最初の内閣は東久邇宮稔彦《ひがしくにのみやなるひこ》を首相とする皇族首班内閣だった。**GHQは法制定を待たずにポツダム勅令によって日本に改革の要求を伝えたが、これは政府にとって受け入れがたいものだった。**というのも「治安維持法」や「特高警察の廃止」など制度上の改革だけならまだしも、「政治犯の釈放」「天皇に関する自由な議論の奨励」という日本の根幹を揺るがす内容を含んでいたからだ。そのため、政府は占領政策と対立。結局たった54日間で総辞職することになった。

キーパーソン

マッカーサー（1880〜1964）
アメリカの軍人。陸軍元帥、終戦後は連合国軍最高司令官を務める。朝鮮戦争では国連軍最高司令官。

東久邇宮稔彦（1887〜1990）
久邇宮朝彦親王の第9子。東久邇宮家を創立。戦時中は陸軍大将。戦後皇族として初の内閣を組織。

図解でわかる！

連合国の日本統治組織

GHQの諮問《しもん》機関として、対日理事会が設置されたが、マッカーサーが諮問しなかったため、実質的にあまり機能しなかった。

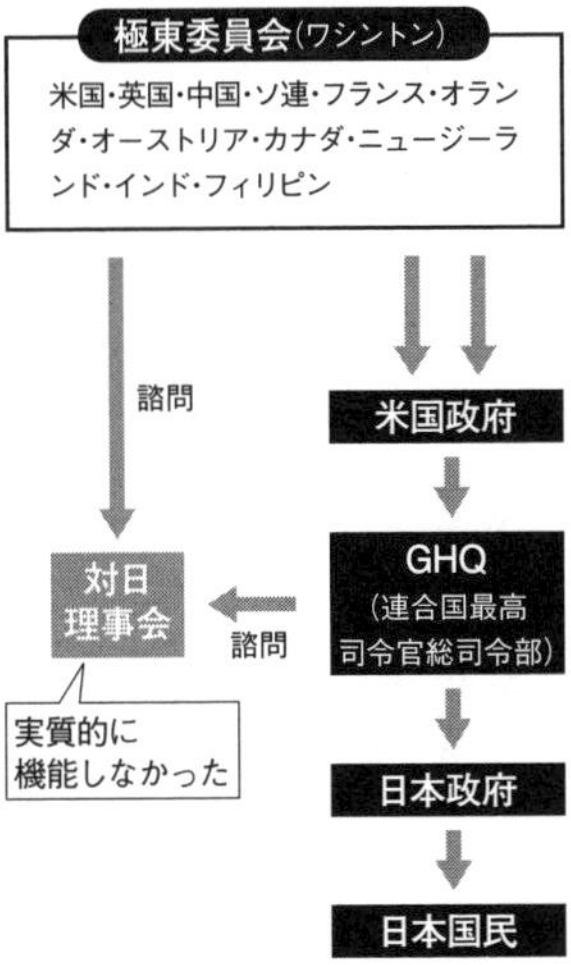
極東委員会（ワシントン）
米国・英国・中国・ソ連・フランス・オランダ・オーストリア・カナダ・ニュージーランド・インド・フィリピン
諮問
米国政府
GHQ（連合国最高司令官総司令部）
諮問
対日理事会
実質的に機能しなかった
日本政府
日本国民

1945年の世界情勢　**ベトナム民主共和国成立**：日本の敗色が濃厚になると、ホー・チ・ミン率いるベトミンがベトナム全土を掌握。9月2日ベトナム民主共和国を建国した。

民主化政策
日本政府に出された五大改革指令

関連トピック

- 政治
- 憲法
- 対米関係

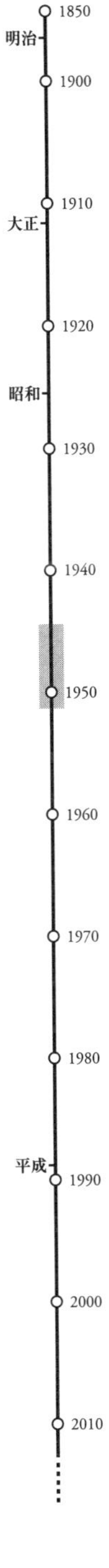

ＧＨＱは財閥解体をとくに重視した

東《ひがし》久邇宮《くにのみや》内閣の総辞職後、親米派の幣原喜重郎《しではらきじゅうろう》を首相とする内閣が誕生。マッカーサーは幣原に対し、**「婦人解放」「労働組合の結成」「教育の自由化」「圧制的諸制度の撤廃」「経済の民主化」**の五大改革指令を下した。幣原内閣と次の第一次吉田《よしだ》茂《しげる》内閣は、この指令に従い次々と民主化を推進していった。

ＧＨＱがとくに重視したのが「経済の民主化」だ。彼らは財閥が兵器生産の中心であり、軍国主義の温床になってきたと考え、過度経済力集中排除法などを制定。それにより三井、住友、三菱など15の財閥が解体されることになった。財閥に投資し支えていた大地主も民主化の対象となり、農地改革を行って農民を高額の小作料から解放、地主制度も解体された。同時に特高警察や治安維持法が撤廃され、戦争協力者は公職から追放。東条英機《とうじょうひでき》元首相らはA級戦犯として東京裁判で裁かれた。

一方、女性には参政権が与えられ、労働者には労働三法が制定されるなど、国民の権利が拡大。教育では教育基本法や学校教育法が制定され、六・三・三・四の新学制が発足した。

キーパーソン

幣原喜重郎（1872〜1951）
外相、駐米大使を歴任する。立憲民政党内閣では協調外交を行い、1945年首相に就任。

寺崎英成《てらさきひでなり》（1900〜1951）
外交官。日本大使館勤務。天皇の通訳官、アドバイザー。『昭和天皇独白録』を記録する。

クレーマー（1906〜1957）
アメリカの軍人。GHQ初代経済科学局長。三井・三菱・住友・安田の四大財閥の解体を進めた。

図解でわかる!

戦前と戦後の学制の比較

戦前は義務教育が尋常小学校のみ。戦後は小学校、中学校が義務教育の対象になった。

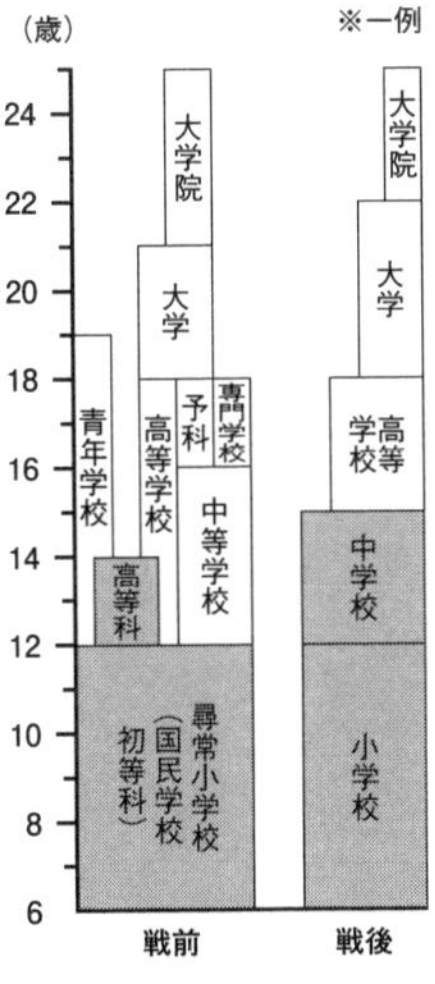

1948年の世界情勢　**イタリア共和国成立**：イタリアで国民投票が行われ、王制廃止が決定しイタリア共和国が成立する。初代大統領にエンリコ・デ・ニコラが就任。

政党の結成や復活 GHQが認めた中道内閣

日本からは政党がなくなっていたが
戦後になると

さまざまな党が復活・誕生した

翌年に戦後初めて
衆議院議員総選挙が

第一党となる

公職追放された
鳩山一郎に代わり
吉田茂が総裁に
その後政党は
合流や解党を繰り返し
今の形になっていった
共産党
自由党
進歩党
社会党
自由民主党
そうして1955年には
日本民主党と自由党が合同し
自由民主党が誕生した

関連トピック

- 政治
- 対米関係

ＧＨＱが評価した中道路線政治

民主化政策の実施で、解散した各政党も次々と復活する。日本共産党は徳田球一《とくだきゅういち》らが釈放され、合法的な政党として認められた。さらに旧無産政党が集まった日本社会党、立憲政友会系で翼賛体制には非協力的だった日本自由党、旧立憲民政党系で翼賛体制を担った議員を中心に結成された日本進歩党（のちの民主党）、労使協調を標榜する日本協同党（のちの国民協同党）などが誕生した。一方でＧＨＱは戦争協力者には厳しい態度で臨んだ。**１９４６年公職追放指令を出し、翼賛選挙の推薦議員や、軍部の暴走をもたらした鳩山一郎らを政界から追放。**

同年４月戦後最初の総選挙が行われ、日本自由党が第一党になった。公職追放処分を受けた鳩山に代わり親英米派の吉田《よしだ》茂《しげる》が党首となり、第一次吉田内閣を組織したがこの政権は短命に終わる。１９４７年に衆参両院議員選挙が行われたところ、日本社会党が衆議院の第一党になった。首班には委員長の片山《かたやま》哲《てつ》が選出され、民主党、国民協同党と連立内閣を打ち立てた。**ＧＨＱはこの政権を「中道路線内閣」と高く評価した。**

キーパーソン

徳田球一（１８９４〜１９５３）
弁護士、政治家。戦前の非合法政党時代から戦後初期にかけての日本共産党の代表的活動家。

吉田茂（１８７８〜１９６７）
戦前は外交官。日本自由党、民主自由党、自由党総裁。１９４６〜１９５４年まで計７年間政権を握る。

片山哲（１８８７〜１９７８）
弁護士。１９３０年から無産政党議員に。日本社会党結成の立役者で、１９４７年片山内閣を組織。

風俗と習慣

復活した政党とその特徴

区分	政党	代表者	特徴
保守	日本進歩党	町田忠治	旧立憲民政党で翼賛体制を担った大日本政治体が母体。
保守	日本自由党	鳩山一郎	旧立憲政友会で翼賛体制に非協力的だった議員で結束。
中道	日本協同党	山本実彦	中間保守政党。農林・中小商工業者中心。
革進	日本社会党	片山哲	社会民主主義を目指す。旧無産政党の右派・中間派が統合。
革進	日本共産党	徳田球一	反戦を訴え政治犯として捕えられた徳田が出獄後に合法の政党として結成。

1947年の世界情勢　**マーシャル・プラン発表**：アメリカの国務長官ジョージ・マーシャルが、大戦で被災した欧州諸国のために欧州復興計画「マーシャル・プラン」を発表した。

日本国憲法
たった1週間で作られた憲法

関連トピック
- 憲法
- 対米関係

GHQへ提出するより前に毎日新聞にスクープとして記載された松本案にはこう書かれていた
毎日新聞
憲法改正
天皇主権は原則維持 軍の制度は存続させる 臣民の権利は 法律で規制できる など…
つまり元々の大日本国憲法とほぼ変わらない内容だった
改正内容はポツダム宣言に書かれていたのに変える気はないということか！
日本人には民主的な憲法は作れない
こうしてGHQ民政局で草案が作られることに
・天皇は元首とするが憲法に基づく
・戦争の放棄
・封権制度は廃止
憲法はこのように改正しなさい！
これらは「マッカーサーの三原則（ノート）」とも呼ばれ この内容を元にGHQ民政局が「日本国憲法」の草案を作ったのだ
このような経緯で完成したため「押しつけ憲法」などと呼ばれたり改憲論が戦後70年たった今でも叫ばれているのかもしれない…

憲法はＧＨＱが作りあげた

1945年ＧＨＱは幣原《しではら》内閣に憲法改正を指示した。幣原首相は松本烝治《まつもとじょうじ》国務大臣を委員長とする憲法問題調査委員会を政府内に発足させ早速改正試案に取りかかった。しかし出来上がったものが依然、天皇の統治権を認める非民主的なものだったため、マッカーサーはこの案を拒否。「日本政府が自ら憲法を作りあげるのは無理」と判断し、**ＧＨＱのホイットニー民政局長に草案の起草を指示**。**ホイットニーは、わずか1週間で憲法草案を完成させた**。そのＧＨＱ案は現在の日本国憲法と大きく変わらないもので、すでに「国民主権」「基本的人権の尊重」「戦争の放棄」などの内容が含まれていた。

日本政府はこれに多少手を加えたものを政府原案として発表。その際、ＧＨＱ案だということでは国民に示しがつかないので、**大日本帝国憲法を改正するという形で衆議院と貴族院で修正可決した**。日本側が修正した部分は議会制度などで、ＧＨＱ案では一院制だが、政府の強い希望で衆議院、参議院の二院制になった。

キーパーソン

松本烝治（1877～1954）
商法学者。終戦後、憲法草案（松本試案）を作成し、政府とＧＨＱに提出した。

ホイットニー（1897～1969）
アメリカ合衆国の弁護士・法学博士。第二次世界大戦では陸軍の将官。憲法草案制定会議の責任者。

近現代史裏話

新憲法下での主な法改正

新憲法下ではＧＨＱの指導の下、左のような法整備、法改正がなされた。

- **新民法**…男女平等の婚姻、財産の均分相続制を制定。戸主制廃止。
- **刑事訴訟法改正**…捜査、勾留などを厳しく制限。新たに黙秘権が認められる。
- **刑法改正**…大逆罪、不敬罪廃止。妻の不倫のみを罰する姦通罪の廃止。
- **地方自治法**…地方首長の公選制、リコール制を制定。内務省は廃止。
- **国家公務員法**…任用、服務、懲戒を規定。国家公務員は国民への奉仕者と規定。

戦力の放棄をうたった憲法第9条

可決された憲法は１９４６年11月３日に公布され、翌年の５月３日から施行された。新憲法では「国民主権、平和主義、基本的人権の尊重」を原則とし、国会は「国権の最高機関」とされた。天皇は「日本国民統合の象徴」となり、政治的権力をもたないと定義された。

第９条には「日本国民は、正義と秩序を基調とする国際平和を誠実に希求し、国権の発動たる戦争と、武力による威嚇又は武力の行使は、国際的紛争を解決する手段としては、永久にこれを放棄する」とされている。さらに、同条第二項には、「前項の目的を達するため、陸海空軍その他の戦力は、これを保持しない。国の交戦権は、これを認めない」と書かれている。これはアメリカが、無条件降伏した日本を、二度と自国に逆らえない国にしようと考えた結果とも考えられる。

その後、新憲法の下、さまざまな法律の制定や改定がなされていった。たとえば１９４７年に改正された新民法では戸主制度が廃止され、男女平等の婚姻や財産分与が盛り込まれた。

図解でわかる!

松本案とＧＨＱ案の相違

松本が作成した憲法改正要綱を否定したマッカーサー案は天皇を政治的権力をもたない存在と定めた。

GHQ案（マッカーサー案）		松本案
1 天皇は、国家の元首の地位にある。皇位の継承は、世襲である。天皇の義務および機能は……（略）人民の基本的意思に対し責任を負う」	天皇の主権	第３条 天皇ハ至尊ニシテ侵スヘカラス 第56条 枢密顧問ハ天皇ノ諮詢ニ応ヘ重要ノ国務ヲ審議ス 第57条 司法権ハ天皇ノ名ニ於テ法律ニ依リ裁判所之ヲ行フ
2「国家の主権的権利としての戦争を放棄する。日本は、紛争解決のための手段としての戦争、および自己の安全を保持するための手段としてのそれをも、放棄する…」	戦争	第11条 天皇ハ軍ヲ統帥ス軍の編制及常備兵額ハ法律ヲ以テ之ヲ定ム

参考：憲法調査会『憲法調査会資料』

1946年の世界情勢

インドシナ戦争（1946〜1954年）：第2次世界大戦直後、旧フランス領インドシナの独立をめぐって、フランスとベトナム民主共和国との間に起きた戦争。

ハイパーインフレ
物の値段が何倍にも上がっていった

関連トピック

- 経済
- 政治

政府は預金を封鎖し、旧貨幣流通を禁止

終戦直後、政府は多額の軍需補償を企業に支払わなければならなくなった。国民は経済への不安から、現金を物に換えようと一斉に預金を引き出した。そのため多額の通貨が増発されることになり、さらに食糧などの物不足も深刻化し、猛烈なインフレーションが起きて、物の値段が何倍にもなった。

幣原内閣は新円を発行して旧円の使用を禁じ、預金を封鎖し一定額しか新円で引き出せないようにして、貨幣の流通量をコントロールしようとした（金融緊急措置令）。しかしあまり効果がなかった。続く吉田《よしだ》内閣は経済復興のため、経済安定本部を設置。有沢広巳《ありさわひろみ》の発案で「傾斜生産方式」を採用。傾斜生産方式とは石炭、鉄鋼などの重要産業部門の生産拡大に重点を置くという政策だ。

また、さらに産業界を後押しするために、**復興金融金庫（復金）を創設し、石炭・鉄鋼をはじめ、電力・海運などの基幹産業の資金供給を開始したが、これはさらなるインフレを招くこととなった。**

図解でわかる!

戦後の物価指数と通貨発行高

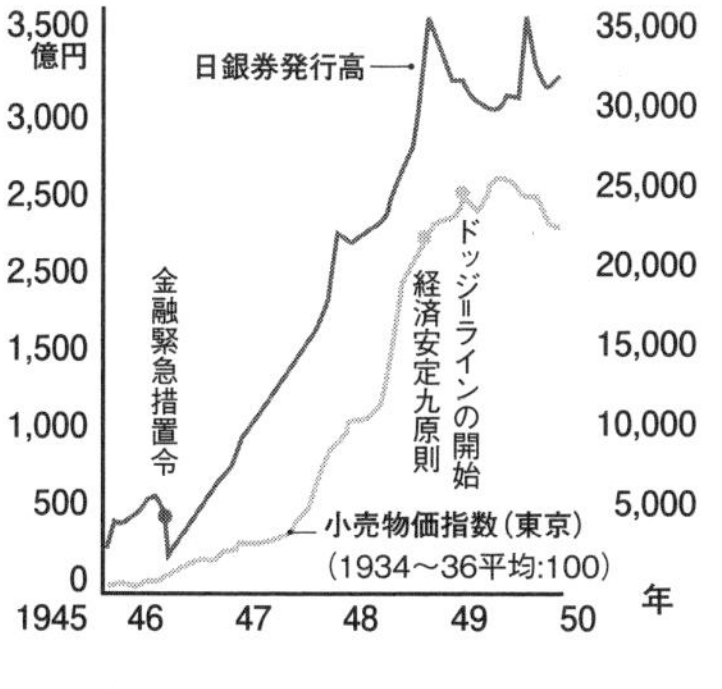

1946年の金融緊急措置例で一時通貨の発行高が下がったが、その後はうなぎ上りで増えていっていることがわかる。

出典：『本邦経済統計』より

キーパーソン

有沢広巳（1896～1988）
経済学者。人民戦線事件で東大を去ったが、戦後大学に復帰。のちに法政大学総長。

渋沢敬三《しぶさわけいぞう》（1896～1963）
財界人、民俗学者。第16代日本銀行総裁、幣原内閣では大蔵大臣に就任し経済政策に携わる。

石橋湛山《いしばしたんざん》（1884～1973）
ジャーナリスト、政治家。第一次吉田内閣では大蔵大臣を務める。その後第55代内閣総理大臣に就任。

1946年の世界情勢　**フィリピン独立**：フィリピンは日本の敗戦で独立の機会を失いアメリカの植民地に戻ることを余儀なくされたが、1946年のマニラ条約で再独立した。

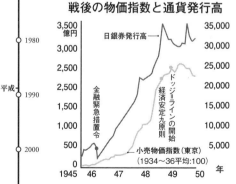

食糧難・大衆運動
人口増大で起きた深刻な社会問題

戦争によって国民生活は破綻、経済は崩壊
1945年の大凶作で深刻な食糧不足となり国からの食糧配給は滞っていた
物価は暴騰し国民の多くは飢えていた
ぐぅぅ…
1946年 皇居前広場で食糧メーデーが行われる
わーーッ
わぁー
ぞろ
ぞろ
食糧
デモ隊は現状の劣悪な食糧事情を訴え改善を求めたが
ワタシタチハオナカガペコペコデス
米
翌日GHQの最高司令官ダグラス・マッカーサーの声明により沈静化した
1947年には二・一ゼネストが計画
ストライキが起これば鉄道、電話、学校、郵便などがマヒし大混乱となる
これもマッカーサーが中止させた
ゼネストは認めないラジオでストは中止だと放送するんだ
うう…
全官公庁共同闘争委員会議長
伊井弥四郎
しかしその後も公務員を中心とした労働運動が続いたため公務員のストライキが禁止されることに

関連トピック

- 経済
- 社会問題

農村への買い出しで食いつないだ

終戦直後は海外からの軍人の復員（各自の家庭に戻ること）が約310万人、中国・南方からの引揚者が約320万人にのぼり、一気に国内の人口が膨れ上がった。さらに軍需工場の閉鎖などで大量の失業者が生まれた。そのうえ1945年は記録的な凶作で深刻な食糧難が発生。米の配給はサツマイモやトウモロコシなどに代えられ、遅配もあった。**人々は自宅で作物を育て自給したり、農村部への買い出しでなんとか飢えをしのいだ**。また各地の焼け跡には闇市が生まれ、市民は衣類などを売り、闇米を手に入れた。1946年5月には皇居前で食糧メーデー（飯米《はんまい》獲得人民大会）が開かれ25万人が参加した。

こうした国民生活の危機は大衆運動を激化させた。1946年後半には雇用側を排除し、労働組合が自主的に業務を管理運営する生産管理闘争が盛んになった。1947年には二・一ゼネストという戦後最大の労働闘争が計画された。しかし、GHQは「公共の福祉に反する」と、伊井弥四郎《いいやしろう》全官公庁共同闘争委員会議長を連行。ラジオ放送で中止発表をさせた。

図解でわかる!

日本人の海外引揚者数

中国	1,541,329	太平洋諸島	130,968
満州	1,045,525	ベトナム	32,303
香港	19,347	インドネシア	15,593
朝鮮	919,904	ニュージーランド	797
台湾	479,544	ハワイ	3,659
旧ソ連	472,951	沖縄	69,416
樺太・千島	293,533	本土隣接諸島	62,389
オーストラリア	138,843	その他	937,461
フィリピン	133,123	合計	6,296,685

戦争で財産を失った一般居留民と復員将兵が日本に帰国。その総数は約630万人。これ以外に約60万人がシベリアの収容所から移送された。引揚は、1956年頃までかかった。

出典：2003年1月時点。軍人を含む。『厚生労働省社会・援護局資料』より

キーパーソン

伊井弥四郎（1905～1971）
日本の労働運動家。日本共産党中央委員。全官公共闘委員会議長で、二・一ゼネストの最高責任者。

聴濤克巳《きくなみかつみ》（1904～1965）
ジャーナリスト、労働運動家。食糧メーデーで労働者代表として挨拶。1947年右翼に襲われ負傷。

ビキニ環礁で原爆実験：アメリカ合衆国がビキニ環礁で原爆実験を行った。1945年のトリニティ実験、広島、長崎に続く史上4、5番目の核爆発。

冷戦体制の形成
アメリカによるソ連封じ込め作戦

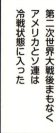

第二次世界大戦後まもなく
アメリカとソ連は
冷戦状態に入った
資本主義
「西側」
共産主義
「東側」
冷戦とは軍事力を
用いた戦争ではなく
経済・外交による
戦争である
それより前の
1945年
ヤルタ会談にて
戦後の世界をどう
分割統治するかなどの
話し合いを行ったが
いくつかの
問題が発生し
冷戦の原因となったと
言われている
アメリカは共産主義と対立する
政府を支援し、ソ連を封じ込める
「トルーマン・ドクトリン」を打ち出し
西
東
東側はコミンフォルムを結成し
共産主義の運動を強め
冷戦構造が固定化していった
象徴的な出来事は
1948年
西側の通貨改革に
反対したソ連による
ベルリン封鎖
ソ連によって
西ベルリンは
鉄道も道路も
電気も断たれた
このままでは
餓死か凍死…
…あれは！
物資だ！
アメリカは空輸で
食糧などを市民に
届けて生活を支えた
ソ連は作戦の失敗を
認めて封鎖を解除した

関連トピック

- 対米関係
- 世界情勢

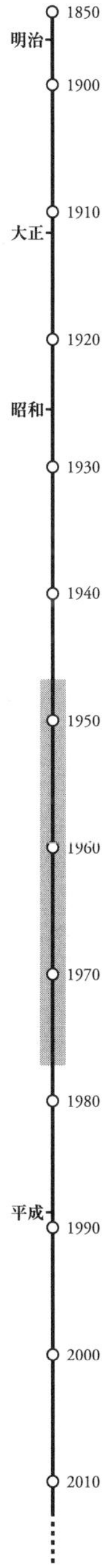

米ソは経済・軍事で激しい競争を展開

原子爆弾を保有するアメリカは、第二次世界大戦末期からドルを基軸通貨にした固定為替相場制と自由貿易体制を構築。資本主義的再建を図り西側諸国をリードした。これに対しソ連は、東ヨーロッパへの影響力を強めコミンフォルム（欧州の共産党・労働党の情報交換組織）を結成、東欧諸国では共産主義体制が樹立されることになった。

１９４７年アメリカのトルーマン大統領はソ連封じ込めの必要性を説き（トルーマン＝ドクトリン）、西欧諸国の復興と軍備増への援助を表明。これによりアメリカを中心とする西側とソ連を中心とする東側の対決姿勢が先鋭化した。西側はアメリカを盟主とする共同防衛組織として、**「北大西洋条約機構」**を結成。一方１９４９年に原爆開発に成功したソ連は、同じく共同防衛組織である**「ワルシャワ条約機構」**を設立した。

両陣営は軍備、経済などあらゆる面で激しい競争を展開したが、これを**「冷戦」**と呼ぶ。一方国際安全保障という点で、国連への信頼感は急速に薄らいでいった。

図解でわかる!

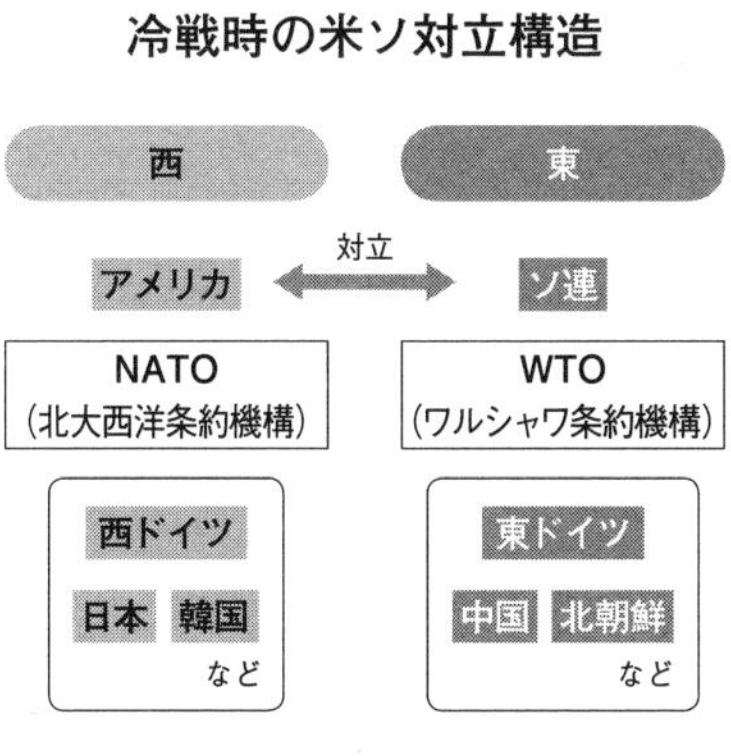

米ソの対立構造を図にすると上のようになる。アジア地域でも朝鮮、ベトナムが南北に分かれることになった。欧州でもドイツが東西に分裂、ベルリンの壁が建てられた。

キーパーソン

トルーマン（1884～1972）
アメリカ第33代大統領。１９４５年に副大統領から大統領に昇格。トルーマン＝ドクトリンを提唱した。

マーシャル（1880～1959）
アメリカ合衆国の陸軍軍人、政治家。戦後マーシャル・プランを立案し、欧州の経済復興を指導した。

ジョージ・オーウェル（1903～1950）
イギリスの作家。「冷戦」という言葉の生みの親。小説『動物農場』『１９８４年』が有名。

1946年の世界情勢
「鉄のカーテン」演説:元イギリス首相チャーチルがアメリカで行った演説。ソ連や東欧諸国の閉鎖的・秘密主義的態度を非難。冷戦時代を端的に表現した。

戦後のアジア 米ソの戦いで引き裂かれたアジア

日本との戦いで内戦を停止していた中国共産党と中国国民党は
終戦後再び内戦を開始
ソ連の支援を受けていた共産党が勢力を伸ばし国民党軍を圧倒
1949年 北京
中国共産党は中華人民共和国を建国する!
毛沢東《もうたくとう》
内戦に敗れ国民党の政府は台湾へと移り中華民国政府を存続
香港
台湾
香港は再びイギリスに植民地支配されそれは1997年まで続いた
また朝鮮は戦後すぐに南北分割統治が行われた
ソ連
北
南
アメリカ
1948年南朝鮮に大韓民国が建国され
李承晩《りしょうばん》
北朝鮮が朝鮮民主主義人民共和国として成立した
金日成《キムイルソン》

関連トピック

- 対米関係
- 東アジア外交

中国には共産党政権が誕生した

冷戦による米ソの緊張は東アジア地域にも影響した。中国では対日戦争終了後、中国共産党と中国国民党の内戦が再開していたが、国民党はアメリカに支援されながらも苦戦。**最終的には共産党が勝利し、1949年毛沢東《もうたくとう》を主席とする「中華人民共和国」が成立した。**翌年、中国はソ連と友好同盟相互援助条約を結び、東側の一員となった。蒋介石《しょうかいせき》を総統とする国民党は共産党に敗れて台湾に逃れた。

中国の情勢変化に直面したアメリカは、極東での対ソ連戦略としての日本の重要性を認識。日本に対する占領政策を大きく変えていくことになる。

一方朝鮮半島では1948年、ソ連が占領した地域に社会主義国である「朝鮮民主主義人民共和国」が成立。初代首相には金日成《キムイルソン》が就任した。これに対し、アメリカが占領した地域には「大韓民国」が建国され、初代大統領には李承晩《りしょうばん》が就いた。このように朝鮮半島は北緯38度線を境に分断され、アメリカ側の「南」とソ連側の「北」の2つに分かれることになった。

キーパーソン

毛沢東（1893〜1976）
中華人民共和国の政治家。1946年より中国共産党中央委員会主席。中華人民共和国を建国した。

蒋介石（1887〜1975）
中華民国の政治家、軍人。中華民国を統一するも、国共内戦で敗退。台湾へ移る。

金日成（1912〜1994）
朝鮮の革命家・独立運動家。ソビエト連邦の支持の下、北朝鮮に朝鮮民主主義人民共和国を建国。

近現代史裏話

蒋介石は日本陸軍に在籍していた

清で生まれた蒋は、1906年に来日。目的は東京振武《しんぶ》学校で学ぶことだったが、そのときは入学を許されなかった。しかしこの渡日で、孫文《そんぶん》率いる中国革命同盟会の陳其美《ちんきび》と出会い交友を深める。蒋は翌年再来日してようやく留学。1910年には日本陸軍に勤務し、新潟県高田市（現上越市）で野戦砲兵隊の隊付将校として実習を受けた。こうした日本での体験によって日中の友好協力を切望するようになった。

1948年の世界情勢　デイル・ヤシーン事件：ユダヤ人テロ組織によるアラブ人大量虐殺事件。当時は第一次中東戦争の直前で、エルサレム近郊で100人以上が殺害された。

占領政策の転換
経済復興をアメリカが支援した理由

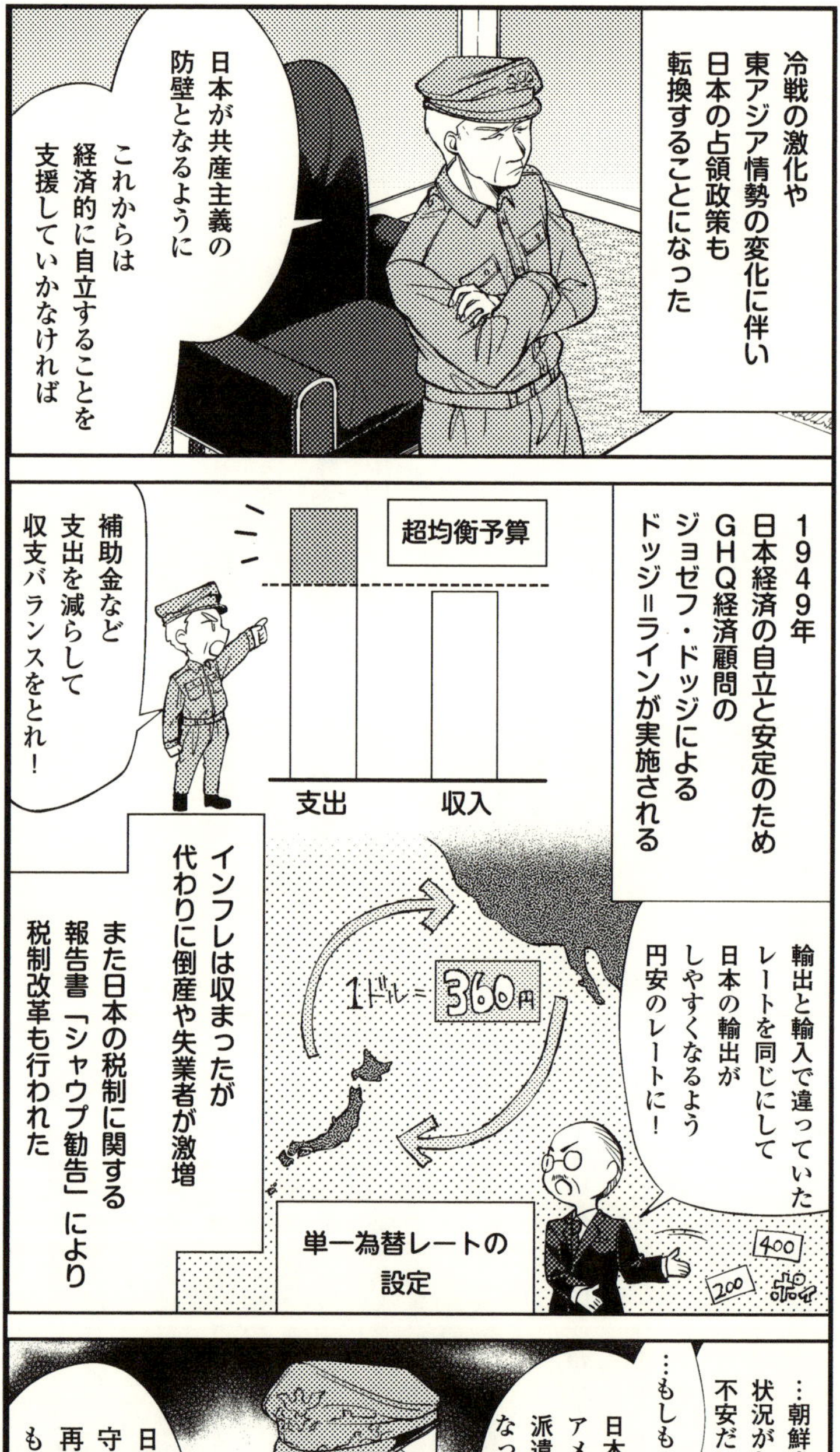

関連トピック

- 経済
- 対米関係

1850 明治 1900 1910 大正 1920 昭和 1930 1940 1950 1960 1970 1980 平成 1990 2000 2010

アメリカは日本支援へと掌を返した

占領政策によって日本を弱体化させたアメリカだが、**アジアの社会主義化が進むと、逆に日本を経済的に支援して自立させ、早めに自由主義陣営の防壁にしようと考えた。**１９４８年にはアメリカ国務省のジョージ・ケナンが、占領政策を改革から経済復興に移すことを提言。その中には戦争賠償の緩和、公職追放の解除、日本の警察力の強化などが含まれていた。これによりＧＨＱも方向転換を余儀なくされた。

ＧＨＱはこの提言に従い、日本政府に経済安定九原則の実行を指令。九原則とは予算の均衡、徴税強化、賃金安定といったものだった。さらにＧＨＱは銀行家のドッジを呼び予算編成を行わせた。ドッジは緊縮財政を断行。**為替レートを１ドル＝３６０円に設定し、日本製品の輸出増加の後押しをした。この政策はドッジ＝ラインと呼ばれている。**ドッジ＝ラインによってインフレは一応収束したが、今度は逆に中小企業の倒産が続発、不況が深刻化した。またアメリカは、シャウプなど税制専門家を派遣し税制の大改革を行わせた。

キーパーソン

ジョージ・ケナン（１９０４～２００５）
アメリカ合衆国の外交官、政治学者。ソ連の封じ込めを狙った冷戦政策を計画したことで知られる。

ジョゼフ・ドッジ（１８９０～１９６４）
アメリカの政治家。後にデトロイト銀行頭取。日本でドッジ＝ラインとして知られる経済政策を立案。

池田勇人《いけだはやと》（１８９９～１９６５）
大蔵官僚、政治家。後に内閣総理大臣に就任。吉田内閣では蔵相を務めドッジ＝ラインを推進する。

年表でわかる!

アメリカの対日経済政策の推移

アメリカは経済・軍事面で大きく占領政策を転換。とくに１９４８～１９４９年はさまざまな識者が来日し、新政策を提言した。

1948
- ケナン来日。本国に占領政策の転換を提言
- GHQが吉田茂内閣に経済安定九原則の実行を指令

1949
- ドッジが特別公使として派遣されドッジ＝ライン指示
- シャウプを団長とする租税専門家チーム来日
- 税制の大改革。累進所得税制を導入
- 不況が深刻化。中小企業倒産が相次ぐ

1950年の世界情勢
インドネシア共和国成立：1949年にオランダがハーグ協定により周辺のオランダ傀儡国家とともに独立を認めたが、翌年にインドネシア共和国に一本化された。

朝鮮戦争
景気回復のきっかけになった戦争

1950年6月
北朝鮮軍が国境線の北緯38度線を超えて韓国に侵攻
朝鮮戦争が勃発
指揮権を与えられたマッカーサーは日本にいたアメリカ軍を朝鮮へと派遣
日本の防衛が不十分になることを防ぐため日本人からなる警察予備隊をつくらせた
中国共産党が優勢になると日本の共産化を恐れGHQは行動を起こす
ざわっ
日本共産党員やそれを支持した人は公務員や民間企業を辞めてもらう!
これを「レッドパージ」と呼んだ
戦争で必要な物資などを日本に発注する「朝鮮特需」も起こり日本の経済も回復
それは日本経済の自立を目標としていたGHQにとっても好都合であった
この調子で日本が自分で生きていける力を得られれば
西側陣営に正式に編入させられる…講和での日本の独立を進めよう…!

関連トピック

- 経済
- 東アジア外交

ソ連抜きの国連軍が北朝鮮へ派遣

中華人民共和国の成立は朝鮮半島の情勢に大きな影響を与えた。朝鮮は北緯38度線を境にして南と北に分かれていたが、**1950年、北朝鮮が突如国境を越えて韓国に侵攻したのだ。これにより朝鮮戦争が勃発、北朝鮮は一時韓国を圧倒し、ソウルを占拠した。**

これに対し国連の安全保障理事会は北朝鮮への武力制裁を決議。**ソ連代表は欠席していたため、アメリカ軍を中心とし、イギリスやフィリピン、オーストラリアなどで構成された国連軍が結成された。**国連軍は仁川《インチョン》上陸作戦で反撃、北朝鮮軍を押し戻し、38度線をこえて北朝鮮領に深く入った。すると今度は中国人民義勇軍が北朝鮮側に加勢。戦況は38度線付近で一進一退の状態になった。

その後、国連軍と北朝鮮は1951年に休戦会談に入り、1953年7月に板門店《バンムンジョン》において休戦協定を調印。戦争前の北緯38度線付近の前線が軍事境界線とされ、**北の朝鮮民主主義人民共和国と南の大韓民国による半島分断が固定化された。**

キーパーソン

毛岸英《もうがんえい》（1922〜1950）
中華人民共和国の軍人。毛沢東《もうたくとう》の長男。朝鮮戦争でロシア語通訳として従軍中、米軍の爆撃で戦死。

大橋武夫《おおはしたけお》（1904〜1981）
吉田内閣法務総裁に任命、国家公務員のレッドパージを指揮。1951年、警察予備隊担当国務大臣に。

近現代史裏話

マッカーサーは原子爆弾使用も考えた

朝鮮戦争の最中、トルーマン大統領は突如マッカーサーを解任した。じつは1951年の時点でトルーマンは「停戦を模索する」との声明を準備していたが、これをマッカーサーは事前に察知。政府の許可を得ずに中華人民共和国への攻撃声明を発表した後、38度線以北への進撃を命令した。またマッカーサーは、原爆の使用をトルーマンに進言したという。トルーマンはマッカーサーの暴走がソ連を刺激し、ヨーロッパまで緊張状態に陥れることを恐れたのだ。その後マッカーサーはアメリカへ帰国。吉田内閣は彼に「名誉国民」の称号を贈った。

1950年の世界情勢　**中華人民共和国承認**：イギリスが中華人民共和国を承認。これにより台湾の国民党政府はイギリスと国交を断絶することになる。

戦争がきっかけで赤狩りが始まった

ところでこの朝鮮戦争は、日本の経済にとっては大きなプラスとなった。ドッジ＝ライン（→P198）により日本は深刻な不況に陥っていたが、**朝鮮戦争では武器や弾薬の製造や自動車・機械の修理などの特殊需要が発生し、景気が急速に回復したのだ**。

戦争はGHQの政策にも影響を与えた。在日アメリカ軍が大挙して朝鮮に出兵したため、日本国内の治安維持に関して不安が出てきた。そこで**GHQは1950年、日本政府に指令を出し警察予備隊を設立させた**。その人員補充のため旧軍人の公職追放解除を進めた。その結果、警察予備隊は7万5000人の組織になり、1952年には保安隊に拡充された。

この頃は**冷戦の影響もあり、共産主義へのアレルギーが強くなった**。朝鮮戦争勃発直前、政府はGHQの指令で共産党中央委員24人を公職から追放。これを機に共産主義者の追放（レッドパージ）が始まり、第三次吉田内閣は政府機関やマスコミ、民間企業などからも共産主義者を追い出した。

風俗と習慣

アメリカ的価値観や生活様式が流入

占領期には占領改革によって思想や言論に対する抑圧はなくなり、従来の価値観が大きく否定され、民主化や個人の解放といった考え方が広まった。またアメリカ的な生活様式や文化が大量に流れ込んできた。

年表でわかる!

朝鮮戦争をめぐる国内外の動き

朝鮮戦争勃発直前のレッドパージから、戦争勃発、終戦までの一連の内外の動きを年表にまとめてみた。

1950 6月	共産党中央委員を公職から追放。北朝鮮が北緯38度線を侵犯。朝鮮戦争勃発
1950 8月	警察予備隊設置
1950 9月	アメリカ軍による仁川上陸作戦
1950 10月	公職追放解除
1951 4月	マッカーサー解任
1951 7月	国連軍と北朝鮮の間で休戦会議開始
1952 4月	公職追放令廃止
1953 7月	板門店で休戦協定が調印される

＼ MAPでわかる! ／

朝鮮戦争の交戦の経緯

アメリカを中心とした強大な国連軍に対し、
北朝鮮は中国人民義勇軍の参戦とソ連の武器提供などの支援を受け対抗。
戦いは一進一退の状態が続いた。

❶ 1950年6月25日 朝鮮戦争勃発

朝鮮民主主義
人民共和国
平壌《ピョンヤン》
北朝鮮軍が
韓国に侵攻
ソウル
大韓民国

❷ 1950年9月14日 北朝鮮軍が韓国を追い詰める

朝鮮民主主義
人民共和国
平壌《ピョンヤン》
北朝鮮軍が韓国
を大邱近くまで
追い詰めた
ソウル
大邱《テグ》
大韓民国

❸ 1950年11月26日 国連軍の介入による戦況の変化

朝鮮民主主義
人民共和国
国連軍介入後、北
朝鮮軍が中国近く
まで追い詰められた
平壌《ピョンヤン》
ソウル
大韓民国

❹ 1953年7月27日 朝鮮休戦協定が調印される

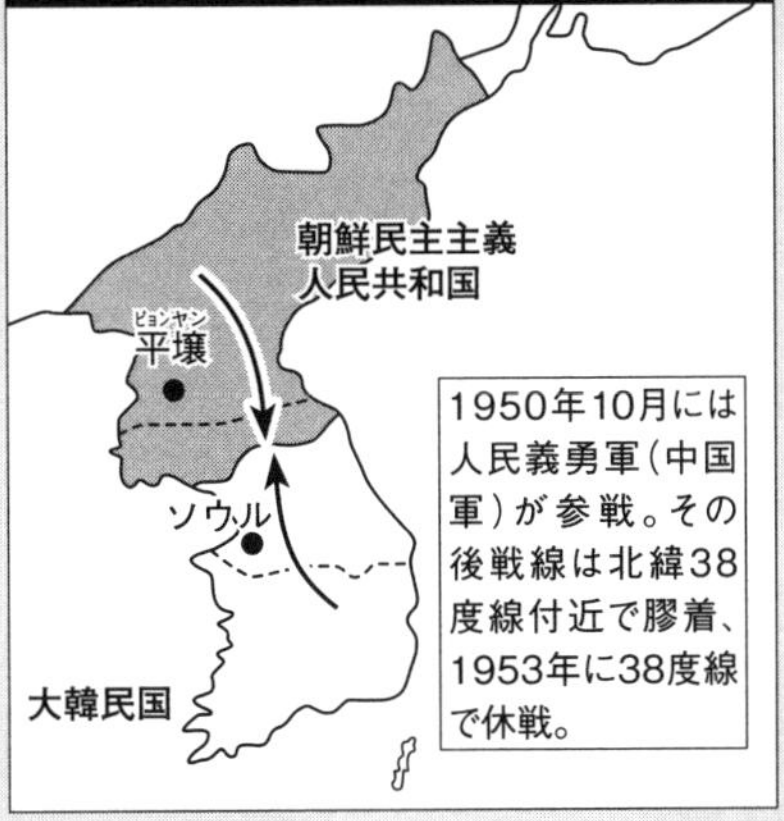
朝鮮民主主義
人民共和国
平壌《ピョンヤン》
1950年10月には
人民義勇軍（中国
軍）が参戦。その
後戦線は北緯38
度線付近で膠着、
1953年に38度線
で休戦。
ソウル
大韓民国

サンフランシスコ平和条約
日本が独立国として主権を回復

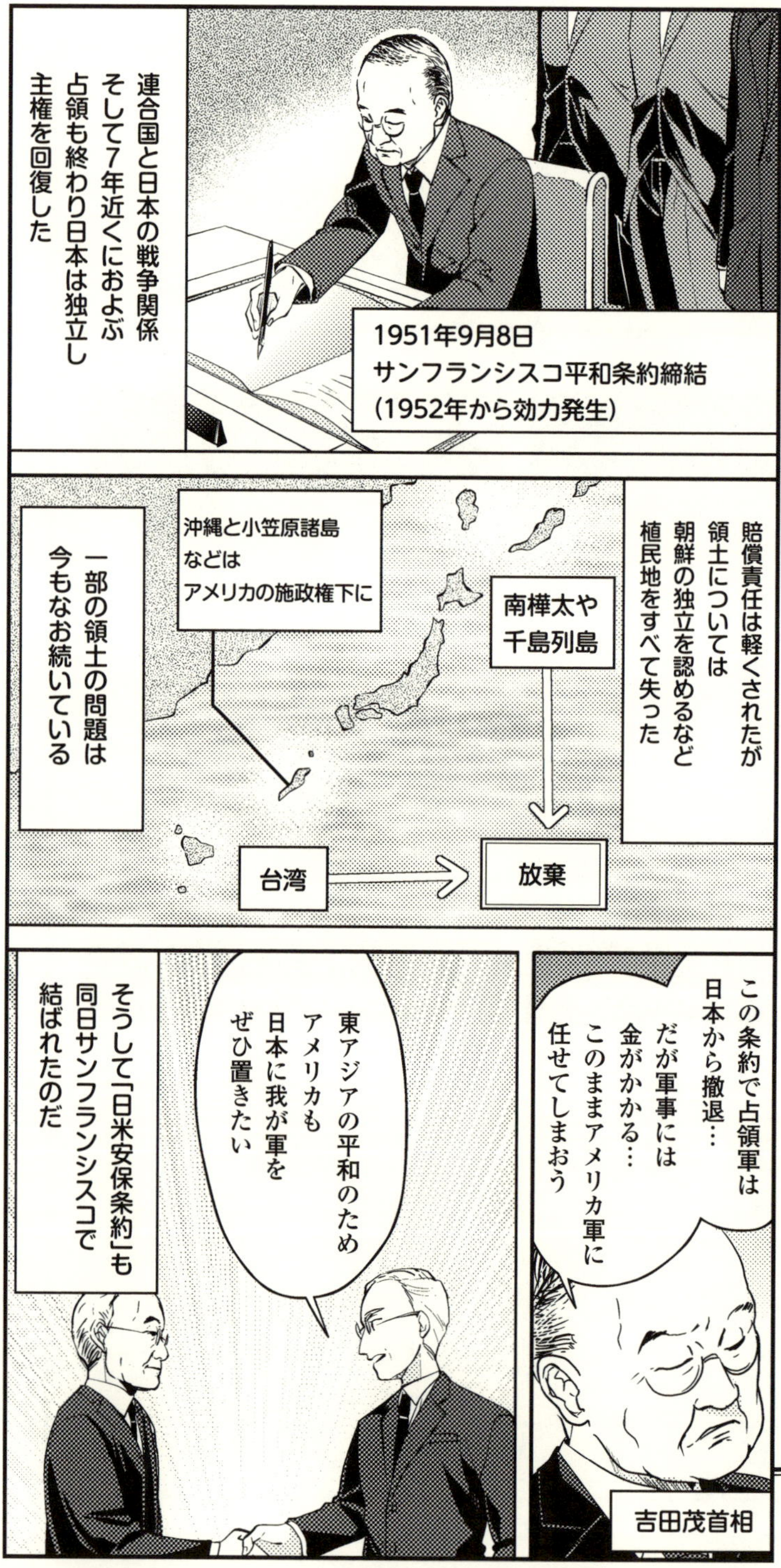
1951年9月8日
サンフランシスコ平和条約締結
(1952年から効力発生)
連合国と日本の戦争関係 そして7年近くにおよぶ 占領も終わり日本は独立し 主権を回復した
賠償責任は軽くされたが 領土については 朝鮮の独立を認めるなど 植民地をすべて失った
南樺太や千島列島
台湾
放棄
沖縄と小笠原諸島 などは アメリカの施政権下に
一部の領土の問題は 今もなお続いている
この条約で占領軍は 日本から撤退…
だが軍事には 金がかかる… このままアメリカ軍に 任せてしまおう
吉田茂首相
東アジアの平和のため アメリカも 日本に我が軍を ぜひ置きたい
そうして「日米安保条約」も 同日サンフランシスコで 結ばれたのだ

関連トピック

- 対米関係
- 世界情勢

1850
明治
1900
1910
大正
1920
昭和
1930
1940
1950
1951
1960
1970
1980
平成
1990
2000
2010

領土に関しては厳しい条件が付けられた

日本が主権を回復するためには、第二次世界大戦における交戦国と講和条約を結び、独立国家であることを認めてもらわなければならなかった。一方アメリカは朝鮮戦争において日本を補給基地にするなど、その戦略価値を認識し、ダレス外交顧問らに、ソ連などを除外した西側諸国のみとの単独講和の準備を進めさせた。ただし「講和後も米軍が日本に駐留する」という条件付きだった。国内にはソ連・中国を含む全連合国との全面講和論もあったが、吉田茂《よしだしげる》首相は、冷戦下では連合国すべてとの全面講和は難しいと考え単独講和を選択。**1951年9月、48カ国とサンフランシスコ平和条約を調印。約6年間の占領がようやく終わり、翌年日本は独立国として認められた。**

賠償責任が軽減されたものの、**領土について厳しい制限が設けられた。それは台湾、南樺太、千島列島の放棄、朝鮮の独立など**である。また、沖縄と小笠原諸島はアメリカの施政権下となった。条約調印と同日、日米安全保障条約（安保条約）が結ばれ、日本は無償で基地を提供することになる。

MAPでわかる!

サンフランシスコ平和条約後の日本の領土

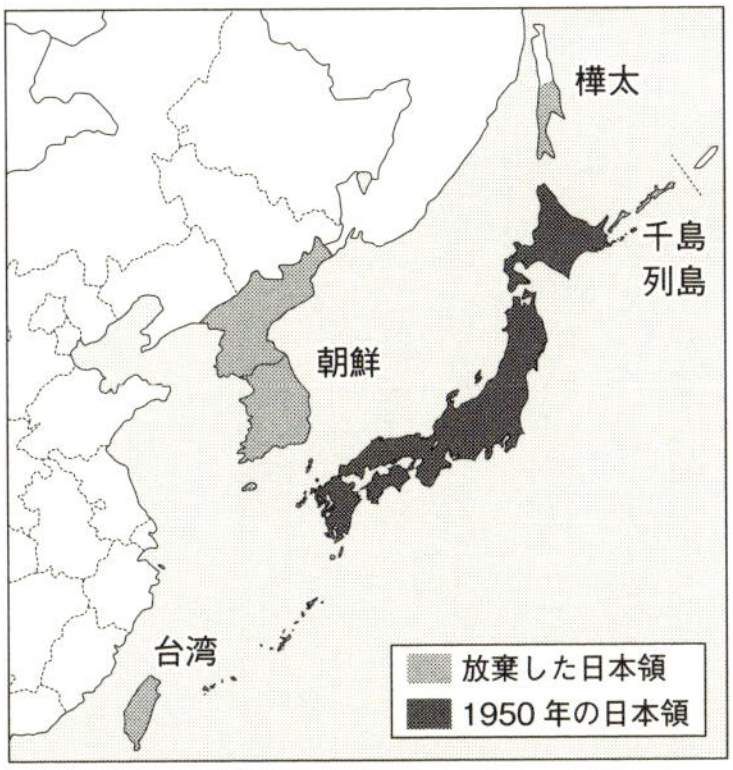
樺太
千島列島
朝鮮
台湾
放棄した日本領
1950年の日本領

太平洋戦争以前とサンフランシスコ平和条約締結後の日本の領土を地図で表してみた。

キーパーソン

ダレス（1888〜1959）
アメリカ合衆国の政治家。安保障条約の生みの親。1953年から1959年まで国務長官を務めた。

南原繁《なんばらしげる》（1889〜1974）
日本の政治学者。東京帝国大学総長、東京大学名誉教授。吉田首相に対し全面講和論を掲げ、論争に。

苫米地義三《とまべちぎぞう》（1880〜1959）
衆議院議員、国民民主党党首。全権団メンバーとして吉田茂首相、池田勇人蔵相と講和会議に出席。

1951年の世界情勢
チャーチル第二次内閣発足:チャーチルは第二次世界大戦終結後退陣したが、1951年に再度選挙で勝利。翌年チャーチル内閣は核実験を行い核保有国に。

60年安保
安全保障条約は対等ではなかった

1957年
安保条約は改定すべきだ！
岸信介（安倍晋三の祖父）
当時締結されていた条約の内容では
アメリカ軍の日本防衛義務が明言されないなどいくつもの不平等があった
岸は条約をより対等にするため安保条約の改定を目指す
1960年ワシントンにて新安保条約を締結
これにより、アメリカの日本防衛義務が明文化され10年の有効期限が明示された
だが、駐在しているアメリカ軍への攻撃には日本も防衛するという内容が問題となる
それが再び戦争へ繋がるのではないかと考え全学連や市民デモ隊など革新勢力が国民を巻き込んで
国会を取り巻いて非常に激しい反対運動を行った
反対

関連トピック

- 社会問題
- 政治
- 対米関係

1850 明治 1900 1910 大正 1920 昭和 1930 1940 1950 1960 1970 1980 平成 1990 2000 2010

安保反対のデモが国会を取り巻いた

1951年に調印された日米安保条約は、対等といえるものではなかった。たとえば条項にはアメリカの日本防衛義務は明示されず、逆にアメリカに必要が生じれば、日本のどの地域でも基地の提供を日本政府に要求できることになっていた。

翌年日米行政協定が締結されたが、やはり米軍施設の無償提供や分担金の負担、米軍人およびその家族の刑事裁判上の特権など、日本に不利な条項が盛り込まれていた。

1957年に岸信介《きしのぶすけ》内閣が誕生すると、岸はこの不平等の是正に動き出した。その結果、**1960年に岸信介首相とアイゼンハワー大統領との間で新安保条約が調印された。**新条約ではアメリカの日本防衛義務、在日米軍の軍事活動の事前協議制、条約期限（10年）などが決められた。一方で日本の自衛力強化も盛り込まれ、革新勢力は新安保条約によって冷戦に巻き込まれると危惧。安保反対運動を激化させた。**これにより「60年安保闘争」が起き、市民を含む革新勢力を中心とした巨大なデモが国会を取り巻くことになる。**

キーパーソン

アイゼンハワー（1890〜1969）
アメリカ合衆国の軍人、政治家。連合国最高司令官、NATO軍最高司令官。第34代大統領。

岸信介（1896〜1987）
政治家、官僚。自由民主党初代幹事長、外務大臣を経て、内閣総理大臣に。「昭和の妖怪」と呼ばれた。

近現代史裏話

国会に警察隊が導入された

60年の安保改定時には空前の反対運動が起こった。デモは日本社会党、日本共産党などの安保改定阻止国民会議、全学連が中心になり、一般国民を巻き込み参加者は33万人にもなった。彼らは国会や首相官邸に乱入することもあった。しかし、A級戦犯として逮捕された後首相となり、「昭和の妖怪」といわれた岸内閣は、警察官1000人を衆議院内に引き入れ条約案も強行採決。国民は当初会期延長のためと考え、まさか強行採決に至るとは思っていなかった。そのため強引な手法に衝撃を受け、反対運動はますます盛んになり、岸内閣退陣運動も起こった。

1960年の世界情勢
南ベトナム解放民族戦線結成：南ベトナムで1960年12月に反アメリカ・反帝国主義を標榜する統一戦線組織が結成された。通称「ベトコン」。

独立回復後の日本

アメリカの強い要求で自衛隊が発足

日本の独立回復前後から吉田内閣の政治は方向性を変えていった
アメリカべったりになり共産主義者を排除し、財閥解体をやめ
再軍備により創設した警察予備隊は保安隊、そして自衛隊へ強化・再編
…なんか戦前に戻ったみたいだよな
だから皆「逆コース」って呼んでるんだ
ほかにも暴力的活動に対する規制「破壊活動防止法」
暴力活動は ×
ぐぐ…
警察法も改正（新警察法）中央集権化された
国家地方警察
自治体警察
警察庁＋都道府県警察
この頃になるとアメリカ軍との関係を考えさせられる事件も増えていた…
反対
基地撤収
内灘事件
アメリカ軍が戦争に使う砲弾を日本国内で製造していたがその性能を試すための射撃場設置への反対運動
第五福竜丸事件
マグロ漁船「第五福竜丸」がビキニ環礁でアメリカ軍が行っていた水爆実験により被爆し死者が出た事件

関連トピック
- 社会問題
- 対米関係

皇居前でデモ隊と警察隊が衝突した

平和条約調印後（→Ｐ２０４）、吉田茂《よしだしげる》内閣は労働運動や社会運動を抑え込むために奔走。**１９５２年５月、メーデーのデモ隊が使用不可の皇居前広場に侵入、警官予備隊と衝突し多数の死傷者を出した（血のメーデー事件）**。これを機に吉田は破壊活動防止法を成立させ、調査機関として公安調査庁を設置。

条約発効後、警察予備隊は保安隊に改組されたが、アメリカの要求はさらに高まり、**１９５４年、自衛力強化を義務付けるＭＳＡ協定が結ばれた。これにより政府は防衛庁を新設、保安隊と警備隊を統合させ自衛隊を発足させた**。

こうした吉田内閣の動きに対し、社会党、共産党などの革新勢力は占領改革の成果を打ち消す「逆コース」だと批判、反対運動を起こした。アメリカへの風当たりも強くなり、石川県の内灘《うちなだ》や東京都の砂川ではアメリカ軍基地反対闘争が起きた。同じく１９５４年にビキニ環礁で操業中の日本漁船がアメリカの水爆実験によって被爆する事件が起き、全国に原水爆禁止運動が広がっていった。

キーパーソン

木村篤太郎《きむらとくたろう》（１８８６〜１９８２）
弁護士、政治家。幣原内閣時の検事総長。吉田内閣時は司法大臣。破壊活動防止法案制定に関わる。

久保山愛吉《くぼやまあいきち》（１９１４〜１９５４）
マグロ漁船第五福竜丸無線長。南太平洋ビキニ環礁付近で操業中核実験で被爆。半年後に亡くなる。

年表でわかる!

労働・社会運動抑圧の歴史

自由党内閣であった吉田茂内閣は１９５０年代には徹底的に労働運動、社会運動を抑えた。その歴史をまとめてみた。

1949 団体等規正令改正

1950
徳田球一ら９人の日本共産党幹部に対し団体等規正令違反で逮捕状

1952
血のメーデー事件
破壊活動防止法成立。団体等規正令を補強したものだった。同時に公安調査庁設置
内灘事件。基地反対闘争が全国化するきっかけに

1954 新警察法公布

1956
砂川事件。警官隊と衝突し流血事件に発展

1954年の世界情勢
原子力による発電開始：ソ連のモスクワ近郊オブニンスクで世界初の原子力発電所が運転開始。その後アメリカ、イギリスなどでも原子炉がつくられた。

55年体制
自由民主党による安定政権の時代

逆コースや憲法改正の動きが起こったことによりそれをよく思わない人々が声を上げた
ドンッ
日本社会党
憲法の改正も再軍備もやめて非武装であるべきだ！
それまで日本社会党内は右派・左派に完全に分かれて活動していた
しかし選挙で議席数を増やし憲法改正を阻止できる議席数の3分の1を確保した
よし！ここは協力して改憲を阻止しよう！
再統一された日本社会党や共産党勢力は「革新勢力」と呼ばれた
日本社会党の再統一に対し二つの保守政党も合併自由民主党が誕生したこの1955年から約40年間保革の対立が続くが自民党が政権を握り続けた
これを「55年体制」と言う
自由民主党
日本社会党
自由党＋日本民主党
左派＋右派
議席数
1と2分の1政党制とも
その後池田勇人内閣そして佐藤栄作内閣を経て保守政権は1993年まで続いたのだ

関連トピック

政治

1850
明治
1900
1910
大正
1920
昭和
1930
1940
1950
1960
1970
1980
平成
1990
2000
2010

40年間不変の長期政権に

「逆コース」批判以来、社会党は順調に党勢を拡大、再軍備反対を掲げ、議席を増やしていった。さらに1954年、造船会社と政界有力者の贈収賄が暴露された「造船疑獄事件」が起きると、野党勢力は吉田内閣を追及、退陣にまで追い込んだ。続いて成立した日本民主党の鳩山一郎《はとやまいちろう》内閣は憲法改正、再軍備を表明したので野党の猛反発にあった。

その後、**1955年の選挙で社会党は改憲阻止に必要な3分の1の議席を確保。これに保守勢力は危機感を抱き、自由党と日本民主党が合流して自由民主党（自民党）を結成した。**初代総裁には鳩山一郎が就任。自民党は議会では3分の2の議席を保有し、圧倒的な勢力となった。**自民党の長期政権は「55年体制」と呼ばれた。**1957年に岸信介《きしのぶすけ》、1962年に池田勇《いけだはや》人《と》、1962年には佐藤栄作《さとうえいさく》内閣が誕生し、**1993年まで自民党政権が続くことになる。**池田首相は「所得倍増」を掲げ、高度成長を促進する経済政策を展開。佐藤首相は7年の長期政権で、日韓基本条約締結や、沖縄返還などの成果を残した。

キーパーソン

鳩山一郎（1883〜1959）
日本の政治家、弁護士。第52〜54代内閣総理大臣。日ソ国交回復、国連加盟を実現した。

池田勇人（1899〜1965）
大蔵官僚から始まり自由党政調会長・幹事長を歴任。第58〜60代内閣総理大臣。高度経済成長政策を推進。

年表でわかる!

自由民主党政権の歴代内閣

55年体制と呼ばれる長期自民党政権の歴代内閣総理大臣を年代別に並べてみた。この中で特に長かった政権は佐藤栄作と中曽根康弘《なかそねやすひろ》。逆に短命政権だったのが宇野宗佑《うのそうすけ》だ。

1954〜1956	鳩山一郎（52〜54）
1956〜1957	石橋湛山（55）
1957〜1960	岸信介（56〜57）
1960〜1964	池田勇人（58〜60）
1964〜1972	佐藤栄作（61〜63）
1972〜1974	田中角栄（64〜65）
1974〜1976	三木武夫（66）
1976〜1978	福田赳夫（67）
1978〜1980	大平正芳（68〜69）
1980〜1982	鈴木善幸（70）
1982〜1987	中曽根康弘（71〜73）
1987〜1989	竹下登（74）
1989〜1989	宇野宗佑（75）
1989〜1991	海部俊樹（76〜77）
1991〜1993	宮沢喜一（78）

※カッコ内は代。

1955年の世界情勢
ディズニーランド開園：アメリカのカリフォルニア州アナハイム市にディズニーランドがオープンした。ディズニー社で最初に建設したテーマパーク。

高度経済成長
毎年10%の成長を達成した日本経済

敗戦後
一時的に落ち込んだ
日本の経済は復興へ
1955年から
高度経済成長がはじまる
そのほかにも円安相場で
輸出に有利だったり
給与も上がり働く人間が
充実してきたりしたことも一因だ
数年前の朝鮮特需の
影響で重工業の技術力も
格段に上がったな
エネルギーも
石炭から石油に
その石油も安く
輸入できるからな
広く普及した
白黒テレビ・電気洗濯機
電気冷蔵庫は
「三種の神器」と呼ばれた
家事の時間が減って
私たちも働ける
ようになったわ
1964年の
東京オリンピック
1970年の
大阪万博による
特需も経済成長を加速
日本の経済力は
増していった

関連トピック

- 経済
- 社会問題

日本の社会構造が根底から変わった

　朝鮮戦争による特需景気に勢いづけられた日本は、その後4つの大型景気を享受する。それが「神武《じんむ》景気」「岩戸《いわと》景気」「オリンピック景気」「いざなぎ景気」だ。**これらの好景気を含む1955〜1973年の18年間は経済成長率が年平均10%程度となり、「高度経済成長期」と呼ばれた。**この高度経済成長を支えたのは右肩上がりに伸びる輸出で、とくに自動車、電気機械、化学、鉄鋼といった分野は増産のため膨大な設備投資が行われた。工場にはアメリカの先進技術が導入され、さらに日本人特有のまじめさ、勤勉さが加わり、高品質、低コスト製品の大量生産が実現した。

　資金的な余裕ができた企業は、雇用待遇を大幅に改善し、終身雇用、労使協調、年功序列型賃金の3つを柱とする日本的経営が実現した。**経済の急成長は同時に産業の淘汰と、構造の変化につながった。**すなわち経済全体における農業、漁業など第一次産業の比重が大きく下がり、製造業を中心とした第二次産業、サービス業などの第三次産業が伸びたのだ。

キーパーソン

松下幸之助《まつしたこうのすけ》（1894〜1989）
実業家。パナソニック（松下電器製作所）の創始者。大阪万博に松下電器館を出展して話題になる。

井深大《いぶかまさる》（1908〜1997）
実業家、電子技術者。盛田昭夫とともにソニーを創業。常に斬新な商品を提供、世の中をリードした。

中内㓛《なかうちいさお》（1922〜2005）
実業家。「ダイエー」を創業、日本に流通革命を起こす。1972年売上高で日本第一位に。

風俗と習慣

高度成長期の文化は？

　高度経済成長期に入ると、国民は生活にゆとりが出てきて、余暇にお金をかけるようになった。そのためレジャー産業が発達し、遊園地などさまざまな施設ができた。さらに1964年の東京オリンピック、1970年の大阪万国博覧会などが開催され、日本全体が高揚感に包まれていった。マスメディアも飛躍的に発達。特にテレビは1960年半ばまでにほとんどの家庭に普及した。新聞、雑誌も部数が急増した。

1962年の世界情勢
キューバ危機：ソ連のキューバでのミサイル基地建設計画を偵知したアメリカがキューバ海域を軍事的に封鎖。米ソによる核戦争の危機を招いた。

高度経済成長で深刻なひずみが生まれた

高度経済成長期は、**都市への人口流出が深刻になり、地方は過疎化し、逆に大都市は人であふれるようになった。**このように若い世代を中心とした人口移動が核家族化を生み出したのだ。

太平洋側には埋め立てによる新工場の建設ラッシュが続き、重化学工業地帯（太平洋ベルト地帯）が出現。その周辺地域は著しい住宅難になり、対策としてニュータウンなど集合住宅が次々と作られた。しかしながら住宅は十分な広さではなく「ウサギ小屋」などと揶揄《やゆ》されたこともあった。

一方で給与が上昇し、人々は生活にゆとりができ、多くの耐久消費財を購入するようになり、白黒テレビ、電気洗濯機、冷蔵庫の普及率が90％に達した。自家用自動車も急速に普及してマイカー時代を迎えた。一方で、ひずみも生まれ、社会問題を引き起こした。**とくに新聞の一面を賑わしたのが公害問題で、大気汚染や水質汚濁が起こり重大な環境破壊や健康被害につながっていった。**そのため60年代後半には公害反対運動が起こり、水俣病訴訟など数々の裁判が行われた。

近現代史裏話

高度経済成長が55年体制を倒した？

公害など高度経済成長のひずみは住民の反発を呼び、次々と革新自治体が誕生した。東京では１９６７年に美濃部亮吉《みのべりょうきち》が都知事に当選。これを皮切りに大都市では革新系が圧勝。１９７０年前半の地方選挙では社会党、共産党推薦の候補が次々当選、55年体制にくさびを打ち込んだ。

MAPでわかる!

太平洋ベルト地帯

太平洋ベルト地帯とは、北九州、阪神、中京、京浜を結んだ巨大な帯状の重化学工業地帯だ。ここに産業と人口が集中し、地域間格差も生じた。

＼グラフでわかる！／

高度経済成長期の経済成長率

ここでは朝鮮休戦協定以降の
経済成長率の推移と、それを後押しした
“有史以来”といわれる４つの好況について図で表してみた。

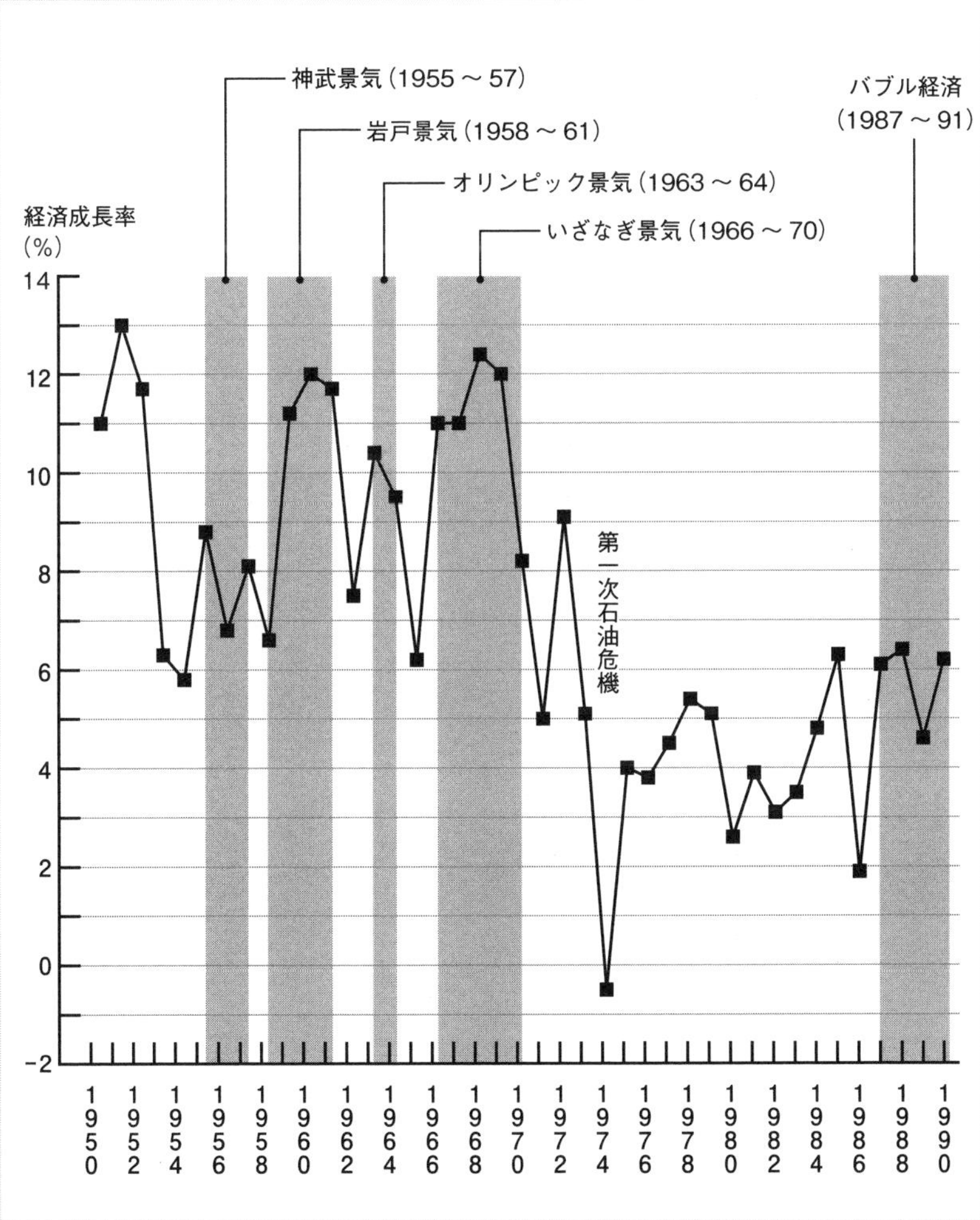

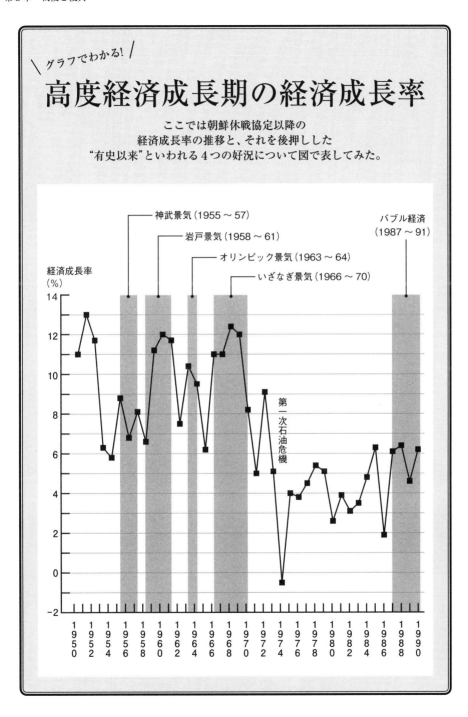

安全保障条約の自動継続
国民から嫌われた70年安保闘争

高度経済成長により1970年代人々の暮らしは激変していった
所得水準が上がりサラリーマンが増加した
しかしみんな都会に行ってしまったせいで農村は過疎…
これでは第一次産業も衰退してしまうなぁ…
1970年 安保条約が自動延長の時期を迎えると
それを阻止・条約を破棄させようとする運動も起こった
ボウッ
わーッ
わーッ
きゃあっ
学生や市民によるゲリラ活動など全国で行われ過激になっていった
…私も安保延長は反対だけど…
毎日こんな危ないことされたら怖いわ…
反対運動は激しさを増したが安保条約は自動延長
そのほか元首相の田中角栄が逮捕されるロッキード事件や
1978年には日中平和友好条約が結ばれるなど激動の時代となった

関連トピック

- 社会問題
- 対米関係

安保に反対した社会党は50議席を失った

改定された安保条約は10年後の１９７０年に自動継続されることになっていた。そのためこれを阻止し、条約破棄に持ち込もうとする動きが１９６０年代後半に起こった。ちょうど全共闘や新左翼系による学生運動が盛んになっており、東大闘争や日大闘争など、全国の大学で頻繁にバリケード封鎖が行われていた。学生運動は待遇改善や授業料の値上げ反対が中心だったが、やがてスローガンに「安保反対」が入るようになった。

そうした動きに対し国民は冷ややかで、１９６９年に行われた総選挙では「安保反対」を掲げた社会党は議席を50減らすことになった。しかし１９７０年６月には社会党や共産党によるデモが全国で行われ、また国会前には市民団体や急進的な革命を目指す新左翼など７万２０００人が集まり抗議行動を行った。この様子はテレビなどで放映されたが、急進的な革命を求める新左翼も参加していたことから、国民の支持はあまり得られなかった。また高度経済成長で人々の生活が潤ったことも、関心の低さにつながった。

1850　明治　1900　1910　大正　1920　昭和　1930　1940　1950　1960　1970　1980　平成　1990　2000　2010

キーパーソン

佐藤栄作《さとうえいさく》（１９０１〜１９７５）
安保自動延長時の首相。７年の長期政権中、小笠原諸島・沖縄の返還を実現。ノーベル平和賞受賞。

秋田明大《あきたあけひろ》（１９４７〜）
全共闘議長。日大闘争を指揮し運動を全国に広げた。１９６９年に公務執行妨害で逮捕、運動は衰退。

風俗と習慣

テレビやマンガなど娯楽の幅が広がった

安保闘争が激化する半面、国民の生活は向上し、より豊かなものになっていった。１９５３年にはテレビ放送が開始され、さまざまな娯楽番組が放送されるようになる。１９７０年３月には大阪万博が開かれ、国民の気分を高揚させた。同年８月には東京都内の銀座、新宿などで初の歩行者天国が実施される。出版界ではボクシングの世界を描いた『あしたのジョー』が大ヒットするなど、マンガが一般に広く浸透するようになった。一方で１９６９年の永山則夫連続射殺事件や、１９７０年の三島由紀夫の割腹自決、１９７１年の中核派学生約４００人による渋谷暴動事件など不穏な事件も多数起こった。

1970年の世界情勢

宇宙探査機金星着陸：ソ連の宇宙探査機ベネラ7号が金星着陸に成功。地球以外の惑星に着陸した探査機としては世界初。

沖縄の復帰
基地問題を抱えたままの沖縄返還

アメリカの施政権下にあった沖縄も様々な問題を抱えていた
アメリカ軍に多くの土地を強制的に収用され軍用地が拡大
また米兵による事件や事故も多発
沖縄県祖国復帰協議会結成
独裁的な政策を行っていたキャラウェイ高等弁務官に反発する人も多く日本本土への復帰運動が強まった
1960年
沖縄県祖国復帰協議会結成大会
教職員会、沖青協、社会党
人民党、PTA連合会など
17団体が加盟
ザッ
ザッ
民族独立や反戦平和
人権の確立などを掲げ
みんな一丸となって
復帰運動を続けた
佐藤首相は沖縄を訪問し演説を行った
沖縄の返還なくして日本の戦後は終わらない!
1971年6月
沖縄返還協定
調印式が行われ
ついに沖縄は復帰を果たした

関連トピック

- 社会問題
- 対米関係

米兵の起こした事件が多発した

終戦以降、沖縄はアメリカの施政下にあった。**1960年代後半にベトナム戦争が激化し、前線基地として沖縄の価値が高まると、駐留アメリカ軍の数は飛躍的に増大。それに伴い、米兵による強盗や日本人女性の強姦・殺人事件が増加した。**しかしながらそれらは無罪や微罪になるケースも多く、反米感情が高まっていった。1968年には琉球政府の行政主席選挙が行われ、これに当選した屋良《やら》朝苗《ちょうびょう》は「沖縄の即時無条件全面返還」を訴えた。

1969年には日米首脳会談が行われ、リチャード・ニクソン大統領が安保延長と引き換えに沖縄返還を佐藤首相に約束。しかし結局アメリカ軍事基地は返還後も沖縄に存在することになり、屋良ら復帰推進派を大きく失望させた。市民の不満もさらに高まり、1970年にはコザ市でアメリカ兵の2件の交通事故を発端としたコザ暴動が起きた。この年にはコザ市では1000件近い暴動が発生している。そうした状況下1971年には沖縄返還協定が調印され、**1972年5月15日にようやく沖縄は日本へ復帰した。**

キーパーソン

屋良朝苗(1902~1997)

政治家。1968年から行政主席就任。沖縄本土復帰運動に尽力、復帰後は沖縄県知事を2期務めた。

リチャード・ニクソン(1913~1994)

第37代米大統領。ベトナム戦争からの米軍完全撤退を実現。ウォーターゲート事件を起こしその後辞任。

西山《にしやま》太吉《たきち》(1931~)

ジャーナリスト。1971年の沖縄返還協定にからみ、機密情報漏洩の罪で有罪となる(西山事件)。

図解でわかる!

沖縄の米軍基地(2015年)

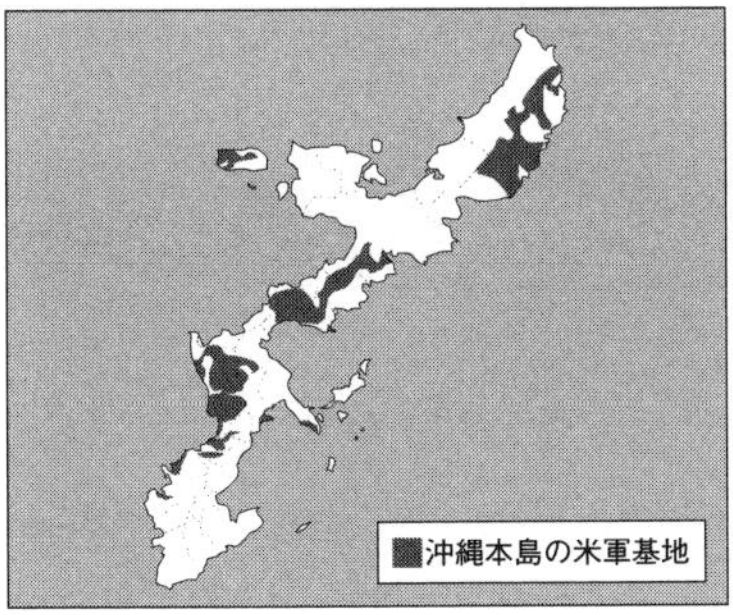

米軍が使用する日本の基地(米軍専用施設)は、約74%が沖縄に集中している。沖縄本島の地域面積に占める米軍基地の割合は、約18%となっている。

参考:「沖縄県ホームページ」

1972年の世界情勢

日本赤軍乱射事件:5月イスラエルのテルアビブ空港で日本赤軍が乱射事件を起こす。死者は24人、負傷者100人という一大テロ事件となった。

戦後の文化
技術革新で国民の生活が一変した

高度経済成長を経て国民生活は大きく変化した
一般家庭にも自動車が普及（モータリゼーション）
三種の神器として家庭に普及した家電製品も進化
自動でかわいてるわ
娯楽の面でもマンガやゲーム機が充実していき
スポーツなども日本の選手が海外で活躍するなど世界へと進出していった
科学技術や医療も発展していき
人々の暮らしはより豊かに便利になっていった

関連トピック

- 科学技術
- 文化

明治
1900
1910
大正
1920
昭和
1930
1940
1950
1960
1970
1980
平成
1990
2000
2010

日本は一気に車社会化していった

戦後の文化を大きく変えたのは「モータリゼーション」だ。これは「車社会化」という意味で、日本では東京オリンピックの直後に起こった。まず1965年には名神高速道路、1969年には東名高速道路が開通し幹線道路の整備が進む。さらに自動車メーカーが低価格の大衆車を販売、車社会化を後押しし、自動車の生産台数は1955年の7万台から1970年には529万台になった。このモータリゼーションにより産業・物流の形態が大きく変化。車で各地へレジャーに出かける人々も増えた。

もうひとつの革命が「コンピュータ化」で、企業はコンピュータや産業用ロボを取り入れ工場を自動化、自動車や電気機械などの分野は生産を伸ばしていくことになる。このコンピュータ技術はビジネスだけではなく、娯楽の分野にも進出。1980年代前半には数々のコンピュータゲームが発売されるようになる。しかしながらこうした技術の進歩は、交通渋滞やいわゆるゲーム中毒など、さまざまな問題を引き起こしていった。

図解でわかる

テレビ、乗用車などの普及率の推移

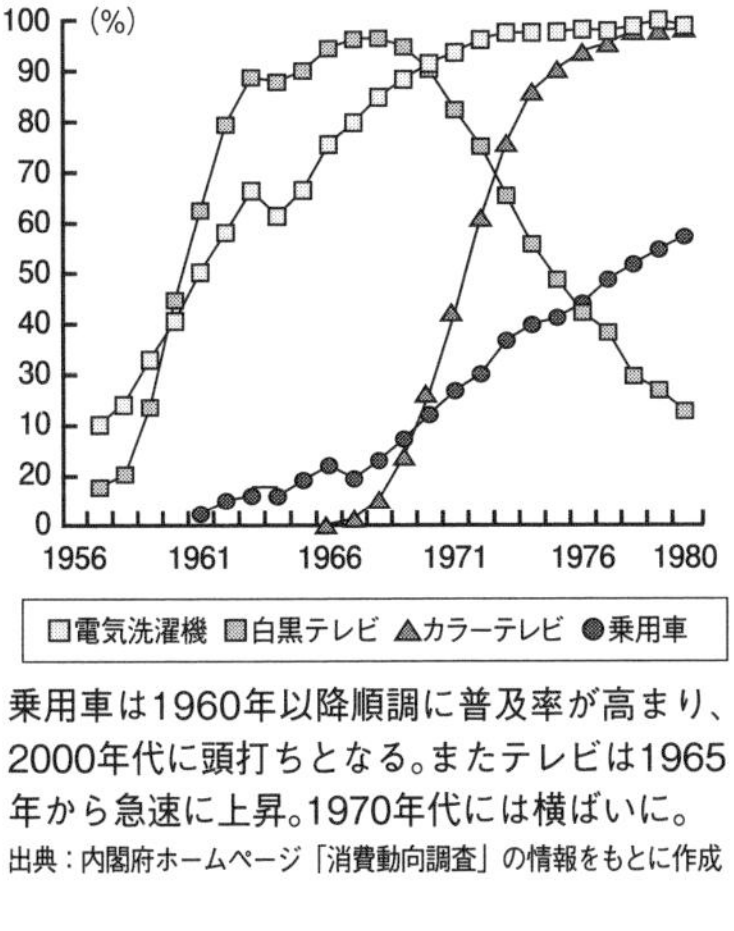
(%)
100
90
80
70
60
50
40
30
20
10
0
1956
1961
1966
1971
1976
1980
□電気洗濯機 ■白黒テレビ ▲カラーテレビ ●乗用車

乗用車は1960年以降順調に普及率が高まり、2000年代に頭打ちとなる。またテレビは1965年から急速に上昇。1970年代には横ばいに。

出典：内閣府ホームページ「消費動向調査」の情報をもとに作成

キーパーソン

田中角栄《たなかかくえい》（1918〜1993）

政治家。1972年に「日本列島改造論」を掲げ内閣を組織。高速道路網の発展に尽力した。

西角友宏《にしかどともひろ》（1944〜）

ゲームクリエイター。1978年に発売されブームを起こした「スペースインベーダー」の開発者。

有吉佐和子《ありよしさわこ》（1931〜1984）

小説家。環境汚染がテーマの『複合汚染』や認知症を取り扱った『恍惚の人』などのベストセラーを持つ。

1975年の世界情勢

アポロ・ソユーズテスト計画：ソ連の宇宙船ソユーズ19号とアメリカの宇宙船アポロ18号が軌道上で史上初のドッキングに成功。

1979〜1997

Historical Events 59

消費税の導入
莫大な借金対策で導入された間接税

※日本の税制を安定させるために専門家シャウプが行った税制改革。

関連トピック

- 経済
- 政治

借金が減るどころか、むしろ増え続けた

日本の借金は、国の借金＝普通国債発行残高とすると2015年の時点でなんと807兆円に達している。この赤字国債が最初に発行されたのは1975年。オイルショックで高度経済成長が終わりを迎えた2年後だった。このとき三木武夫《みきたけお》内閣は本来財政法で禁じている赤字国債を約2兆3000億円も発行。以降毎年発行額が増え続けた。

これを解消するために考え出されたのが消費税だが、導入するまでは相当時間がかかった。1979年に三木内閣時代に蔵相だった大平正芳《おおひらまさよし》首相が「赤字国債のツケを子孫に回すようなことがあってはならない」として5％の消費税案を打ち出す。しかし与党自民党の猛反対に遭い撤回。続く**中曽根康弘内閣も導入に失敗したが、1988年の竹下登《たけしたのぼる》内閣時にやっと消費税法が成立。1989年4月に消費税が実施された。**このときの税率は3％だった。その後1997年には消費税の3％から5％への増税を橋本《はしもと》龍《りゅう》太郎《たろう》内閣が実施。しかしながら消費税を導入しても国の借金はむしろ増え続け、解消されることはなかった。

図解でわかる！

日本の借金

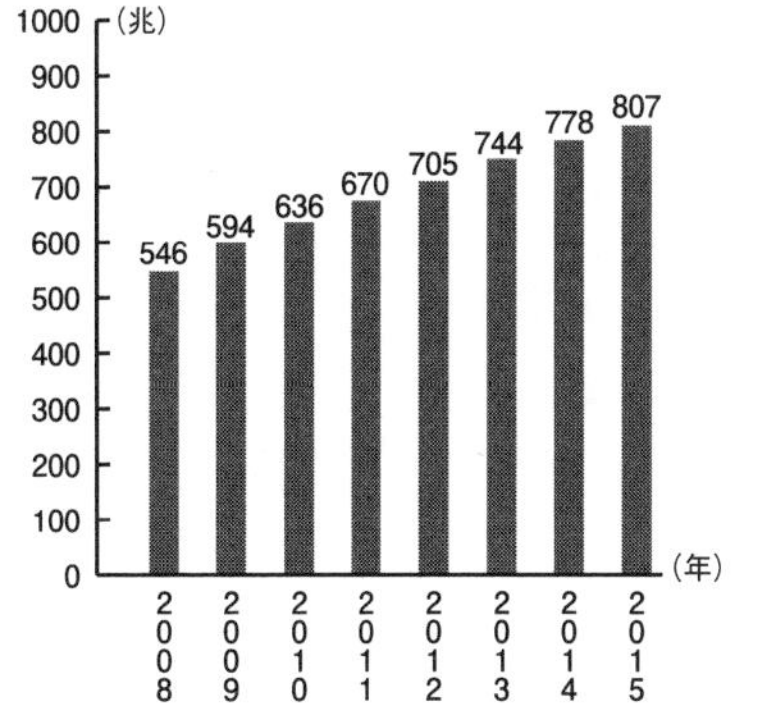

国は財政赤字が続き、歳出と税収等の差額を借金で埋め合わせた結果、2015年には借金が約807兆に。

キーパーソン

三木武夫（1907～1988）
戦前から議員として活躍。戦後はさまざまな政党を経て最終的に自民党に。第66代総理大臣政界。

大平正芳（1910～1980）
池田蔵相の秘書官から政界入り。第68・69代総理大臣。政界きっての知性派と呼ばれた。

竹下登（1924～2000）
政治家。第74代内閣総理大臣。自由民主党幹事長、自由民主党総裁などを歴任。消費税導入を行った。

1985年の世界情勢　**ゴルバチョフ書記長就任：**ソビエト連邦の共産党書記長にミハイル・ゴルバチョフが就任。ペレストロイカ（政治の民主化）を進めた。

図解でスッキリ 5章 まとめ

終戦後、日本は連合国軍の占領下に置かれ、GHQの下で民主化政策が進められた。厳しい食糧難、定職も住む家もないどん底の状態だったが、必死に努力して高度経済成長へと導いた。やがて経済大国となった日本だがその一方で、日米安保問題や公害問題など、現在まで続くさまざまな課題への対処に迫られた。

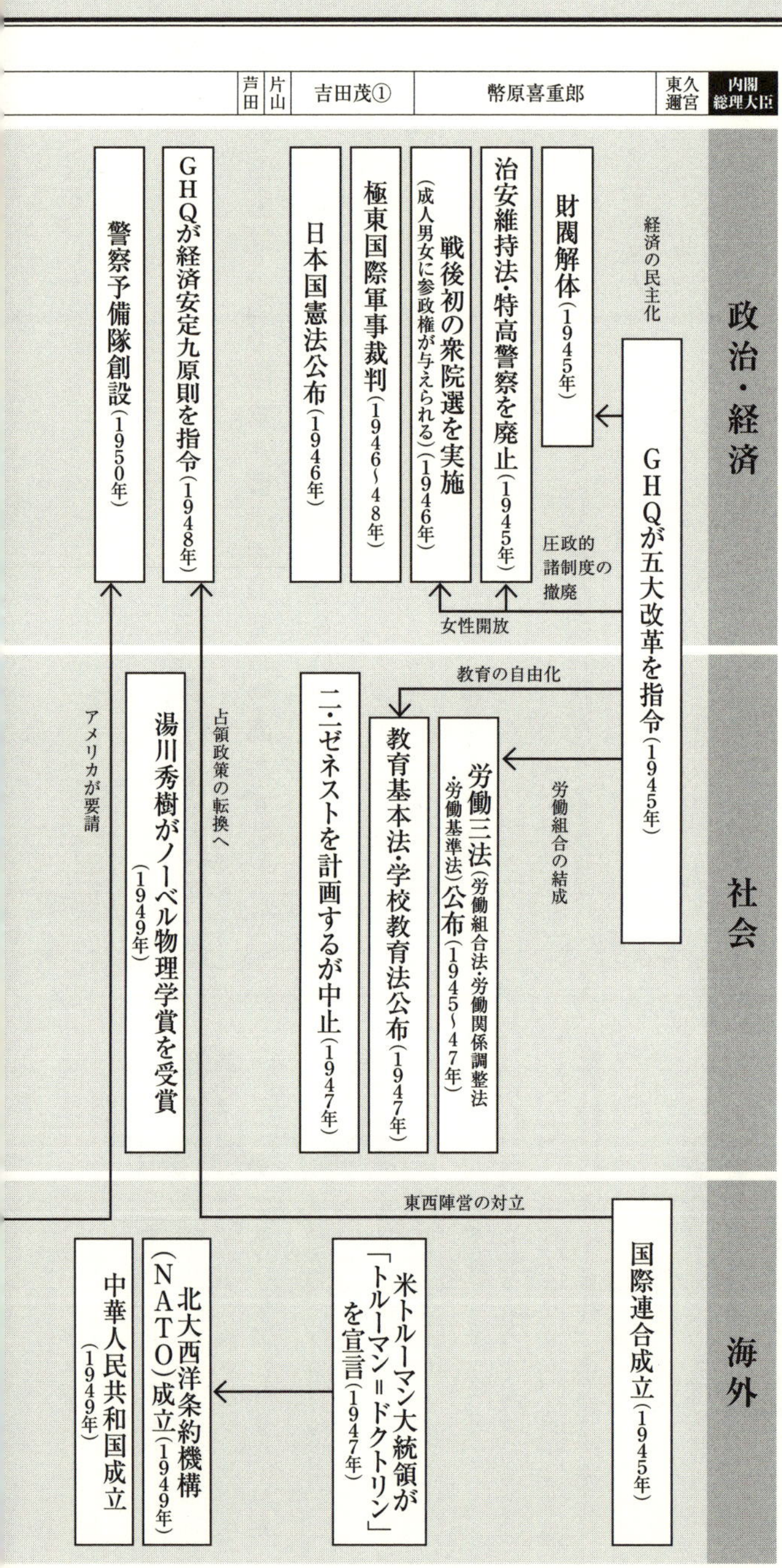

内閣総理大臣
東久邇宮
幣原喜重郎
吉田茂①
片山
芦田
政治・経済
社会
海外
GHQが五大改革を指令（1945年）
経済の民主化
財閥解体（1945年）
圧政的諸制度の撤廃
治安維持法・特高警察を廃止（1945年）
女性開放
戦後初の衆院選を実施（成人男女に参政権が与えられる）（1946年）
極東国際軍事裁判（1946～48年）
日本国憲法公布（1946年）
GHQが経済安定九原則を指令（1948年）
警察予備隊創設（1950年）
教育の自由化
労働組合の結成
労働三法（労働組合法・労働関係調整法・労働基準法）公布（1945～47年）
教育基本法・学校教育法公布（1947年）
二・一ゼネストを計画するが中止（1947年）
湯川秀樹がノーベル物理学賞を受賞（1949年）
占領政策の転換へ
アメリカが要請
東西陣営の対立
国際連合成立（1945年）
米トルーマン大統領が「トルーマン＝ドクトリン」を宣言（1947年）
北大西洋条約機構（NATO）成立（1949年）
中華人民共和国成立（1949年）

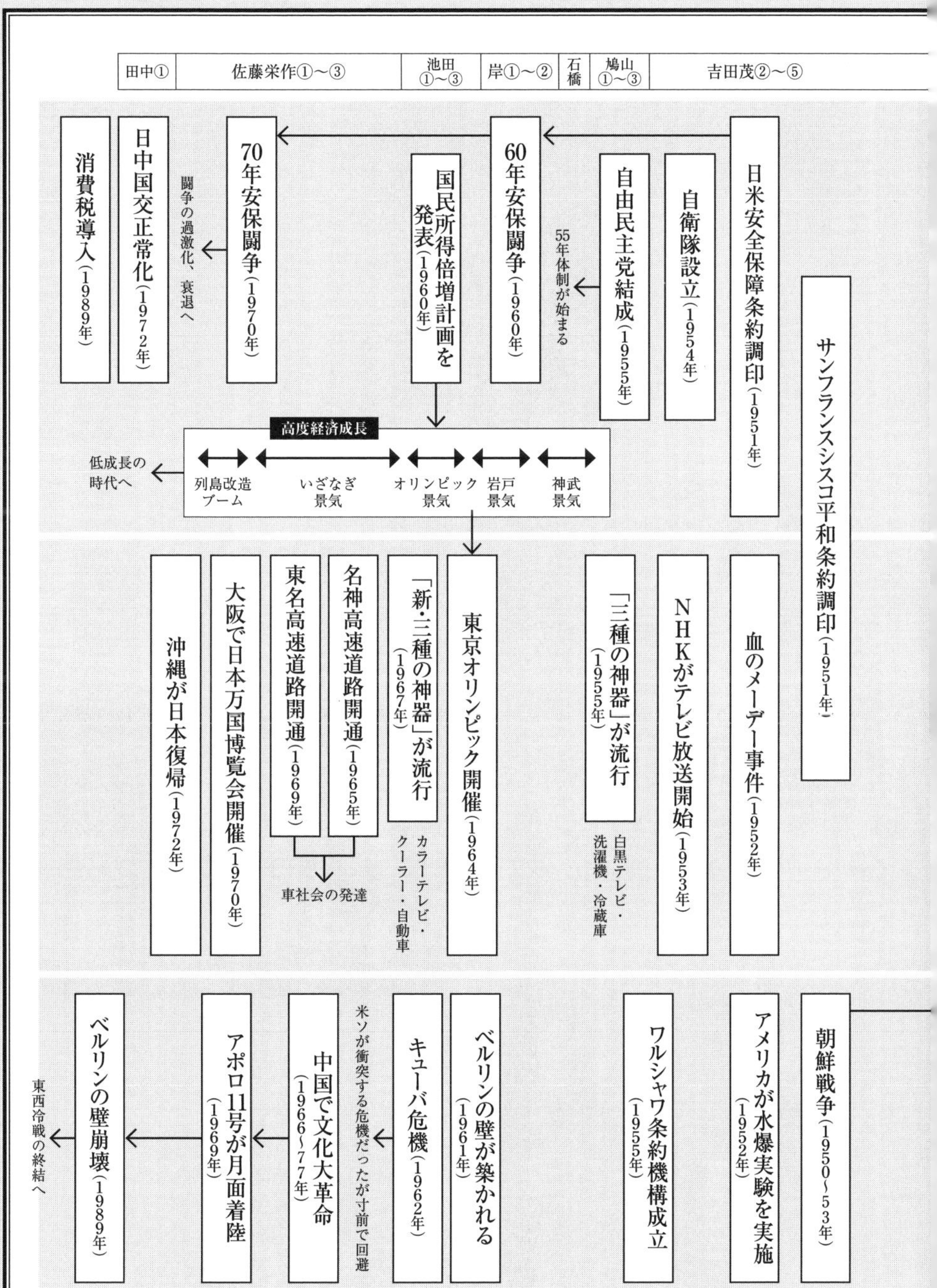
吉田茂②〜⑤
鳩山①〜③
石橋
岸①〜②
池田①〜③
佐藤栄作①〜③
田中①
サンフランシスコ平和条約調印（1951年）
日米安全保障条約調印（1951年）
自衛隊設立（1954年）
自由民主党結成（1955年）
55年体制が始まる
60年安保闘争（1960年）
国民所得倍増計画を発表（1960年）
70年安保闘争（1970年）
闘争の過激化、衰退へ
日中国交正常化（1972年）
消費税導入（1989年）
高度経済成長
神武景気
岩戸景気
オリンピック景気
いざなぎ景気
列島改造ブーム
低成長の時代へ
血のメーデー事件（1952年）
NHKがテレビ放送開始（1953年）
「三種の神器」が流行（1955年）
白黒テレビ・洗濯機・冷蔵庫
東京オリンピック開催（1964年）
「新・三種の神器」が流行（1967年）
カラーテレビ・クーラー・自動車
名神高速道路開通（1965年）
東名高速道路開通（1969年）
車社会の発達
大阪で日本万国博覧会開催（1970年）
沖縄が日本復帰（1972年）
朝鮮戦争（1950〜53年）
アメリカが水爆実験を実施（1952年）
ワルシャワ条約機構成立（1955年）
ベルリンの壁が築かれる（1961年）
キューバ危機（1962年）
米ソが衝突する危機だったが寸前で回避
中国で文化大革命（1966〜77年）
アポロ11号が月面着陸（1969年）
ベルリンの壁崩壊（1989年）
東西冷戦の終結へ

史料でもっとわかる
戦後の日本

戦争で焼け野原となった日本はGHQの占領期間を経て主権を回復する。そして高度経済成長の波に乗って経済大国に上り詰めた。

マッカーサー来日

終戦後、アメリカのダグラス・マッカーサー元帥がGHQの最高司令官として来日。昭和天皇と並んで撮られた写真は、当時の日本人に強い衝撃を与えた。

極東国際軍事裁判

連合国が日本の指導者たちを「戦争犯罪人」として裁いた裁判。25名の被告が有罪となったが、勝者が敗者を一方的に断罪したという批判もある。

朝鮮戦争

朝鮮半島の主権をめぐり、大韓民国（韓国）と朝鮮民主主義人民共和国（北朝鮮）が激突した。国連軍の中継拠点となった日本では特需が発生し、日本経済が復活する契機となった。写真は仁川上陸後、ソウルで市街戦を繰り広げる国連軍。

60年安保運動

日米安全保障条約の改定に反対する人々がデモを起こし、数万人が国会議事堂を取り囲んだ。国会の承認で安保条約は改正されたが、岸信介内閣は混乱の責任を取って退陣した。

血のメーデー事件

GHQの占領解除から3日後の1952年5月1日、皇居外苑で暴徒化したデモ隊と警察部隊が衝突した騒乱事件。1名が死亡、1000人近くが負傷し、デモ隊から1232名が逮捕された。

田中角栄

第64・65代内閣総理大臣。「日本列島改造論」を唱え、日中国交を回復するなどの業績を残した。没後20年以上経った現在も人気が高く、新たな「角栄ブーム」が巻き起こりつつある。

東京オリンピック

1964年10月10日から24日にかけて行われた第18回夏季オリンピック。日本が国際社会に復帰したことを象徴する大会となった。バレーボールでは「東洋の魔女」と呼ばれた女子代表が金メダルを獲得した。

第6章 停滞と発展の現代日本

1986年　チェルノブイリ原子力発電所で事故発生

1987年頃　日本でバブル経済が本格化する

1988年　リクルート事件が発覚。社会問題に

1991年　総量規制をきっかけにバブルが崩壊

問題を抱えながらも前進する日本

高度経済成長期以降、日本は二度のオイルショックに見舞われるが、安定成長に移行して経済大国となった。その後円高不況となるが、金融緩和政策などによって1987年頃からバブル経

1993年　自由民主党による55年体制が崩壊

1995年　阪神・淡路大震災が起きる

2001年　小泉純一郎内閣成立。構造改革を実施
アメリカで同時多発テロが起きる

2003年　イラク戦争開戦
自衛隊がイラクへ派遣される

2005年　JR西日本福知山線で脱線事故が起きる
郵政民営化法が成立

2008年　リーマンショックが起き、世界的金融恐慌に

2009年　衆議院選で民主党が圧勝し民主党政権が誕生

2011年　東日本大震災が起きる
東京電力福島第一原子力発電所で事故発生

2012年　参議院選で自由民主党が圧勝。安倍晋三内閣が成立

済に突入する。土地の価格が急上昇し、日経平均株価も史上最高値を記録。日本は空前の好景気に沸いたが、90年に入りバブル経済は一挙に崩壊。その後も不良債権を抱えた大手金融機関の破たんなど、90年代の日本は深刻な不況に見舞われる。また、1995年には阪神・淡路大震災や地下鉄サリン事件が起き、社会は大きな不安に包まれた。

　しかし2001年に誕生した小泉純一郎内閣は、「聖域なき構造改革」を掲げ、郵政民営化や規制緩和など大胆な政策を実行。これにより経済は次第に回復していった。

　2000年代に入り、日本の科学技術が急速に発達。日本は「技術立国」とまで呼ばれるようになった。現在でも少子高齢化や国防問題など、さまざまな問題を抱える日本だが、「失われた20年」を脱却し、一歩一歩前に進んでいる。

バブル景気の崩壊
新しい門出を迎えた平成時代

関連トピック

- 経済
- 社会問題

実体経済からかけ離れたバブル経済

１９８９年、元号が昭和から平成になった頃、日本は「バブル景気」の中にいた。１９８５年、ドルの引き下げおよび、マルクと円の切り上げを決定した「プラザ合意」が発表された。政府は対策として大規模公共投資、公定歩合（日本銀行が民間銀行へ貸し出しをする際の基準金利）の引き下げによって金融緩和を行った。これは**景気回復につながったのと同時に、土地・株式への投機が広がり「バブル景気」へ突入。日経平均株価は１９８９年に３万８９１５円の史上最高値を記録した。**

政府はこの行き過ぎた経済にストップをかけるべく、不動産取引きを制限する「総量規制」を発表。これによって一気に景気は後退し、地価・株価は下落してバブルは崩壊した。

この頃世界情勢にも変化が訪れており、１９８９年にはベルリンの壁が崩壊。１９９０年に勃発した湾岸戦争では、初めて自衛隊が海外派遣された。１９９１年にはソ連が解体されたが、その前年、ソ連の宇宙船ソユーズに日本人初の宇宙飛行士である秋山豊寛《あきやまとよひろ》が搭乗し、日本全土は興奮の熱気に包まれた。

キーパーソン

宇野宗佑《うのそうすけ》（１９２２〜１９９８）
政治家。バブル期の第75代内閣総理大臣。１９８９年に就任するが女性スキャンダルの発覚で69日で退陣。

海部俊樹《かいふとしき》（１９３１〜）
政治家。第76・77代内閣総理大臣。１９８９年のバブル絶頂期に就任し、その後総量規制を実施する。

秋山豊寛（１９４２〜）
宇宙飛行士、ジャーナリスト。ＴＢＳ入社後、ＴＢＳの「宇宙特派員計画」の宇宙特派員に選ばれた。

年表でわかる!

１９８９〜１９９２年の出来事

世界ではベルリンの壁崩壊など重大な出来事のあった１９９０年前後。日本ではどんなことが起きていたのか、次にまとめてみた。

1989
平成がスタート
消費税が実施される
第一次海部俊樹内閣発足

1990
第二次海部内閣発足
バブル経済の崩壊
日本人初の宇宙飛行士誕生

1991
宮澤喜一内閣発足

1992
バルセロナオリンピック開催
PKO協力法案成立

1989年の世界情勢　**六四天安門事件**：民主化を求め中国・北京市の天安門広場に集まった学生と一般市民に対し、人民解放軍が無差別発砲。多数の死傷者を出した。

震災、技術発達
重なる不安と進化するIT機器

1993~1996年は
自然災害や大事件に
悩まされた4年間だった
1993年
北海道南西沖地震は
死者200人を超す
大惨事となり
二年後の
1995年1月17日
阪神・淡路大震災では
死者は6000人を超える
大災害となった
1995年には
地下鉄サリン事件と呼ばれる
オウム真理教が
起こしたテロ事件が発生
オウム真理教による
凶悪事件が
次々と明るみにでた
一方で、大江健三郎が
ノーベル文学賞受賞という
喜ばしいニュースもあった
1993年
冷夏による米不足で
タイから米が輸入された
そういった中で
Windows95の発売や
携帯電話の普及など
新しい時代の到来を告げる
目覚ましい情報技術の
発展もあった

関連トピック

- 社会問題
- 災害
- 科学技術

IT化社会の基盤ができた時代

バブルの崩壊により人々が意気消沈する中、今度は震災やテロ事件が日本を襲った。1995年1月17日、淡路島沖を震源とするマグニチュード7・3、最大震度7の大地震が発生。この都市型災害による被害は甚大なものだった。それに加えて同年3月20日には東京で地下鉄サリン事件が起きるなど、90年代前半はいわゆる「不安の時代」とも言われている。

そんな中、同年に**マイクロソフト社からWindows95が発売され、国内でも大きな注目を集め、社会現象とも言えるほどの盛り上がりを見せた**。それまで敷居の高かったコンピューター操作が簡単になり、パーソナルコンピューターやインターネットがこれを機に、企業や一般家庭にも浸透し始めた。**同じく携帯電話も小型化が進み、人々はポケベルから携帯電話へ移行し始めていった**。

また1993年8月には宮澤内閣の官房長官河野洋平《こうのようへい》によって、従軍慰安婦に関する河野談話が発表された。以降、慰安婦問題の議論の際には、度々この談話が取り上げられることになる。

キーパーソン

河野洋平（1937〜）
政治家。村山内閣時の副総理、外務大臣、内閣官房長官などを歴任。1993年に「河野談話」を発表。

村山富市《むらやまとみいち》（1924〜）
政治家。衆議院議員、日本社会党委員長を歴任。1994年には第81代内閣総理大臣に就任する。

松本智津夫《まつもとちづお》（＝麻原彰晃《あさはらしょうこう》）（1955〜）
宗教家。新興宗教団体オウム真理教の元代表。地下鉄サリン事件などを起こし、死刑となる。

年表でわかる!

1993〜1996年の出来事

「不安の時代」と言われた90年代前半だが、もちろん暗いニュースばかりではない。年ごとの出来事を振り返ってみよう。

1993
日本プロサッカーリーグ(Jリーグ)開幕
河野談話発表

1994
松本サリン事件発生
大江健三郎がノーベル文学賞受賞

1995
WTO設立
Windows 95発売
阪神淡路大震災発生
地下鉄サリン事件発生
村山談話発表

1996
日米安全保障共同宣言
民主党結成

1996年の世界情勢
包括的核実験禁止条約：宇宙空間や水中、地下など、あらゆる場所での「核兵器の実験的爆発またはほかの核爆発」を禁ずる国際条約が、国連総会で採択された。

技術革新と増税
生活環境に変化が訪れた世紀末

関連トピック

- 政治
- 科学技術
- 文化

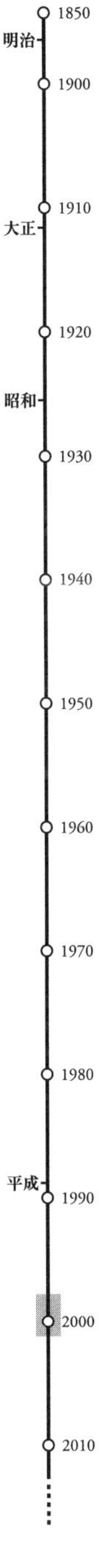

携帯電話が学生にも普及した

2000年頃は山一證券の破たんなど、バブル崩壊の経済低迷を引きずっていたが、技術革新によって便利な情報社会へと移り変わる時期でもあった。

1997年、自由民主党の橋本《はしもと》龍《りゅう》太郎《たろう》内閣が消費税3%から5%への移行を断行。結果、翌年には名目GDPが前年度比マイナス2%となり、経済規模は約10兆円縮小した。

一方、**2000年には携帯電話の人口普及率が60%近くまで上昇し、学生でも携帯電話を所持するのが当たり前となった。**1999年には、ADSL（データ通信サービス）が導入されるなど、インターネット環境も急速に整備され、誰でも簡単に高速回線を利用してぼう大な情報にアクセス、入手できるようになった。

1998年2月には長野オリンピックが開催され、金・銀・銅合わせて10個のメダルを獲得した。同年6月に開催されたFIFAワールドカップフランス大会では日本代表が初出場を果たすなど、スポーツでの活躍も目立った。

図解でわかる!

携帯電話の普及率

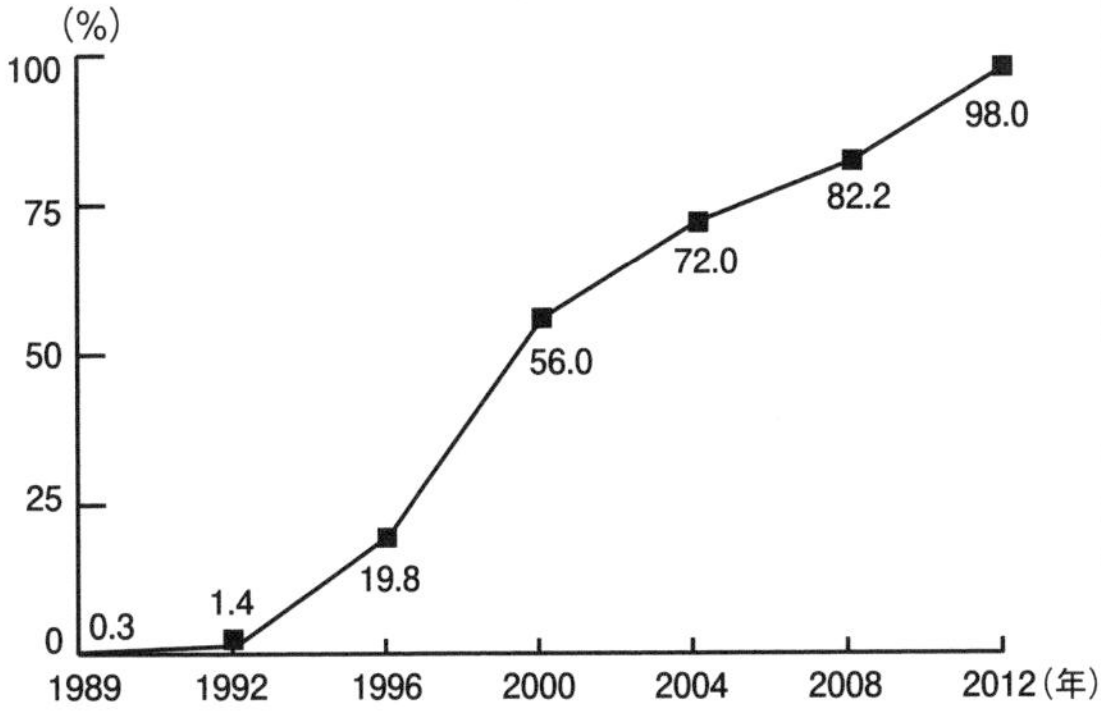

1989には1%にも満たなかった携帯電話の普及率だが、平成8～10年頃のコンパクト化やインターネット接続サービスにより爆発的に普及していった。

キーパーソン

橋本《はしもと》龍《りゅう》太郎《たろう》（1937～2006）
政治家。厚生大臣、大蔵大臣などを歴任。第82・83代内閣総理大臣。在任中消費税の増税を断行した。

小渕《おぶち》恵三《けいぞう》（1937～2000）
政治家。第84代内閣総理大臣。官房長官時代に平成の年号を発表した人物として有名。

1997年の世界情勢
香港返還：「展拓香港界址専条」締結により、99年間イギリスが香港を租借することになったが、1984年の中英共同声明を経て、1997年に中国に返還された。

揺れる世界情勢と日本
日本の動向と外交に注目が集まる

関連トピック

- 経済
- 対米関係
- 世界情勢

希望と衝撃的事件で始まった新世紀

新世紀を迎え希望に溢れた２００１年。この年は大阪にユニバーサル・スタジオ・ジャパン、千葉には東京ディズニーシーが開園し、多くの人の心を躍らせた。10月にはオーディオプレイヤーｉＰｏｄが発表され、人々は革命的なテクノロジーを実感することとなった。政界では小泉《こいずみ》純《じゅん》一郎《いちろう》内閣が成立。「聖域なき構造改革」を掲げ、郵政三事業や道路関係四公団などの民営化を推進した。小泉は翌年、電撃的に北朝鮮を訪問。**金正日との日朝首脳会談を実現させ、北朝鮮による日本人拉《ら》致《ち》を公式に認めさせた**。こうした日本のめざましい動きは、世界の大きな注目を集めることとなった。

アメリカでは２００１年９月11日に同時多発テロが発生。ニューヨークの世界貿易センタービルのツインタワーに飛行機２機が衝突し、ビル倒壊により３０００人以上の死者を出した。この衝撃的事件に対しブッシュ大統領は「テロとの戦い」を宣言、小泉内閣はすぐさまこれを支持し、国内で「テロ対策特別措置法」を成立させ、米軍のアフガニスタン侵攻を後方支援した。

キーパーソン

小泉純一郎（１９４２～）
政治家。宮澤政権では郵政大臣に就任。その後第87～89代内閣総理大臣を務め構造改革を行う。

ブッシュ（１９４６～）
第43代アメリカ大統領。大統領の任期中に９・11同時多発テロが発生、イラク戦争を開始した。

亀《かめ》井《い》静香《しずか》（１９３６～）
政治家。運輸大臣、建設大臣、国民新党代表などを歴任。郵政民営化反対派の中心人物。

年表でわかる!

２００１～２００４年の出来事

国内では小泉内閣が発足した２０００年代前半。海外では衝撃的な出来事が起きていた。

2001
中央省庁が1府12省庁に再編
iPod発売開始
小泉純一郎内閣発足
9･11同時多発テロ発生

2002
日韓共催のFIFAワールドカップが開催
日朝首脳会談

2003
イラク戦争開始

2004
２回目の日朝首脳会談
新潟県中越地震発生

2005年の世界情勢
ロンドン同時爆破事件：イギリスのロンドンで地下鉄、バスなど数か所が爆破される。これにより56人が死亡。後にアルカイダがテロへの関与を認めた。

2005~2008

Historical Events 64

経済不振とITの一般化
再来する世界恐慌と技術成長

乗客と運転士

破たんするなど経済面で
科学技術面では革新的な発展があった
2007年
Apple社より
iPhoneが
発表
その後の
スマートフォンの
イメージを決定づける
革新的なデバイスとなった
戦後の日本鉄道史上
4番目となる
大惨事となった
原因はブレーキ使用の
遅れによる脱線と推定
今もその事故に苦しむ
人々が多く存在する
2006年には
ニュースにも
大きく取り上げられた
その2年後の
山中伸弥らによって
iPS細胞が作られた
再生医療への応用が
期待できるなど
その技術が評価され
数年後ノーベル賞を
受賞することになる

関連トピック

- 経済
- 社会問題
- 科学技術

1850 明治 1900 1910 大正 1920 昭和 1930 1940 1950 1960 1970 1980 平成 1990 2000 2010

世界金融危機を生んだサブプライム問題

2000年代中盤は、経済・社会でさまざまな衝撃的事件が起こった時期だ。2005年4月にJR福知山線脱線事故が発生。乗客と乗員併せて107名が死亡という鉄道史上でも大事故となった。2006年にはライブドア粉飾決算が明るみになり、株式市場にも影響を与えた。2007年にはアメリカでサブプライムローンの不良債権化が明るみになり、翌年、**アメリカの大手投資銀行であるリーマン・ブラザーズが倒産。これがリーマンショックを引き起こし、世界的金融危機へとつながった。**この影響から日経平均株価は6994・90円と大幅に下落した。

一方、科学技術分野で目覚ましい発展を遂げたのもこの時期である。2005年にはインターネットの普及率が70％を突破し、ネット社会がさらに進んでいった。**2007年には後にノーベル賞を受賞する京都大学の山中伸弥《やまなかしんや》教授のチームがiPS細胞を生成する技術を開発し、世界的な注目を集めた。**また2008年にはiPhoneが日本で発売され、そのテクノロジーが多くの人を驚かせた。

キーパーソン

安倍晋三《あべしんぞう》（1954～）

2006年、第90代内閣総理大臣に就任するも体調を崩し辞任。後に96・97代内閣総理大臣に就任。

山中伸弥（1962～）

京都大学iPS細胞研究所所長。iPS細胞を作製し、2012年にノーベル医学・生理学賞受賞。

スティーブ・ジョブズ（1955～2011）

Apple社共同設立者の一人。MacintoshやiPhoneなどを世界に送り出した。

年表でわかる!

2005～2008年の出来事

リーマンショックやライブドアショックによって経済面で痛手を負った時期だった。

2005
日本国際博覧会開催
JR福知山線脱線事故発生

2006
トリノオリンピック開催
第1回ワールド・ベースボールクラシック開催
FIFAワールドカップドイツ大会開催
ライブドアの粉飾決算事件発生
安倍晋三内閣発足

2007
サブプライムローン問題発生
新潟県中越沖地震発生

2008
国内でiPhone 3G発売開始
北京オリンピック開催

2008年の世界情勢

オバマ大統領選に勝利：11月4日アメリカ合衆国大統領選挙が行われ、民主党のバラク・オバマ候補が圧勝。翌年1月に大統領に就任した。

領土問題と原発問題
政権交代から始まった激動期

今までの自民党政権の度重なる失策に嫌気が差した国民は民主党政権を選んだ
民主党
しかし年金制度改革や高速道路無料化など
マニフェスト
魅力的なマニフェスト（選挙公約）は殆ど実現しなかった
この頃からスマートフォンが普及
各社から新機種が発売された
その利便性から爆発的に普及し
「一億総スマホ」と呼ばれるほどに
2011年3月東北から関東にかけて突如大地震が発生
わぁ！
大きいぞ!! すぐ逃げるんだ
この地震はのちに東日本大震災と呼ばれ戦後最大の被害をもたらした
幼い子供と母親、老人、家族…逃げ遅れた多くの人々は想定を上回る津波の被害にあった
死者・行方不明者を含め2万2000人以上、死者の多くが津波の被害によるものであった
また地震によって発生した福島第一原子力発電所事故により原発付近は立ち入りすらできない状況が続いている…

関連トピック

- 社会問題
- 政治
- 東アジア外交
- 災害

明治 1850 1900 / 大正 1910 1920 / 昭和 1930 1940 1950 1960 1970 1980 / 平成 1990 2000 2010

領土問題が改めて浮き彫りになった

安倍《あべ》晋三《しんぞう》首相、福田康夫《ふくだやすお》首相らが任期途中で辞任。また閣僚による失言事件が相次ぎ、自由民主党の国民からの支持率は下がっていた。**2009年の衆議院選挙で、民主党が歴史的大勝により政権を奪取。**第93代内閣総理大臣には鳩山由紀夫《はとやまゆきお》が就任したが、2010年、普天間基地移設の問題を解決しないまま辞任し、菅直人《かんなおと》が首相に就任。9月には民主党の代表選に出馬し再選されるが、その選挙期間中、中国漁船による衝突事件が発生。海上保安庁の巡視船が尖閣《せんかく》諸島付近で操業していた中国漁船を発見し、違法操業として取り締まったところ、逆に衝突を引き起こし巡視船を破損させた。これが中国との国際問題に発展し、尖閣諸島をめぐる領土問題が改めて浮き彫りになった。**その翌年の3月11日には東日本大震災が発生。福島第一原子力発電所の事故を伴う未曾有の大災害となった。**

2012年には韓国の李明博《イミョンバク》大統領がかねてから日韓の領土問題となっていた竹島に上陸。日本政府が抗議したが、この事件を契機に日韓関係が悪化していった。

MAPでわかる!

東日本大震災の主な被害状況

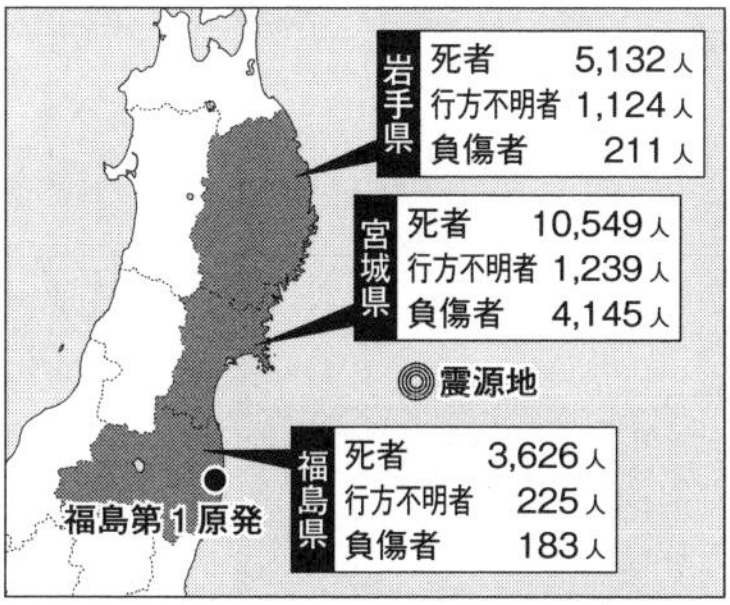
岩手県
死者 5,132人
行方不明者 1,124人
負傷者 211人
宮城県
死者 10,549人
行方不明者 1,239人
負傷者 4,145人
震源地
福島県
死者 3,626人
行方不明者 225人
負傷者 183人
福島第1原発

特に被害の大きかった岩手、宮城、福島県の主な被害状況（2016年3月1日現在）。

出典：消防庁ホームページ「東北地方太平洋沖地震(東日本大震災)被害報」をもとに作成

キーパーソン

鳩山由紀夫（1947〜）
政治家。新党さきがけ代表幹事、旧民主党代表などを歴任。09年に第93代内閣総理大臣に就任。

菅直人（1946〜）
政治家。厚生大臣、副総理などを歴任し、第94代内閣総理大臣に就任。在任中に東日本大震災が発生。

李明博（1941〜）
韓国の政治家。第17代韓国大統領。2012年8月に韓国大統領としては史上初めて竹島に上陸。

2011年の世界情勢　**ビンラディン殺害**：国際テロ組織アル・カイダの指導者ウサマ・ビン・ラディンがパキスタンでの米諜報機関との銃撃戦の末に殺害された。

第二次安倍内閣の発足
絶対安定多数政権による新政策

民主党政権が終わり
自民党・公明党政権となり
安倍内閣が成立
安倍総理は
「アベノミクス」を
実行することでデフレからの
脱却を目指した
その一方で消費税は
5%から8%へと
引き上げられた
消費税
8%
5%
ビザの緩和も中国をはじめ
アジアの数か国に対して
実施
消費税の
免税制度の拡充
円安も追い風になり
一般外国人旅行客が
過去最高となった
2014年
画期的な発明が
ノーベル賞を
受賞する
—青色発光ダイオードの発明—
そして2016年5月
オバマ大統領が広島訪問
（現職米大統領では初）
原爆慰霊碑に献花し
スピーチで核のない
世界の追求について述べた

関連トピック

- 政治
- 世界情勢

日本の世界での役割が大きく変化

２０１２年12月の衆議院総選挙では支持率が低下した民主党に代わり、自民党が２９４議席を獲得。政権が交代し第二次安《あ》倍《べ》晋三《しんぞう》自公連立内閣が成立。政府は議会での絶対安定多数を背景にさまざまな政策を打ち出す。２０１３年には日本版国民総背番号制度である「マイナンバー制」が国会で成立。２０１３年には日本の安全保障情報の取り扱いに関する特定秘密保護法を成立させ、同年に消費税を８％に増税。経済政策では２％のインフレ目標や円高是正を掲げたアベノミクスを実施。無制限の量的緩和や大規模な公共投資を行ったが、円安などの効果は見られたものの、それによる輸出増加は伸び悩んだ。

安倍晋三内閣は新たな国際関係の構築にも力を入れている。**２０１５年には自衛隊法改正を含む安全保障関連法が成立。集団的自衛権の行使が可能になり、自衛隊の海外任務の地理的制限がなくなった。**また２０１３年から交渉に加わった環太平洋パートナーシップ協定（ＴＰＰ）は２０１５年に大筋合意に至るなど、日本の世界における役割や立場が変わってきているのだ。

キーパーソン

バラク・オバマ（１９６１〜）
第44代アメリカ合衆国大統領。「核なき世界」への働きかけが評価されノーベル平和賞を受賞。

黒田東彦《くろだはるひこ》（１９４４〜）
元財務官僚。第31代日本銀行総裁。マイナス金利政策などを実施し、アベノミクスを後押しする。

麻生太郎《あそうたろう》（１９４０〜）
政治家。第92代内閣総理大臣。第二次安倍内閣に入閣し、内閣府特命担当大臣（金融担当）に就任。

近現代史裏話

国連から「報道の自由」調査者が派遣された

国際ＮＧＯが公表する報道の自由度ランキングで、日本は２０１１年から大幅ダウン。

特定秘密保護法制定により「報道の自由」が問題になっている日本に対し、２０１６年国連人権理事会が特別報告者として「意見および表現の自由」の調査担当デビッド・ケイ氏を派遣。デビッド・ケイ氏は「日本で報道の自由がなくなっている」と記者会見で発言し、国内で議論されている放送法の解釈などに一石を投じた。

2014年の世界情勢　イスラム国樹立宣言：過激派組織「イスラム国（ISIS）」が6月末にイスラム国家樹立を宣言。ISISの源流は国際テロ組織のアルカイダとされている。

索引

▼あ行

鮎川義介……145
愛国社……63・65
相沢事件……143
アイゼンハワー……207
秋田明大……217
秋月の乱……61
秋山豊寛……231
麻生太郎……243
安倍晋三……239・241・242・243
阿部信行……153
甘粕正彦……120・121
荒木貞夫……143
有沢広巳……191
有吉佐和子……221
安重根……91・92
安政の大獄……51
安全保障関連法……29・37・243
安保闘争……29
井伊直弼……51
伊井弥四郎……192・193
池貝庄太郎……97
池田勇人……199・210・211
石橋湛山……191・211
石原莞爾……135
李承晩……33・115・196・197
板垣退助……59・62・63
伊藤野枝……121
伊東巳代治……68
伊藤博文……19・61・65・66・67・68・71・79・91・92・93・111
犬養毅……104・116・125・135・139・140・141・145
井上馨……71・85・107
井上毅……66・68
井上準之助……140・141
井上日召……141
井深大……213
李明博……241
岩倉具視……59・61
岩畔豪雄……159
岩田義道……127
ウィルソン……107・112・113
失われた10年……12
宇野宗佑……211・231
ええじゃないか……53
江藤新平……60・61・63
MSA協定……209
エリック・ドラモンド……113
袁世凱……108・109
汪兆銘……147・148
大久保利通……53・59・61・63
大隈重信……61・62・64・65・71・111
大島義昌……94・95
大杉栄……120・121
大西瀧治郎……165
大橋武夫……201
大平正芳……211・223
王政復古の大号令……53
オバマ……242・243

▼か行

海部俊樹……231

傀儡政権　80・147
桂太郎　19・71・104・105・111
片岡直温　124
片山哲　185
加藤高明　108・109・116・118・119・127・135
関税自主権　70・71
環太平洋パートナーシップ協定（TPP）　243
菅直人　241
河上肇　117
関東大震災　11・12・38・40・118・120・121・122・124
岸信介　206・207・211
聴濤克巳　193
北大西洋条約機構　195
木戸孝允　53
金玉均　79
木村篤太郎　209
清浦奎吾　117
義和団事件　83
欽定憲法　68
金日成　196・197
金融恐慌　122・124
金輸出解禁　125・145
久保山愛吉　209
クレーマー　183
黒田東彦　243
黒船　50・51
桂園時代　105・111
血盟団事件　141
小泉純一郎　19・236・237
小磯国昭　167・171
五・一五事件　140・141
高度経済成長期　13・17・213
コーデル・ハル　162・163
公議政体　53
甲午農民戦争　78・79
河野洋平　233
河野談話　233
孝明天皇　51
河本大作　136
国際連盟　112・113・136・138・139・143・147
国恥記念日　109
護憲三派　118
五・四運動　114・115
55年体制　20・210・211
後藤象二郎　53・63
近衛文麿　147・148・150・151・152・153・154・159・162
小林多喜二　127
小村寿太郎　70・71・95
米騒動　111・118
コンピュータ化　221

さ行

西園寺公望　105・111・113
西郷隆盛　52・53・59・60・61
斎藤実　139・140・141・142・143
佐賀の乱　60・61
佐藤栄作　19・20・210・211・217・218・219
サライェヴォ事件　107
薩長同盟　53
三・一五事件　126・127
三・一独立運動　93・114・115
三月事件　140・141

ざんぎり頭……57
産業革命……43・96・97
三権分立……54
三国干渉……36・78・80・93
三国同盟……107・163
三国協商……107
三条実美……59・61
サンフランシスコ平和条約……31・33・204・205
讒謗律……63・65
自衛隊……22・25・36・37・208・209・236・243
GHQ……22・24・31・36・180・181・182・183・184・185・186・187・188・189・192・193・198・199・200・202
重光葵……170
七・七禁令……151
幣原喜重郎……183・190
四民平等……54・61
士農工商……54
支払猶予令……124
渋沢敬三……191
下関条約……78・80・93
社会主義勢力……126・127
十月事件……140・141
集団的自衛権……25・29・35・243
自由党……64・65・71・111
自由民権運動……62・63・64・65
自由民主党……20・184・210・211・235・241
蒋介石……135・146・147・148・197
昭和恐慌……125
ジョージ・オーウェル……195
ジョージ・ケナン……199
ジョゼフ・ドッジ……198・199
ジョン＝ヘイ……83
新安保条約……207
辛亥革命……109
新ガイドライン関連法……234
壬午軍乱……79・80・93
真珠湾攻撃……153・165・167・173
神仏分離令……56・57
枢密院……55・65・67・68
鈴木貫太郎……169・171
スターリン……171・172
西安事件……147・149
征韓論……32・58・59・60・61・63・79・93
西太后……83
西南戦争……60・61・64
尖閣諸島……31・32・33・241
戦後恐慌……121・124
造船疑獄事件……211
尊王攘夷……50・51・53
孫文……109・197

▼た行

第一次護憲運動……104・105・117
第一次世界大戦……12・106・107・109・113・124
第一次日韓協約……93
大院君……79・80・93
大韓民国……197・201
第三次日韓協約……91・93
大正政変……104・105・117
大正デモクラシー……15・20・116・117・118
大政翼賛会……150・151・156
大東亜共栄圏……12・32・36・158・159
第二次護憲運動……116・117

第二次長州征討……53
第二次世界大戦……95・152・153・155・161・195・205
第二次日韓協約……91・93
大日本帝国憲法……24・64・65・66・67・68・188
太平洋戦争……12・34・95・148・152・159・160・163・173・205
太平洋ベルト地帯……214
高橋是清……88・89・116・123・124・125・142・143
竹下登……211・222・223
竹島……32・241
田中角栄……211・216・221
田中義一……124・126・127・135・136
谷崎潤一郎……168・169
ダレス……205
治安維持法……117・118・181・183
血のメーデー事件……209
チャーチル……171・172
中華人民共和国……197・201
張学良……135・136・147
張作霖……135・136
朝鮮青年独立団……114・115
朝鮮戦争……35・200・201・202・203
朝鮮民主主義人民共和国……197
堤康次郎……169
寺内正毅……91・92・111
寺崎英成……183
天津条約……79・80・93
田畑永代売買解禁……54
東郷平八郎……87・89
東条英機……142・143・152・162・163・167・183
徳田球一……185・209
特定秘密保護法……243
特別高等警察……126・127・181・183
ドッジ=ライン……190・198・199
隣組……150
苫米地義三……205
トルーマン……195・201

▼な行

内地雑居……71
中内功……213
永田鉄山……143
生麦事件……53
南京事件……147・148・149
南原繁……205
ニコライ二世……88・89
西角友宏……221
西山太吉……219
二十一カ条の要求……108・109・115
日英通商航海条約……71
日英同盟……36・85
日英同盟論……84・85
日米安全保障条約……21・26・28・205
日米修好通商条約……51
日米和親条約……50・51
日韓議定書……91
日清修好条規……59
日清戦争……30・32・34・78・79・80・81
日中戦争……146・147・148・149・151・153・157・159・162・169
日中平和友好条約……216
日朝修好条規……30・32・59・93
日朝首脳会談……236・237
日独伊三国同盟……28・155・156・157
日独伊三国防共協定……146・155・156・157

日露協商論……85
日露戦争……30・32・34・36・87・88・89・90・91・95・107
新渡戸稲造……112
二・二六事件……142・143
日本国憲法……22・24・26・186・187
乃木希典……87
野口遵……145
野村吉三郎……156・162・163
ノルマントン号事件……71
▼は行
ハーグ密使事件……90・91
廃刀令……54
廃藩置県……54・55
萩の乱……61
橋本欣五郎……141
橋本龍太郎……223・235
鳩山一郎……20・184・185・211
鳩山由紀夫……241
バブル景気……10・231
浜口雄幸……124・125・145
林董……85
原敬……111・119
ハリス……51
ハル・ノート……163
阪神・淡路大震災……39・40・232・233
版籍奉還……54
東久邇宮稔彦……181・183
東日本大震災……39・40・240・241
PKO活動……37
ヒトラー……152・154・155
平沼騏一郎……153
広田弘毅……143・150
閔妃……79・80・93
フェルディナント大公……107
溥儀……134・136・139
福沢諭吉……57・67
福島原発事故……41・240・241
福田赳夫……211
富国強兵……52・57・70
普通選挙法……117・127
復興金融金庫……191
ブッシュ……237
文明開化……57
北京議定書……83
ベトナム戦争……35・36・219
ペリー……26・28・50・51
ホイットニー……188
ポーツマス条約……87・89・91・95
ホセ・ラウレル……167
北清事変……83・85
戊辰詔書……95
戊辰戦争……54
ポツダム宣言……170・172・180・181・186
▼ま行
マーシャル……195
マイナンバー制……243
牧野伸顕……113
松岡洋右……138・139・159
マッカーサー……180・181・183・188・192・200・201・202
松方正義……63
松下幸之助……213

松本烝治……186・188
松本智津夫……233
満州事変……134・135・137・138・141
三浦梧楼……80
三木武夫……211・223
南満州鉄道株式会社……94・95
美濃部達吉……111・116・143
美濃部亮吉……214
ミッドウェー海戦……166・167・173
宮澤喜一……20・211・231
ミル……57
民主党……20・240・241
無産政党……127
ムッソリーニ……154・155
睦奥宗光……70・71・79・80
村山富市……233
明治三陸地震……40・80
目賀田種太郎……91
毛岸英……201
毛沢東……146・196・197
本木昌造……57
モータリゼーション……220・221

や行

山中伸弥……43・238・239
山内堤雲……97
山本五十六……163・165・167
山本宣治……127
山県有朋……105・119
屋良朝苗……219
ヤルタ会談……172
八幡製鉄所……97
吉田茂……19・183・184・185・204・205・209
吉野作造……111・116・117
米内光政……151・153
世直し一揆……53
四・一六事件……126・127

ら行

リーマンショック……11・13・239
リクルート事件……21
李承晩……115・196・197
リチャード・ニクソン……219
立憲改進党……64・65
リットン調査団……135・138・139
立志社……63
柳寛順……115
ルーズベルト……144・154・171・172
冷戦……194・195・197・202・205・207
労働三法……183
ロエスレル……66・68
盧溝橋事件……146・147・148・149
ロッキード事件……21・216

わ行

若槻礼次郎……124
ワルシャワ条約機構……195
湾岸戦争……36・231

西暦	元号	政治・経済・社会	世界情勢
1853	嘉永6	浦賀にペリー来航	1853年 クリミア戦争（～56）
1854	安政1	日米和親条約	
1855	安政2	日蘭和親条約	1856年 アロー戦争（～60）
1858	安政5	日米修好通商条約 安政の大獄	1858年 天津条約 ムガル帝国滅亡
1860	万延1	桜田門外の変	1860年 北京条約
1861	文久1	対馬事件 米国領事ハリス江戸城訪問、開港延期受諾	1861年 アメリカ南北戦争（～65） イタリア統一
1862	文久2	坂下門外の変／和宮降嫁 生麦事件	
1963	文久3	薩英戦争 八月十八日の政変	1863年 アメリカ黒人奴隷解放宣言
1864	元治1	禁門の変／第一次長州征討	
1865	慶応1	第二次長州征討宣言	1865年 メンデル「遺伝の法則」発見
1866	慶応2	薩長連合	1866年 普墺戦争
1867	慶応3	大政奉還 王政復古の大号令	

西暦	元号	政治・経済・社会	世界情勢
1868	明治1	戊辰戦争（～1869） 五箇条の誓文	
1869	2	東京遷都／版籍奉還 箱館五稜郭陥落	1869年 スエズ運河開通
1870	3	兵制統一	1870年 普仏戦争（～71）
1871	4	廃藩置県／新貨条例 日清修好条規	1871年 ドイツ帝国成立
1872	5	田畑永代売買の解禁 国立銀行条例	
1873	6	徴兵令／地租改正条例	
1874	7	民選議院設立の建白書 佐賀の乱	
1875	8	元老院・大審院設置 立憲政体樹立の詔	1875年 イギリス スエズ運河株買収
1876	9	廃刀令／日朝修好条規 神風連・秋月・萩の乱	
1877	10	西南戦争／東京大学設立	1877年 露土戦争（～78）
1878	11	地方三新法制定 大久保利通暗殺	
1879	12	琉球藩廃止、沖縄県設置	1879年 エジソン白熱電球発明

西暦	元号	政治・経済・社会	世界情勢
1881	14	明治十四年の政変 自由党創設	1881年 イリ条約
1882	15	立憲改進党創設 日本銀行設立	1882年 独・墺・伊三国同盟
1884	17	華族令制定／秩父事件	1884年 清仏戦争(～85)
1885	18	内閣制度発足／天津条約	
1887	20	大同団結運動／三大事件建白	1886年 ノルマントン号事件
1888	21	枢密院設置	
1889	22	大日本帝国憲法発布	1889年 パリ エッフェル塔完成
1891	24	大津事件	1891年 露仏同盟 シベリア鉄道起工
1894	27	日英通商航海条約調印 日清戦争(～1895)	1894年 甲午農民戦争
1895	28	下関条約調印／三国干渉	
1896	29	日清通商航海条約調印	1896年 第一回オリンピック 開催
1897	30	金本位制確立 労働組合期成会結成	
1898	31	政党内閣成立	1898年 米西戦争
1900	33	治安警察法	1900年 義和団事件

西暦	元号	政治・経済・社会	世界情勢
1901	34	八幡製鉄所開業	1901年 北京議定書
1902	35	日英同盟協約	
1904	37	日露戦争(～1905) 第一次日韓協約	1904年 英仏協商
1905	38	第二次日韓協約 漢城(後の京城)に 韓国統監府設置 ポーツマス条約 第二次日英同盟協約	1905年 シベリア鉄道完成
1906	39	旅順に関東都督府設置 大連に満鉄設立	
1907	40	日露協約 第三次日韓協約	1907年 英仏露三国協商
1908	41	日米紳士協定成立	1908年 青年トルコ革命
1909	42	伊藤博文暗殺	
1910	43	韓国併合条約 京城に朝鮮総督府設置 第二次日露協約	
1911	44	第三次日英同盟協約	1911年 辛亥革命
1912	大正1	大正天皇即位 第一次護憲運動	1912年 中華民国成立
1913	2	大正政変	1913年 第一次バルカン戦争 終結

西暦	元号	政治・経済・社会	世界情勢
1914	3	第一次世界大戦参戦	1914年 第一次世界大戦 (〜18)
1915	4	中国に二十一カ条の要求	1915年 アメリカ、ハイチ占領
1917	6	金輸出禁止	1917年 ロシア革命
1918	7	政党内閣原敬内閣誕生	1918年 スペインかぜ大流行 (〜19)
1919	8	ヴェルサイユ条約調印	1919年 三・一独立運動 五・四運動 ドイツ ヴァイマール憲法成立
1920	9	国際連盟加盟	1920年 国際連盟成立
1921	10	日本労働総同盟結成	1921年 ワシントン会議 (〜22) 中国共産党成立
1922	11	日本農民組合、全国水平社、 日本共産党結成	1922年 イタリア ファシスト政権成立
1923	12	関東大震災	1923年 トルコ共和国建国
1924	13	第二次護憲運動	
1925	14	普通選挙法 治安維持法成立	

西暦	元号	政治・経済・社会	世界情勢
1926	昭和1	昭和天皇即位 労働農民党結成	1926年 蒋介石、北伐開始 (〜28)
1927	2	金融恐慌 支払猶予令発布	
1928	3	最初の普通選挙実施 三・一五事件/張作霖爆殺事件 特別高等警察全国設置 治安維持法改正	1928年 パリ不戦条約
1929	4	四・一六事件	1929年 世界恐慌/スターリン独裁体制確立
1930	5	金輸出解禁/昭和恐慌 ロンドン条約調印	1930年 ロンドン軍縮会議
1931	6	金輸出禁止/柳条湖事件 満州事変 三月事件・十月事件	
1932	7	血盟団事件/五・一五事件 上海事変 満州国建国宣言 日満議定書調印	
1933	8	国際連盟脱退通告	1933年 ドイツ・ナチス政権成立 アメリカ ニューディール政策
1935	10	相沢事件	1935年 ニュルンベルク法制定

西暦	元号	政治・経済・社会	世界情勢
1936	11	二・二六事件／日独防共協定 ワシントン・ロンドン軍縮会議 脱退	1936年 西安事件 抗日民族統一戦線 結成 スペイン内戦
1937	12	盧溝橋事件／日中戦争 日独伊防共協定	1937年 南京事件
1938	13	国家総動員法	1938年 ミュンヘン会議 黄河決壊事件
1939	14	日米通商航海条約破棄通告 ノモンハン事件	1939年 独ソ不可侵条約 第二次世界大戦 ニューヨーク万国博 覧会
1940	15	日独伊三国同盟成立 北部仏印進駐 大政翼賛会創立／七・七禁令	1940年 南京に汪政権成立
1941	16	日ソ中立条約締結 南部仏印進駐 真珠湾攻撃 太平洋戦争(～45)	1941年 大西洋憲章 アメリカ、対日本石 油輸出禁止
1942	17	ミッドウェー海戦	
1943	18	ガダルカナル撤退／学徒出陣 大東亜会議開催	1943年 イタリア降伏 カイロ会談
1944	19	サイパン島陥落 学童疎開開始	1944年 ノルマンディー上陸 作戦 米軍フィリピン上陸
1945	20	東京大空襲 沖縄本島米軍占領 広島・長崎原爆投下 ポツダム宣言受諾 連合国軍本土進駐	1945年 ヤルタ会談 ソ連対日参戦 ポツダム会談 国際連合成立 ベトナム民主共和国 建国
1946	21	日本国憲法公布 極東軍事裁判(～48) 天皇人間宣言／農地改革 公職追放令 金融緊急措置令 食糧メーデー	1946年 イタリア共和国成 立／インドシナ戦争 (～54) フィリピン独立 ビキニ環礁原爆実験
1947	22	労働基準法 独占禁止法／二・一ゼネスト中止 労働省設置 日本国憲法施行	1947年 アメリカ、マーシャル プラン発表 インド・パキスタン 分離独立
1948	23	極東軍事裁判判決 経済安定九原則	1948年 ソ連、ベルリン封鎖 ビルマ・大韓民国・ 朝鮮民主主義人民 共和国独立
1949	24	ドッジ＝ライン 単一為替レート決定 シャウプ税制勧告	1949年 北大西洋条約機構
1950	25	警察予備隊設立	1950年 朝鮮戦争(～53)
1951	26	サンフランシスコ平和条約・ 日米安全保障条約調印	1951年 コロンボ計画 HeLa細胞株化成功

西暦	元号	政治・経済・社会	世界情勢
1952	27	保安隊設立 破壊活動防止法成立 メーデー事件	1952年 李承晩ライン設定
1953	28	内灘基地反対闘争	
1954	29	新警察法公布／防衛庁設立 自衛隊発足 日米MSA協定／造船疑獄事件 第五福竜丸事件	1954年 ジュネーブ会議
1955	30	自由民主党結成	1955年 ワルシャワ条約機構
1956	31	日ソ共同宣言 国際連合加盟／砂川事件	1956年 スエズ戦争
1957	32	南極越冬隊南極初上陸	1957年 ソ連人工衛星打ち上げ成功 EEC調印
1959	34	社団法人日本鉄道運転協会 発足	1959年 キューバ革命
1960	35	日米新安全保障条約調印 安保闘争	1960年 南ベトナム 民族解放戦線結成
1961	36	農業基本法制定	1962年 キューバ危機
1963	38	部分的核実験停止条約調印	1963年 ケネディ暗殺
1964	39	新幹線開通 東京オリンピック開催	

西暦	元号	政治・経済・社会	世界情勢
1965	40	ILO87号条約承認	1965年 アメリカ ベトナム北爆開始
1966	41	日ソ航空協定締結	1966年 中国文化大革命
1967	42	公害対策基本法制定	1967年 欧州共同体（EC） 発足
1970	45	万国博覧会 コザ事件	
1971	46	沖縄返還協定調印	1971年 印パ戦争
1972	47	沖縄本土復帰 日中国交正常化	1972年 ウォーターゲート事件
1973	48	オイルショック	1973年 ベトナム和平協定
1975	50	山陽新幹線・岡山―博多間 開業	1975年 アポロ・ソユーズテスト計画 ベトナム戦争終結
1978	53	日中平和友好条約	
1979	54	東京サミット開催	1979年 米中国交樹立 ソ連、アフガン侵攻
1980	55	自動車生産台数世界第1位	1980年 光州事件 イラン・イラク戦争
1982	57	中央自動車道全線開通	1982年 フォークランド紛争

西暦	元号	政治・経済・社会	世界情勢
1985	60	つくば万博開催 電電・専売公社民営化	1985年 プラザ合意 ソ連ゴルバチョフ書記長就任
1987	62	国鉄分割民営化	1987年 大韓航空機爆破事件
1988	63	税制改革6法案成立	1988年 イラン・イラク戦争停戦
1989	平成1	消費税導入 参議院選挙で与野党逆転	1989年 天安門事件 ベルリンの壁崩壊
1990	2	日銀、公定歩合率6%に引き上げ	1990年 東西ドイツ統一
1991	3	バブル崩壊	1991年 湾岸戦争／ソ連崩壊
1992	4	PKO協力法成立	1992年 ボスニア・ヘルツェゴビナ紛争
1993	5	非自民連立内閣成立 （55年体制崩壊）	1993年 欧州連合（EU）発足
1995	7	阪神・淡路大震災 地下鉄サリン事件	1995年 世界貿易機関（WTO）発足
1997	9	消費税が5%となる	1997年 香港返還
1998	10	長野オリンピック開催	
1999	11	新ガイドライン関連法成立	1999年 EUユーロ通貨導入

西暦	元号	政治・経済・社会	世界情勢
2000	12	沖縄サミット開催	2000年 南北朝鮮、初の首脳会議
2001	13	テロ対策特別措置法成立	2001年 米、同時多発テロ
2002	14	FIFAワールドカップ 日韓開催	2002年 日朝首脳会談
2003	15	有事関連三法成立	2003年 米英、イラク攻撃
2004	16	自衛隊イラク派遣	2004年 スマトラ沖地震
2005	17	道路公団民営化 郵政民営化法成立 福知山線脱線事故	2005年 ロンドン同時爆破事件
2008	20	北海道洞爺湖サミット開催	2008年 リーマンショック チベット自由化運動
2009	21	民主党政権発足	2009年 オバマ大統領就任
2011	23	東日本大震災 福島第一原子力発電所事故	2013年 アルジェリア人質事件
2014	26	特定秘密保護法施行 消費税増税	2014年 ウクライナ内戦
2015	27	安全保障関連法案成立	2015年 パリ同時テロ
2016	28	熊本地震 G7伊勢志摩サミット開催 オバマ大統領広島訪問	2016年 イギリス国民投票 EU離脱を選択

監修 河合《かわい》 敦《あつし》

1965年、東京都に生まれる。多摩大学客員教授。青山学院大学文学部史学科卒業。早稲田大学大学院博士課程単位取得満期退学（日本史専攻）。難しい日本史をわかりやすく解説するのをモットーとしている。第17回郷土史研究賞優秀賞、第6回NTTトーク大賞優秀賞を受賞。著書に『マンガでわかる日本史』（池田書店）、『早わかり日本史』『早わかり〈日本〉近現代史』（日本実業出版社）、『「日本地理」おもしろ雑学』『最新日本史がわかる本』（三笠書房）、『読めばすっきり！ よくわかる天皇家の歴史』（角川SSC新書）、『河合敦のぶらり大江戸時代劇散歩』（学研）、『復興の日本史』（祥伝社 黄金文庫）など多数。

マンガ制作 サイドランチ

いつき楼 プロローグ、第5章／**山本佳輝** 第1章、第2章／**くろにゃこ。** 第3章／**卯 月** 第4章／**藤森カンナ** 第6章

STAFF

本文デザイン　小林麻実（TYPE FACE）
DTP　安田陽子（スタジオダンク）、加藤美保子、高橋千恵子
編集協力　フィグインク
マンガネーム協力　狐塚あやめ、武楽清
執筆協力　穂積直樹、常井宏平
校正　くすのき舎

参考文献

・河合敦著『ニュースがよくわかる教養としての日本近現代史』（祥伝社）
・河合敦著『［図解］知ってるようで知らない昭和史 意外に知らない「昭和」の全体像を短時間で理解できる教科書』（PHP研究所）
・河合敦著『早わかり日本史』（日本実業出版社）
・高村直助ほか著『日本史A』（山川出版社）
・鳥海靖著『もういちど読む山川日本近代史』（山川出版社）
・詳説日本史図録編集委員会編『山川　詳説日本史図録』（山川出版社）
・朝尾直弘ほか著『日本史辞典』（角川書店）

マンガでわかる**日本の近現代史**

監修者　河合　敦
マンガ　サイドランチ
発行者　池田　豊
印刷所　大日本印刷株式会社
製本所　大日本印刷株式会社
発行所　株式会社池田書店
〒162-0851 東京都新宿区弁天町43番地
電話03-3267-6821（代）　振替00120-9-60072

落丁、乱丁はお取り替えします。

ISBN978-4-262-15557-9

1600007